Neue
Kleine Bibliothek 135

B.C.

Jörg Goldberg

Überleben im Goldland

Afrika im globalen Kapitalismus

PapyRossa Verlag

© 2008 by PapyRossa Verlags GmbH & Co. KG, Köln
Luxemburger Str. 202, 50937 Köln

Tel.:	++49 (0) 221 – 44 85 45
Fax:	++49 (0) 221 – 44 43 05
E-Mail:	mail@papyrossa.de
Internet:	www.papyrossa.de

Alle Rechte vorbehalten

Umschlag: Willi Hölzel, Lux siebenzwo
Satz: Volker Hirsekorn
Druck: Interpress

Die Deutsche Bibliothek verzeichnet diese Publikation in der
Deutschen Nationalbibliografie; detaillierte bibliografische
Daten sind im Internet über http://dnb.ddb.de abrufbar

ISBN 978-3-89438-398-5

Inhalt

1. Die Fragestellung:
Afrika, ein Sonderfall der Entwicklung?

Dieses Buch möchte erklären, warum Afrika von den gegenwärtigen kapitalistisch dominierten Entwicklungsprozessen in der weltwirtschaftlichen Peripherie ausgeschlossen scheint. Während in großen Teilen Asiens und Lateinamerikas hohe Wachstumsraten, zunehmende Produktivität, Industrialisierungsprozesse und gewisse – wenn auch ungleiche – soziale Fortschritte zu verzeichnen sind, scheint sich der Entwicklungsrückstand in Afrika zu verfestigen. Dieser Rückstand wird hier zunächst im üblichen Sinne definiert: Niedrige und kaum zunehmende Pro-Kopf-Einkommen, stagnierende Produktivität, fehlender agrarischer und industrieller Strukturwandel, extreme Armut.

Die Tatsache, dass die von den kapitalistischen Zentren dominierten Strukturen des Weltmarktes in anderen Teilen der Peripherie eine eigenständige Entwicklung nicht ausschließen, zeigt, dass die ›afrikanische Ausnahme‹ nicht allein mit der strukturellen Ungleichheit der internationalen Wirtschaftsbeziehungen erklärt werden kann. Unter der Dominanz der entwickelten Industrieländer und dem Machtungleichgewicht in den Austauschbeziehungen litten und leiden auch die anderen Regionen der Peripherie. Das heißt nicht, dass die vermachteten Strukturen des Weltmarkts nebensächlich sind: Es wird aber gezeigt werden, dass diese in Afrika auf eine spezifische Weise gewirkt haben und noch wirken.

Diese spezifischen Wirkungen hängen mit den historisch entstandenen inneren Entwicklungsbedingungen Afrikas und den durch diese geprägten besonderen ökonomischen und gesellschaftlichen Gegebenheiten des Kontinents zusammen. Als Europa Afrika unter-

warf, geschah dies in einer besonderen Weise, wie am Beispiel des
Sklavenhandels, des Kolonialismus und schließlich der neoliberalen
Strukturanpassungspolitik gezeigt werden wird. Diese Besonderheiten
lassen sich nur erklären, wenn man die rassistisch geprägte Haltung
der Europäer im Verhältnis zu Afrika einerseits und die Reaktion
der Afrikaner auf die europäische Landnahme andererseits in ihrer
Wechselwirkung betrachtet. Dies gilt bis heute: Die übliche Trennung zwischen ›externen‹ und ›internen‹ Ursachen des afrikanischen
Rückstands führt nicht weiter, wenn man diese Faktoren nicht in ihrer
Wechselwirkung untersucht. Um ein Beispiel vorwegzunehmen: Die
besondere Wirkungsweise der Strukturanpassungspolitik in Afrika
(als externem Faktor) kann nur verstanden werden, wenn man die
Reaktionsweise der afrikanischen Institutionen und Gesellschaften
darauf (als internem Faktor) einbezieht.

Daher ist auch der beliebte Vergleich zwischen Asien/Lateinameri-
ka auf der einen und Afrika auf der anderen Seite schief: Vielfach wird
behauptet, Afrika habe nach der Unabhängigkeit Anfang der 1960er
Jahre ähnliche (oder gar bessere) Ausgangsbedingungen gehabt wie
viele asiatische Länder, sei zudem reichlich mit Entwicklungshilfe be-
dacht worden und habe trotzdem (oder deswegen) stagniert. Es wird
gezeigt werden, dass nichts an diesem verbreiteten Vorurteil stimmt:
Die vom Kolonialismus hinterlassenen strukturellen Startbedingungen
Afrikas waren – gemessen am Bildungsstand, der Qualität der Infrastrukturen, der Bedeutung der Industrie, usw. – viel ungünstiger als in
allen anderen Entwicklungsregionen der Welt. Afrika hat nicht mehr
Entwicklungshilfe erhalten als andere Kontinente und hat unter un-
gleichem Tausch, Schuldendienstzahlungen, ›brain-drain‹ und den
Gewinntransfers Transnationaler Konzerne mindestens ebenso stark
gelitten wie andere Teile der Peripherie. Der afrikanische Entwicklungsrückstand ist nicht erst nach der Unabhängigkeit entstanden, er
hängt eng mit der Art der europäischen Eroberung zusammen.

Im Mittelpunkt der folgenden Darstellungen wird der Versuch
stehen, die ›afrikanische Ausnahme‹ von der Regel kapitalistischer
Entwicklung zu erklären, nicht Wege zur Überwindung des Entwicklungsrückstands aufzuzeigen. Trotzdem ist der Autor der Ansicht, dass
Afrika auch unter den gegebenen Bedingungen ungleicher und ver-

machteter Weltmarktstrukturen seine Rückstände überwinden kann. Wie könnte das geschehen? Es kann hier außer Acht bleiben, ob »Kapitalismus eine wichtige Vorbedingung für den Erfolg des Sozialismus ist, (ob) globale und heimische kapitalistische Beziehungen daher eine notwendige, wenn auch schmerzhafte Etappe im Entwicklungsprozess« sind, wie einige Autoren dem klassischen Marxismus unterstellen (Chazan 1992, S. 18/19). Denn angesichts der internationalen Kräfteverhältnisse einerseits, der historischen Erfahrungen und der Schwäche der afrikanischen Staaten andererseits ist – wie das Beispiel Südafrika zeigt – ein dezidiert nichtkapitalistischer Entwicklungsweg heute keine Option. Afrika kann unter den gegebenen Bedingungen die ›kapitalistische Etappe‹ nicht überspringen – was allerdings nicht bedeutet, dass im Sinne der Modernisierungstheorien europäische (oder andere) Beispiele kopiert werden könnten. Diese Versuche sind – wie etatistisch-sozialistische Optionen – definitiv gescheitert.

Notwendig ist die Suche nach einem afrikanischen Entwicklungsweg, der einerseits auf die progressive Wirkung von Kapitalverwertung und Marktwirtschaft nicht verzichtet und die Realität des globalisierten Weltmarkts in Rechnung stellt, andererseits aber in die historisch gewachsenen ökonomischen, gesellschaftlichen und kulturellen Gegebenheiten des Kontinents eingebettet ist. Die Bedingungen dafür zu analysieren kann hier nicht geleistet werden. Da sich der Kapitalismus, verstanden als konkret-historische Produktionsweise, immer nur aus den jeweils vorgefundenen Bedingungen heraus entwickelt und »die Bedingungen, unter denen die Menschen produzieren und austauschen ...von Land zu Land (wechseln), und in jedem Land wieder von Generation zu Generation ... « (Engels 1894/1962, S. 136), müssen die historisch gewachsenen Gegebenheiten des Kontinents und seiner Länder und Subregionen berücksichtigt werden, um Entwicklungsmöglichkeiten unter den Bedingungen des kapitalistischen Weltmarkts diskutieren zu können. In historischer Betrachtung gibt es nicht ›den‹ Kapitalismus schlechthin, die ›real existierenden‹ Kapitalismen sind geprägt durch jeweils unterschiedliche Ausgangsbedingungen, kulturelle Muster und politische Kräfteverhältnisse. Was sich derzeit in China und Indien entwickelt ist beides kapitalistisch geprägt; trotzdem liegen Welten zwischen den beiden ›Modellen‹. Ebenso wenig wird ein etwaiger afrikanischer Kapitalismus in der Übernahme von europäischen oder asiatischen Mustern bestehen. Der im Rahmen der Strukturanpassungspolitik unternommene Versuch, das marktradikale ›Modell‹ der USA zu kopieren hat, wie gezeigt werden wird, schwere Rückschläge verursacht. Sowohl die Stellung als kapitalistischer Nachzügler als auch die Einmaligkeit der vorkolonialen »afrikanischen Produktionsweise« (Coquery-Vidrovitch 1969/2007) werden den kapitalistischen Entwicklungsweg in Afrika prägen und ihn von anderen ›Modellen‹ unterscheiden.

Das Wort vom afrikanischen ›Sonderfall‹ muss mit großer Vorsicht gebraucht werden. Es ist geeignet, Missverständnisse hervorzurufen und sich in unliebsame Nachbarschaften zu begeben. So z.B. in die von Hegel, der in seinen Vorlesungen zur ›Philosophie der Geschichte‹ Afrika als Sonderfall beschreibt: »Jenes eigentliche Afrika …ist das in sich gedrungene Goldland, das Kinderland, das jenseits des Tages der selbstbewussten Geschichte in die schwarzen Farben der Nacht gehüllt ist.« »Der Neger stellt …den natürlichen Menschen in seiner ganzen Wildheit und Unbändigkeit dar …Was wir eigentlich unter Afrika verstehen, das ist das Geschichtslose und Unaufgeschlossene, das noch ganz im natürlichen Geiste befangen ist und das hier bloß an der Schwelle der Weltgeschichte vorgeführt werden muss.« (Hegel 1832/1970, S. 120 ff). Diese Formulierungen enthalten alle jene Ingredienzien, die vielfach noch heute das Afrikabild prägen, sei es negativ als barbarischer Kontinent der Kriege und Krankheiten, sei es positiv als exotische Folie für Abenteuer. Selbst Leo Frobenius, der als einer der ersten modernen Europäer die kulturellen Traditionen der afrikanischen Völker beschrieb, tat das, weil er die Afrikaner als zivilisatorisch unverfälschte Menschen sah: »Afrikas Völker sind heiter, vielsprachig, lebensfreudig. Jedoch der Stil ihrer seelischen Ausdrucksfülle ist ernst und herb, heute wie in weit zurückreichender Zeit. Dieser Stil muß einmal entstanden, einmal geboren sein und dann in seiner Eigenart verharrt haben! Es liegt der Zauber rätselhaft weit zurückliegender Geburt in ihm.« (Frobenius 1933, S. 16).

Dies alles ist blühender Unsinn. Afrika ist im menschlichen Entwicklungsprozess keineswegs ein Sonderfall. Wenn hier von der Einmaligkeit Afrikas gesprochen wird, dann wird nicht unterstellt, Afrika und die Afrikaner seien als entwicklungsgeschichtliche Ausnahme zu betrachten. Die analytischen Kategorien, mit denen der aktuelle europäische Vorsprung erklärt werden kann sind die gleichen, die auch den aktuellen afrikanischen Rückstand begründen. Um ein bekanntes literarisches Bild zu zitieren: In Afrika war und ist nicht mehr »Finsternis«[1] als in irgendeinem anderen Teil der Welt. Was erklärt werden muss ist die Tatsache, dass es der globalisierte Kapitalismus so schwer hat, in Afrika als dominierende Produktionsweise Fuß zu fassen, warum die Integration Afrikas in den kapitalistischen Weltmarkt dort andere Wirkungen zu haben scheint als im Rest der ehemaligen Peripherie.

Ohne hier auf die entwicklungspolitischen Ansichten von Marx und Engels eingehen zu können (Kalmring/Nowak 2005) bleibt doch festzuhalten, dass diese in der globalen Ausdehnung des Kapitalismus und der dadurch bewirkten (schöpferischen) Zerstörung bestehender sozialer Verhältnisse einen notwendigen entwicklungsgeschichtlichen Prozess sahen: »Das industriell entwickeltere Land zeigt dem minder entwickelten nur das Bild der eigenen Zukunft« heißt es im Vorwort zur ersten Auflage des »Kapital« (Marx 1867/1970, S. 12). Dies heißt nicht, dass die kapitalistische Expansion die gewachsenen historischen Bedingungen der Länder und Regionen einebnet, dass der europäische Kapitalismus eins zu eins auf andere Kontinente übertragen wird. »Ereignisse von einer schlagenden Analogie, die sich aber in einem unterschiedlichen historischen Milieu abspielten, führten also zu ganz verschiedenen Ergebnissen. Wenn man jede dieser Entwicklungen für sich studiert ... wird man leicht den Schlüssel zu dieser Erscheinung finden, aber man wird niemals dahin gelangen mit dem Universalschlüssel einer allgemeinen geschichtsphilosophischen Theorie, deren größter Vorzug darin besteht, übergeschichtlich zu

---

1   Es ist umstritten, ob Joseph Conrads Novelle über den kolonialen Kongo »Herz der Finsternis« europäische rassistische Muster reproduziert, wie Chinua Achebe in seinem Essay vermerkt (Ein Bild von Afrika: Rassismus in Conrads ›Herz der Finsternis‹, Berlin 2000). Nicht zu bestreiten ist, dass der Titel heute oft mit einem rassistischen Unterton verwendet wird: Dem Bericht eines Boulevardblatts zufolge führte der deutsche Kongoeinsatz von 2007 »in das Herz der Finsternis« (Link 2007, S. 667).

sein.« (Marx 1877/1970, S. 112). Mit Dieter Boris sollte man darin die
Aufforderung sehen, »bestimmte Kategorien auf andere soziale Re-
alitäten neu zu durchdenken.« (Boris 1997, S. 568) Wenn hier von
der Einmaligkeit Afrikas gesprochen wird so in dem Sinne, dass die
spezifischen, historisch geprägten Bedingungen für die kapitalistische
Durchdringung des Kontinents betrachtet werden müssen. Asien oder
Lateinamerika wären in diesem Sinne ebenso ›Ausnahmen‹ wie Afrika (Hyden 2006, S. 4).

Dies führt zu einer weiteren Frage: Kann man Afrika als Einheit
betrachten? »Afrika ist ein riesiger Kontinent, der zweitgrößte nach
Asien. ...Er ist die Wiege der menschlichen Zivilisation. Als Kontinent
der Vielfalt umfasst er mehr als 50 Länder mit einer Bevölkerung von
mehr als 700 Millionen die über 1000 verschiedene Sprachen sprechen. Die ökologischen und kulturellen Unterschiede sind gewaltig.
Als alter Kontinent hat Afrika ein reiches kulturelles Erbe und der Beitrag zur Weltzivilisation ist unschätzbar.« (Falola 2006). So leitet der
Herausgeber eine Serie von Büchern über die Kultur verschiedener
afrikanischer Länder ein und deutet damit an, wie problematisch es
sein kann, Afrika entwicklungsgeschichtlich und entwicklungspolitisch als Einheit zu behandeln. Die kulturellen Unterschiede innerhalb Afrikas sind größer sind als z.B. in Europa, wo das Christentum
für eine gewisse Vereinheitlichung gesorgt hat. »Afrika gibt es nicht«
nennt ein Journalist die Sammlung von Korrespondenzen aus afrikanischen Ländern (Brunold 1997). Gibt es trotzdem den afrikanischen
Ländern und Kulturen gemeinsame Züge, die zur Beantwortung der
Ausgangsfrage – Ursachen des Entwicklungsrückstands – eine Verallgemeinerung erlauben?

Ausgeklammert werden hier die nordafrikanischen Mittelmeeran-
rainer (5 Länder[2]) wegen ihrer historischen Zugehörigkeit zum Mittelmeerraum: »Während die Völker des Nordens sich im kulturellen
Zusammenhang des Nil-Nahost-Mittelmeerraums entwickelten, hatten die des Südens ihre eigenen Probleme und Lösungen.« (Davidson
2003, S. 24) Dem ist m. E. zuzustimmen, ohne dass damit Verbin-
dungen zwischen dem mediterranen Afrika und Afrika Südlich der

---

2   Oder 6, wenn man die von Marokko beanspruchte Westsahara berücksichtigt.

Sahara geleugnet werden. Vor allem Ägypten war zur Zeit der Phara-
onen eine wichtige Brücke zwischen den beiden Teilen des Kontinents.
Trotzdem sind der Mittelmeerraum und Afrika Südlich der Sahara
(ASS) historisch verschiedene Wege gegangen. Hier wird daher, wie
international üblich, nur ›Schwarzafrika‹ (ASS, 48 Länder) betrachtet.
Trotz (bzw. gerade wegen) der kulturellen und ökonomischen Vielfalt
des Kontinents ist es sinnvoll, ihn unter dem Gesichtspunkt der hier
behandelten Fragestellung – der Wirkungsweise der kapitalistischen
Expansion – als Einheit zu behandeln.[3]

Es sind drei ökonomisch-historische Faktoren, die bis ins 21. Jahrhundert das Leben in Afrika Südlich der Sahara prägen:

- Afrika war (und ist teilweise noch) ein dünn besiedelter Kontinent. Mit einem Anteil von 18 % an der Landmasse der Erde
  beherbergte er noch 1900 nur 8 % der Erdbevölkerung. Land
  war in weiten Teilen Afrikas relativ überschüssig (Herbst 2000,
  S. 10).
- Seit der frühen Eisenzeit, ab ca. 200 AD (Davidson 2003,
  S. 19) bis ins 19. Jhd., blieben die Produktivkräfte wegen des
  fehlenden Bevölkerungsdrucks und der fragilen Ökologie auf
  niedrigem Niveau, waren geprägt durch rudimentäre Tech-
  niken der Bodenbearbeitung, geringe Arbeitsteilung, marginale Bedeutung von Austauschbeziehungen und Abwesenheit
  von Privatbesitz an Grund und Boden. Unter unsicheren klimatischen Verhältnissen blieb die Fähigkeit zur Erzeugung von
  Mehrprodukt begrenzt.
- Diese Faktoren verhinderten die Entstehung von mit der Produktionsweise verbundenen staatlichen Herrschaftsformen:
  »Während kleine Bevölkerungsgruppen nicht in der Lage
  waren, durch Produktionsüberschuß herrschende Klassen zu
  versorgen, hatten zahlenmäßig größere Gruppen wenig An-
  laß, dies zu tun, wenn leeres Land ihnen die Möglichkeit gab,
  sich der politischen Autorität zu entziehen.« (Iliffe 1997, S. 96)
  Die gesellschaftlichen Strukturen waren bis in koloniale Zeiten

---

3   Eine besondere Stellung hat das industrialisierte Südafrika, das aber die Ge-
    schichte von ASS teilt.

durch vertikale Teilung entlang von Verwandtschaftsgruppen, nicht durch horizontale Klassenteilung geprägt. Bayart zitiert zustimmend Lonsdale: »Kurz, man kann sagen, dass der bedeutsamste Beitrag Afrikas zur Geschichte der Menschheit die Kunst gewesen ist, ohne einen Staat friedlich zusammenzuleben.« (1989, S. 58)

Es sind diese drei Momente, die es sinnvoll erscheinen lassen, das Subsaharische Afrika als Einheit zu betrachten und die letzten Endes auch erklären, warum der Kapitalismus es dort so schwer hat: »Nach 80 Jahren Kolonialismus und fast vier Dekaden Unabhängigkeit gibt es zwar Kapital in Afrika, aber keinen Kapitalismus. Die vorherrschenden sozialen Beziehungen sind wie die Produktionslogiken noch immer nicht-kapitalistisch. Afrika südlich der Sahara existiert in einer kapitalistischen Welt, die die Lebenslage ihrer Bewohner bestimmt, aber es gehört nicht zu ihr.« (Saul 2001, S. 17) Es ist die Vielfalt und Fragmentierung der gesellschaftlichen Institutionen und Regeln, welche die kapitalistische Entwicklung erschwert. Es ist wie bei den Sprachen: »Die politische und soziale ›Einheit-in-Vielfalt‹ Afrikas kann ganz gut mit der linguistischen Szenerie verglichen werden: Mehr als tausend verschiedene Sprachen haben sich aus vier oder fünf Ursprachen unbekannten, sicher aber enormen Alters entwickelt.« (Davidson 2003, S. 62)

Daran anknüpfend ist auf eine weitere kulturelle Besonderheit hinzuweisen, die das Subsaharische Afrika von allen anderen Weltregionen unterscheidet und die im Kontext der Entwicklungsdebatte nur selten erwähnt wird[4]: Die Tatsache, dass sich in Afrika Südlich der Sahara keine eigene Schriftkultur entwickelt hat.[5] Die Schrift ist aber

---

4   Autoren wie z.B. Ansprenger halten die Abwesenheit von Schrift noch nicht einmal einer Erwähnung wert, obwohl sie ihre Bedeutung für die Entwicklung Ägyptens hervorheben (Ansprenger 2007, S. 18).

5   Die Ausnahme ist Äthiopien, wo sich ein Feudalsystem mit zentralisierter staatlicher Verwaltung herausgebildet hatte. Im Übrigen haben Afrikaner diesen Mangel schon im 19. Jahrhundert erkannt. In den 1830er Jahren wurde ein Schriftsystem für verschiedene Mande-Sprachen in Westafrika entwickelt, das zwar von europäischen und arabischen Vorbildern beeinflusst war, gleichwohl aber an die Phonetik angepasste eigene Formen besaß. Ab 1920 wurden für weitere Sprachen Schriftsysteme gefunden, die sich allerdings meist nicht durchgesetzt haben (Mabe 2004, S. 541 ff).

ein entscheidendes Moment bei der Formierung und Verfestigung von Klassenstrukturen und entsprechenden Herrschaftsformen. Staat in diesem Sinne ist ohne Schrift nicht denkbar. Die Abwesenheit einer Schriftkultur hat es dem Kolonialismus erleichtert, eine für die kulturelle Identität zentrale Eigenheit der afrikanischen Völker abzuwerten: Die Sprachen.[6] Es ist unbestritten dass die Sprache eine wichtige Grundlage der Identitätsbildung ist (Haarmann, 2006, S. 31 ff). Auch kann gezeigt werden, dass die verschiedenen afrikanischen Sprachen sich im Austausch miteinander entwickelt haben, dass Afrika eine von anderen Regionen unterschiedene »linguistic area« ist (Heine/Nurse 2008, S. 15 ff). Mit der Abwertung und Marginalisierung der afrikanischen Sprachen im Prozess der Staatenbildung und der wirtschaftlichen Modernisierung hat der Kolonialismus eine Grundlage für die Entfremdung zwischen den endogenen gesellschaftlichen Institutionen und den modernen politischen Strukturen gelegt. Dieser Tatbestand hat sich nach der Unabhängigkeit – aus teilweise verständlichen Gründen – verfestigt. Die Kolonialsprachen – Englisch, Französisch, Portugiesisch – sind heute überall das wichtigste Kommunikationsmittel des Staates und des formellen Sektors.

Für eine materialistische Analyse, die ausgeht von der Art und Weise der Organisation des Prozesses der materiellen Produktion, besteht die Besonderheit Afrikas in der Tatsache, dass eine große, durch Austausch und Migration verbundene territoriale Einheit auf agrarischer Grundlage bis weit in die Neuzeit ohne das Institut des Eigentums an Grund und Boden und ohne in die Produktion integrierte staatliche Organisationen ausgekommen ist.

---

6   Obwohl hier nicht darauf eingegangen werden kann sollte ein weiterer Aspekt, die Zerstörung der Religionen, nicht vergessen werden: Während der Islam sich schon sehr früh im Zuge der Handelskontakte mit Nordafrika einerseits (Westafrika) und dem arabischen Raum andererseits (Ostafrika) allmählich ausbreitete und dort graduell die traditionellen Religionen verdrängte, trat das Christentum, mit der Ausnahme des christlichen Äthiopien, erst mit dem europäischen Kolonialismus auf den Plan als religiöser Ausdruck des Kolonialismus (Chazan 1992, S. 95). Allerdings spielen traditionelle Religionen wie der Voudou nach wie vor eine Rolle; zudem wurden sowohl Islam als auch Christentum ›afrikanisiert‹. Heute gibt es viele afrikanische Religionsgemeinschaften islamischer oder christlicher Prägung, die von keinem europäischen (bzw. arabischen) Zentrum abhängen.

Die folgende Darstellung[7] hat drei Teile: Im ersten Teil (»Afrika im Kapitalismus«) werden, ausgehend von der Stellung Afrikas in der Weltwirtschaft, Entwicklungsstand und wirtschaftliche Einflüsse des kapitalistischen Nordens untersucht. Im zweiten Teil (»Afrikas Entwicklungsrückstand: Außen und Innen«) werden Faktoren dargestellt, die im Verhältnis zu anderen Regionen einmalig sind und den Rückstand zumindest teilweise erklären. Der Dritte Teil (»Kapitalismus in Afrika«) versucht, die ›afrikanische Ausnahme‹, ausgehend vom Begriff der »afrikanischen Produktionsweise«, in einen theoretischen Rahmen zu spannen und die Bedeutung des Zusammenwirkens von ›endogener‹ Bourgeoisie und Staat für die Entwicklung Afrikas und seine Stellung in der Weltwirtschaft herauszuarbeiten.

---

7   Vorarbeiten sind als Veröffentlichung des Instituts für sozial-ökologische Wirtschaftsforschung (isw) erschienen: Jörg Goldberg, Afrika im Weltkapitalismus, isw-report Nr. 72, München, Dezember 2007. Die im Text enthaltenen Zitate aus der englisch- bzw. französischsprachigen Literatur wurden vom Autor übersetzt.

2. Afrika im Kapitalismus

Obwohl der Weltmarkt Afrika schon früh beeinflusst hat[8], konnte der globalisierte Kapitalismus dort bis heute nicht recht Fuß fassen. Den verfügbaren Daten zufolge hat Afrika als kapitalistischer ›Produktionsstandort‹ nur marginale Bedeutung. Dagegen ist der Kontinent als Rohstofflieferant voll in den Weltmarkt integriert, teilweise stärker als andere Entwicklungsregionen. Das von den internationalen Wirtschaftsstatistiken gezeichnete Bild scheint eindeutig: Afrika ist im Kapitalismus angekommen, der Kapitalismus aber nicht in Afrika.

2.1 Glauben oder wissen – Zur Zuverlässigkeit internationaler Statistiken

Bevor diese widersprüchliche Situation im Folgenden empirisch dargestellt wird, ist es notwendig, etwas Wasser in den Wein der scheinbar so eindeutigen Zahlen und Fakten zu schütten. Denn diese sind alles andere als zuverlässig. Mehr noch: Ist die weltweit einheitliche Systematik der Wirtschaftsstatistik überhaupt in der Lage, unterschiedliche Wirtschaftssysteme empirisch adäquat zu erfassen, kann der Besonderheit der afrikanischen Wirtschaft ausreichend Rechnung getragen werden? Mit dieser Frage sind wir schon mitten im Problem: Die internationalen Statistiken basieren nach Systematik und Erfassungsmethoden auf den Bedingungen des entwickelten, nationalstaatlich organisierten Kapitalismus. Entspricht das der afrikanischen Realität?

---

8   Ostafrika war Teil des Wirtschaftsraums Indischer Ozean, Westafrika über den Trans-Sahara-Handel mit dem Mittelmeerraum verbunden.

Das System der Vereinten Nationen produziert monatlich eine Unmasse von Statistiken, die scheinbar einen detaillierten internationalen Vergleich erlauben. Bis auf Kommastellen exakt werden Wachstumsraten und ihre Veränderungen erfasst. Dies täuscht eine Genauigkeit vor, die im Gegensatz zur Wirklichkeit selbst in den entwickelten Industrieländern steht. Eine solche Präzision ist nicht möglich. Dies zeigen schon die häufigen nachträglichen Korrekturen.

Erst Ende 2007 wurde eine folgenreiche Neuberechnung vorgenommen. Ein Projekt namens »International Comparison Program« (ICP) hat die weltweite Produktion, die nicht mit den jeweiligen Wechselkursen der nationalen Währungen, sondern zu deren Kaufkraftparitäten (KKP) vergleichbar gemacht wird, neu berechnet und im Ergebnis Korrekturen der bisherigen Werte für das Bruttosozialprodukt (BSP) vorgenommen: Vor allem wurden die Angaben für China und Indien um 40 Prozent nach unten korrigiert. Die Korrekturen in den reichen Ländern waren geringer, die Abweichungen beliefen sich aber immer noch auf 2 bis 4 Prozent. Hauptursache ist die vergleichende Erfassung der Preisveränderungen: Man hatte festgestellt, dass die Preise in den meisten Schwellenländern seit 1993, der letzten Erfassung der Basisdaten, stärker gestiegen waren als bislang angenommen. Die Kaufkraft der jeweiligen nationalen Währung war im internationalen Vergleich geringer als in den bisherigen Berechnungen angenommen. Die zu Kaufkraftparitäten (KKP) gemessenen Produktionswerte dieser Länder und ihre Zunahme sind also überschätzt worden und wurden nun entsprechend angepasst. (Milanovic 2008). Für Afrika als Kontinent halten sich die Veränderungen insgesamt in Grenzen, der Anteil von ASS am (um etwa 10 Prozent niedriger geschätzten) Weltsozialprodukt liegt mit 2,3 % auf dem gleichen Niveau wie vor der Datenrevision. Im Einzelnen aber sind die Korrekturen beträchtlich: Das Inlandsprodukt Südafrikas wird um 24 Prozent niedriger geschätzt, das von Zimbabwe sogar um 77. Dagegen wurden die Produktionswerte für die Ölländer deutlich höher angegeben, ›Aufwertungen‹ um bis zu 100 % (Gabon) fanden statt. Das größte afrikanische Land, Nigeria, sieht sein Inlandsprodukt zu Kaufkraftparitäten von 155 Mrd. KKP-Dollar auf 247 Mrd., also um 60 % vergrößert. Die Republik Kongo konnte ihr BSP sogar von 5 auf mehr als 12 Mrd. ›steigern‹ (Werte für 2005). Insbesondere die Unterschiede zwischen den Ölländern einerseits und den übrigen Ländern andererseits scheinen größer zu sein als bislang angenommen: Das BSP für 13 Länder wurde nach oben, das für 33 nach unten korrigiert. (World Bank 2008). Trotzdem sind viele Daten mit großen Unsicherheiten behaftet, wie das Projekt einräumt.

Für die afrikanischen Wirtschaftsstatistiken gilt das in besonderem Maße, und zwar aus zwei Gründen. Die große Mehrheit der Beschäftigten arbeitet im informellen Sektor; ein Großteil der wirtschaftlichen Aktivitäten entzieht sich der staatlichen Kontrolle, weder Steuern noch Sozialabgaben werden gezahlt. Zuverlässige Erntestatistiken gibt es nur in Ausnahmefällen, die von lokalen Beamten der Landwirtschaftsministerien gemeldeten Daten stützen sich auf den Augenschein. Die Bevölkerungsstatistik ist grob unzuverlässig. So schwanken die Angaben über die Bevölkerung Nigerias, dem bevölkerungsreichsten Land Afrikas, um Dutzende von Millionen: Dem Weltentwicklungsbericht (WDR) der Weltbank 1992 zufolge hatte das Land Mitte 1990 genau 115,5 Millionen Einwohner; der UN- Bericht über die menschliche Entwicklung für 2001 beziffert Nigerias Bevölkerungszahl für 1999 aber nur auf 110,8 Millionen, obwohl diese bei der angegebenen jährlichen Zuwachsrate von 2,9 Prozent 1999 eigentlich bei 149 Millionen hätte liegen müssen. Eine Fehlerquote von 35 Prozent oder fast 40 Millionen. Die Annahme des Weißbuchs Afrika, dass die Bevölkerung von ASS, im WDR 2007 mit 741 Millionen (2005) angegeben, auch 20 Prozent mehr oder weniger betragen könnte (Michler 1991, S. 28), ist also bestimmt nicht übertrieben. Davon werden alle anderen Indikatoren beeinflusst. Die oft beklagte Labilität und Unzuverlässigkeit der afrikanischen Verwaltungen schlägt sich auch auf dem Gebiet der Wirtschaftsstatistik nieder – und die Zahlen des UN-Systems basieren auf nationalen Statistiken.

Im Fall von Afrika kommt ein strukturelles Problem hinzu. Das System der Volkswirtschaftlichen Gesamtrechnungen (VGR) folgt weltweit einer einheitlichen Systematik, welche die Produktions- und Verteilungslogik der entwickelten Industrieländer unterstellt und damit die anders gearteten ökonomischen Verhältnisse Afrikas ignoriert. Eine Analyse der VGR in Afrika kommt zu dem Ergebnis, dass das von den Vereinten Nationen harmonisierte System »nicht der Wirklichkeit Afrikas entspricht.« (Anson-Meyer 1982, S. 293). Selbst die Annahme Michlers, dass zumindest die Außenhandelsstatistiken halbwegs zuverlässig seien, ist unzutreffend. Diese behaupten (siehe weiter unten), dass es kaum innerafrikanischen Handel gibt. Anson-Meyer aber belegt an Einzelfällen, wie der innerafrikanische Warenaustausch wegen der großen Bedeutung des illegalen Warenverkehrs grob unterschätzt wird: So wurde der Anteil Ghanas am Außenhandel des Nachbarn Togo in den 1970er Jahren offiziell mit 0,5 % beziffert; Falluntersuchungen zufolge, die auch illegale Warenströme berücksichtigten, lag der Anteil aber bei 25 Prozent (ebd., S. 331). Die Exporte Benins nach Nigeria wurden 1982 offiziell mit 7.800 Millionen Franc CFA (damals 78 Mill. Französische Franc) angegeben. Ein Spezialist für den Beninisch-Nigerianischen Handel schätzt die wirklichen Exporte auf 106 Millionen Franc CFA, d.h. auf etwa das 14fache (Igué 1992, S. 147). Hintergrund des ›informellen‹ Warenverkehrs ist u.a. die Tatsache, dass auf beiden Seiten der Grenzen Ewe (Ghana/Togo) bzw. Yoruba (Benin/Nigeria) sprechende Völker wohnen, die kolonialen Grenzziehungen integrierte Wirtschaftsräume zerrissen hatten. Diese existieren weiter, nun aber unter ›illegalen‹ Bedingungen, was großen Einfluss auf den Charakter der Warenbeziehungen hat. Durch illegalen Handel werden nicht nur Zölle umgangen, sondern auch Unterschiede der Rechtsvorschriften, der Währungsregime usw. ausgenutzt. Die Regierungen sind nicht in der Lage (und manchmal auch nicht willens), die Grenzen zu kontrollieren bzw. die Beamten partizipieren am ›kleinen Grenzverkehr‹. Insgesamt dürfte sich die Genauigkeit der afrikanischen Wirtschaftsstatistiken seit den 1980er Jahren eher noch verschlechtert haben: Mit der Zunahme informeller Aktivitäten (einschließlich des Schmuggels) im Gefolge der Strukturanpassungspolitik entziehen sich weite Teile der afrikanischen Ökonomie jeder laufenden systematischen Erfassung – auch wenn es manchmal recht gute Einzelstudien zum informellen Sektor gibt.

Die besondere Unzuverlässigkeit der afrikanischen Statistiken hat zusammenfassend folgende Gründe:

- Ein großer Teil der Produktion und mehr als drei Viertel der Beschäftigung ist informell. Der informelle Sektor kann zwar punktuell durch Einzelstudien erfasst werden, entzieht sich aber laufenden zeitnahen Analysen.

- Aber auch die Daten des formellen Sektors, die wie bei uns von den statistischen Ämtern durch Unternehmensbefragungen erhoben werden, sind unzuverlässig. Die Unternehmen antworten nicht oder machen aus Misstrauen gegenüber den Behörden falsche Angaben.

- Die statistischen Ämter hängen in der Regel zu 90 % am Finanztropf einzelner Geber, die sich ihrer bei Einzelstudien bedienen. Diese Untersuchungen sind oft qualitativ gut, während die ›Tagesaufgaben‹ der Ämter, die für die Regierung und die wirtschaftliche Praxis viel wichtiger sind, vernachlässigt werden. Es gibt afrikanische Länder, in denen die VGR um Jahre im Rückstand ist.

- Die Regierungen haben manchmal Interesse an falschen Daten. So werden Erntestatistiken ›korrigiert‹, um drohende Hungerkatastrophen und ›nationale Notstände‹ melden zu können und internationale Nahrungsmittelhilfe zu mobilisieren. Bevölkerungsstatistiken haben oft, wie die Volkszählung 2008 im Sudan zeigt[9], politische Bedeutung.

Alles in allem müssen die offiziellen Zahlen also mit besonderer Vorsicht interpretiert werden – was auch für die hier folgenden Statistiken und Tabellen gilt. Leider gibt es aber keine anderen.

2.2 Marginalisierung und Integration: Afrika im Weltmarkt

Der Entwicklungsrückstand Afrikas im Verhältnis zu anderen Teilen der Welt wird gewöhnlich an der hohen extremen Armut und am niedrigen Stand der Sozialindikatoren festgemacht. Da aber die Hebung des Volkswohlstands bestenfalls eine indirekte Folge der kapitalistischen Umwälzung der Produktivkräfte ist, kann dies in die Irre

---

9   »Im Südsudan ist der Zensus ein hochpolitisches Unterfangen«, Neue Zürcher Zeitung v. 14.5.2008.

führen, wie die miserablen Sozialindikatoren des ›Boomlands‹ Indien deutlich machen. Entwicklung gemessen am Stand der Produktivkräfte kann besser mit Hilfe makro-ökonomischer Indikatoren erfasst werden. Diese Daten zeigen, dass ASS in der Weltwirtschaft bis Anfang der 2000er Jahre immer weiter marginalisiert wurde, während die Bedeutung der Weltwirtschaft für Afrika zunahm.

Zu berücksichtigen ist bei der Interpretation der Daten, dass der Anteil Afrikas an der Weltbevölkerung Mitte 2007 mit 11,9 % (ASS) bzw. 14,2 (Gesamtafrika) seit etwa Mitte des 20. Jahrhunderts wächst. In der Zeit davor war das Wachstum der afrikanischen Bevölkerung stets niedriger gewesen als das der Weltbevölkerung. 1950 lag der Anteil Afrikas an der Weltbevölkerung noch bei 8,9 % (DSW 2007).

Tab. 1: Bruttosozialprodukt zu Kaufkraftparitäten (KKP $), Anteile in %

	1980	1990	2000	2008	2005 Mrd. KKP $	2005 Mrd. $*
Welt	100	100	100	100	55 703 (100)	44.881 (100)
Entwicklungsländer	36,4	36,4	37,3	45,0	23.092 (41,5)	12.542 (27,9)
ASS	2,5	2,3	2,1	2,5	1.299 (2,3)	740 (1,6)

* US-Dollar, jeweilige Preise und Wechselkurse
Quelle: IMF, World Economic Outlook, Database April 2008

Einen ersten Eindruck gibt die oben diskutierte Statistik des Welt-Sozialprodukts (siehe auch: Tab. 1). Bis in die 2000er Jahre sank der Anteil Afrikas an der Weltproduktion kontinuierlich. Seit 2004 stabilisiert sich die Situation als Folge der ansteigenden Rohstoffpreise. Der wichtigste Indikator der Produktivkraftentwicklung, die Produktivität, zeigt eindringlich den Rückstand Afrikas. Die Produktion je Einwohner beläuft sich in ASS mit knapp 1.700 KKP $ auf ein Zwanzigstels der entwickelten OECD-Länder und auf ein Fünftel des Weltdurchschnitts. Sie beträgt knapp 40 % der Produktivität in Ostasien und liegt ein Drittel unter jener der nächst ärmsten Region, Südasien (World Bank, Key Development Data; Database). Die »totale Faktorproduktivität« nahm in den 1960er Jahren mit etwa 2 Prozent jährlich ähnlich stark zu wie im internationalen Durchschnitt; in der Periode 1970 bis 2000 aber ging sie absolut zurück. Die Arbeitsproduktivität (Wertschöpfung je Beschäftigten) stieg zwischen 1960 und 2000 um jährlich 0,6 %, deutlich langsamer als im internationalen Durchschnitt (2,3 %) (UNCTAD 2007, S. 39).

Die geringe wirtschaftliche Dynamik Afrikas im Verhältnis zu anderen Entwicklungsregionen wird auch im Vergleich der Investitionsquoten deutlich, deren Höhe das Akkumulationstempo widerspiegelt (Tab. 2). Diese zeigen, welcher Anteil der Wertschöpfung für die Modernisierung und Ausweitung des Produktionsapparates verwendet wird. Für eine nachhaltige Entwicklung, schätzt die UNCTAD, wäre eine langfristige Investitionsquote von 22-25 % notwendig; im Subsaharischen Afrika beträgt diese im Trend nur etwa 18 Prozent. (UNCTAD 2007, S. 3).

Tab. 2: Investitionen in % des Bruttoinlandsprodukts

	1990-1999	2000-2008
Welt	22,5	22,2
Entwickelte Länder	22,1	20,8
Entwicklungsländer, darunter:	25,2	26,5
Subsahara Afrika	17,6	20,4
Asien	33,1	34,7

Quelle: IMF, World Economic Outlook April 2008, Database

Insbesondere im Vergleich mit Asien fällt die Investitionsschwäche Afrikas auf. Trotz der durch die Renaissance der Rohstoffe verursachten leichten Steigerung der Investitionsquoten seit 2004 bleibt Afrika internationales Schlusslicht. In den Boomjahren 2006 bis 2008 verbucht Asien Investitionsquoten von 38 Prozent, während ASS sich nur wenig auf 22 Prozent gesteigert hat. Die Investitionen konzentrieren sich zudem einseitig im kapitalintensiven Bergbau (ebd). Investitionen außerhalb der Rohstoffförderung dürften sogar weiter rückläufig sein. Dies zeigt, dass die in Afrika seit 2004 spürbare Wachstumsbelebung auf einer fragilen Grundlage ruht: Ohne eine deutliche Steigerung und De-Konzentration der Investitionen ist eine nachhaltige Umstrukturierung der Wirtschaft nicht erreichbar.

Investitionen in Entwicklungsländern, so die neoliberale Hoffnung, werden durch ausländische Direktinvestitionen (DI) stimuliert – eine Liberalisierung des Investitionsregimes wirke demnach entwicklungsfördernd. Doch auch hier das gleiche Bild: Der Anteil Afrikas[10] an den jährlichen Zuflüssen von DI in die Entwicklungsländer (etwa ein Drittel der gesamten DI) ist bis Anfang der 2000er rückläufig gewesen. Die Quote hat sich zwar zuletzt als Folge des Rohstoffbooms etwas stabilisiert, von einem globalen Bedeutungsgewinn kann aber keine Rede sein (Tab. 3).

Tab. 3: Zufluss von Direktinvestitionen in Entwicklungsländer, US-Dollar, Anteile in %

	1981	2000	2006	2006, Mrd. $
Entwicklungsländer	100	100	100	379,1
ASS	6,3	2,4	3,2	12,2

Quelle: UNCTAD, World Investment Report, Database 2007

Die jährlichen Zuflüsse von DI nach ASS sind zwar von 940 Mill. US $ (1970/79) auf fast 12 Mrd. (2000/06) gestiegen, ihr Anteil aber ist von 3,9 (Welt) bzw. 15,9 (EL) auf 1,5 (Welt) bzw. 4,7 (EL) gesunken, trotz der zuletzt wieder gewachsenen Bedeutung Afrikas als Produzent mineralischer Rohstoffe. Gemessen am Bestand der DI in Entwicklungsländern hat sich der Anteil Afrikas zwischen 1980 und 2006 von

---

10 Es gibt auch große afrikanische Unternehmen – von den 2000 weltweit größten Unternehmen der Forbes Global Liste haben 18 ihren Sitz in ASS, davon 17 in Südafrika.

ansehnlichen 21 auf marginale 1,8 % vermindert (UNCTAD 2008, S. 3). Allerdings bleiben DI für den internen afrikanischen Investitionsprozess wichtig: Der Anteil der DI an den Gesamtinvestitionen liegt bei rund 20 %.

Wichtiger als der Umfang ist die sektorale Verteilung der DI: Der Anteil der verarbeitenden Industrie ist weiter zurückgegangen. Gemessen am Bestand der DI in den zehn größten afrikanischen Empfängerländern ist der Anteil des Bergbaus von 5 (1996) auf 41 Prozent (2006) angestiegen, während der Anteil der verarbeitenden Industrie von 40 auf 27 Prozent gesunken ist (ebd., S. 4). Der Rohstoffboom überdeckt die Tatsache, dass das Hauptproblem Afrikas, die geringe Bedeutung der verarbeitenden Wirtschaft, sich bis zuletzt weiter verschärft hat.

Die ungleiche Integration Afrikas in die Weltwirtschaft wird durch Daten über den Welthandel und seine Struktur illustriert. Der Anteil Afrikas am Welthandel ist gering und sinkt tendenziell, bei einer Stabilisierung in den letzten Jahren (Tab. 4).

Tab. 4: Anteil am Welthandel in %, Mrd. US-Dollar

	1980	2007	2007, Mrd. $
Weltexporte	100	100	13.898
Afrikaexporte*	6,0	3,0	422

* Ganz Afrika
Quelle: World Trade Organisation, Database

Während Afrika als Absatzmarkt für den Rest der Welt nur von geringer Bedeutung ist, ist der Weltmarkt für Afrika umgekehrt überlebenswichtig. Das zeigt der Anteil des Außenhandels am afrikanischen BSP, der ähnlich hoch ist wie in Europa oder Ostasien und höher als in Südasien oder Lateinamerika (Tab. 5).

Die hohen Exportquoten haben jedoch kaum positive Auswirkungen auf die afrikanische Binnenwirtschaft, weil Exportwirtschaft und Binnenwirtschaft (mit Ausnahme der Agrarexporte) wenig verbunden sind. Die gesamtwirtschaftlichen Auswirkungen der höheren Exporte mineralischer Rohstoffe und steigender Auslandsinvestitionen im kapitalintensiven Bergbau sind begrenzt, positive Multiplikatoreffekte (»linkages«) auf die übrige Wirtschaft und die Beschäftigung gibt es kaum. Das Wachstum der jüngeren Vergangenheit hat keine Arbeitsplätze geschaffen, es ist »jobless growth«, infolge des kapitalintensiven und »Enklaven-Charakters« der extraktiven Wirtschaft (UNCTAD 2007, S. 3). Noch immer gilt, was der erste Präsident Tansanias, Julius Nyerere, über Afrikas Wirtschaft sagte: »Afrika produziert, was es nicht selbst konsumiert und konsumiert, was es nicht selbst produziert.« (Nuscheler 2006, S. 212).

Tab. 5: Außenhandel in % des Inlandsprodukts 2006

	Exporte	Importe
Welt (2005)	27,1	27,3
OECD (2005)	22,4	23,8
Europa/Zentralasien	40,1	40,0
Lateinamerika/Karibik	25,7	23,3
Südasien	22,0	26,0
Ostasien/Pazifik	47,3	40,2
Subsahara Afrika	35,5	36,3

Quelle: World Bank, World Development Indicators, Database 2008

Mehr als zwei Drittel des Ausfuhren Afrikas bestehen aus Energierohstoffen und Bergbauprodukten, 62 % davon sind Treibstoffe. Hier hat Afrika einen bedeutenden Exportüberschuss, da der Anteil dieser Gütergruppe an den Importen nur bei 16 Prozent liegt. Bei Agrarprodukten dagegen gibt es ein Defizit, Afrika ist Nettoimporteur: Der Anteil ist mit knapp 9 Prozent der Exporte auffällig niedrig für einen agrarischen Kontinent (Tab. 6); bei den Importen ist er mit gut 13 Prozent deutlich höher (WTO, International Trade Statistics 2007, S. 45).

Immer noch geht der Löwenanteil der Ausfuhren (zwei Drittel) nach Europa und Nordamerika (Tab. 6). Der Anteil Afrikas an den weltweiten Exporten der verarbeitenden Industrie ist mit weniger als 0,9 Prozent (2006) so gering, dass er von der Weltbank seit Ende der

1980er Jahre auf Null abgerundet wird (Chazan 1992, S. 256). Das Hauptungleichgewicht zeigt sich – im Unterschied zu anderen Weltteilen – auf zwei Ebenen: Während bei den Exporten nicht-erneuerbare Rohstoffe dominieren (mehr als zwei Drittel), bestehen die Importe überwiegend (zwei Drittel) aus verarbeiteten Produkten. Dabei zeigt eine genauere Analyse, dass der Verarbeitungsgrad der verarbeiteten Produkte bei den afrikanischen Exporten weit niedriger ist als bei den entsprechenden Importen.

Tab. 6: Warenexporte Afrikas nach Gütergruppen und Regionen in %, 2005/2006

	Welt, darunter:	Europa	Nordamerika	Asien	Afrika
Insgesamt, darunter:	100	42,9	20,2	16,3	8,9
Energie/ Bergbauprodukte	68,5	38,2	27,2	17,2	4,8
Landwirtschaftliche Produkte	8,8	47,2	6,3	15,3	17,1
Verarbeitete Produkte	19,6	54,7	17,1	12,2	8,1

Quelle: WTO, International Trade Statistics 2006, S. 78; dies. 2007, S. 44

Der intra-afrikanische Handel scheint extrem niedrig. Zusammengefasst gibt die WTO den Anteil des regionalen Handels am Welthandel im Jahre 2006 für Europa mit 31 Prozent, für Asien mit 14 Prozent, für Nord-Amerika mit 8 Prozent an; selbst für Südamerika wird noch 1 Prozent ermittelt. Afrikas intra-regionaler Handel dagegen ist mit weniger als 0,3 Prozent global (9 Prozent des afrikanischen Außenhandels) zu vernachlässigen. (WTO 2007, S. 3) Auch wenn man in Rechnung stellt, dass der illegale Handel nicht erfasst wird, ist dieser extrem niedrige Wert eine internationale Ausnahme: Angesichts der Vielzahl kleiner afrikanischer Länder müsste der Regionalhandel eigentlich eher über dem internationalen Durchschnitt liegen.

Die weltwirtschaftliche Rolle Afrikas hat sich seit dem Ende des
Sklavenhandels kaum verändert: Afrika ist Rohstofflieferant. Es dominieren heute nicht-erneuerbare Rohstoffe – die Bedeutung Afrikas für
agrarische Rohstoffe ist in den letzten Jahrzehnten zurückgegangen.
Der wertmäßige Anteil Afrikas an den globalen Agrarexporten liegt
unter vier Prozent (ein Fünftel desjenigen Asiens); dagegen beläuft
sich der Anteil bei Energie- und Bergbauprodukten auf 11 Prozent.

Tatsächlich verfügt Afrika als Agrarproduzent durchaus nicht über
so große Vorteile wie es landläufige Vorurteile vermuten lassen: Die
Afrikaner hatten die Aufgabe, »eine besonders unliebsame Region
der Welt« für die Menschheit zu erschließen (Iliffe 2003, S. 9). Afrika
ist arm an fruchtbaren Böden; die Klimazonen staffeln sich von Nord
nach Süd, was die Verbreitung von verbesserten Anbautechniken
erschwert; Regenfälle sind unregelmäßig und das Tropenklima begünstigt die Verbreitung von schädlichen Insekten und Krankheiten.
(Tezlaff/Jakobeit 2005, S. 30/31). »Trockenheit oder Wolkenbrüche:
In keinem Fall begünstigt das afrikanische Klima die Bildung einer
Humusschicht... Der ausgelaugte Lehm bildet mit dem Sand ein
hartes, unfruchtbares Konglomerat: den Laterit... Alles in allem:
kein gastliches Land und kein angenehmes Klima... Insekten sind
gefährlicher als Raubtiere, Bazillen noch gefährlicher... jeder erwach-
sene Afrikaner (ist) buchstäblich ein Überlebender...« (Bertaux 1995,
S. 19).

2.3 Die Schatzkammer der Welt?

Afrika ist für die Weltwirtschaft vor allem wegen des Reichtums an
Mineralien und anderen nicht-erneuerbaren Rohstoffen relevant. Daher profitiert Afrika aktuell vom durch die Nachfrage aus Asien ange-
triebenen Rohstoffboom, das erklärt die sich seit 2004 stabilisierenden
makroökonomischen Daten. Dieser Reichtum ist allerdings begrenzt.
Das derzeit wichtigste afrikanische Exportprodukt ist Erdöl, auf das
nach neuesten Daten etwa die Hälfte der gesamten Exporte entfällt.
Angesichts des sich nähernden ›peak-oil‹, des Produktionshöhepunkts
von Rohöl, findet ein Wettlauf der alten und neuen Weltmächte nach

Afrika statt (Wagner 2007). Aber das Ende der Vorräte ist absehbar: Auf ganz Afrika entfallen 12 % der Weltölförderung, es hat aber nur 7 % der Weltölreserven (wovon 40 Prozent in Libyen liegen) (Tab. 7). Die kalkulatorische Reichweite der (bekannten) afrikanischen Ölvorräte beträgt 28 Jahre – im Weltdurchschnitt sind es 44 Jahre. Nigeria (21 Jahre) und Ägypten (11 Jahre) dürften in absehbarer Zeit zu Ölimporteuren werden.

Tab. 7: Anteil Afrikas an nicht-erneuerbaren Energierohstoffen in %, 2006

	Ressourcen	Reserven	Förderung	Verbrauch
Erdöl*	4,8	7,2	12,2	3,4
Erdgas*	7,9	7,7	6,1	2,8
Steinkohle	2,2	6,7	4,5	3,5
Uran	14,6	16,6	18,3	0,0
Insgesamt	1,8	6,6	8,2	3,0

*konventionell und nicht-konventionell
Quelle: BGR 2007

Unter Reserven werden die bekannten und gegenwärtig wirtschaftlich abbaubaren Vorräte verstanden, Ressourcen enthalten die bekannten, aber derzeit nicht wirtschaftlich abbaubaren und die unbekannten, aber aufgrund geologischer Konstellationen vermuteten Vorräte. Bei den Energierohstoffen sind die afrikanischen Ressourcen und Reserven – verglichen sowohl mit der Bevölkerungszahl als auch mit der aktuellen Förderung – gering. Eine Ausnahme ist Uran. Noch ist der afrikanische Verbrauch gering. Gelänge Afrika aber in absehbarer Zeit der Strukturwandel zu raschem Wachstum und mehr Verarbeitung, dann hätte es ein Problem: Die heimischen Vorräte werden dann erschöpft sein.

Etwas günstiger ist das Verhältnis zwischen Reserven und Förderung bei Metallen und bei Kohle. Metalle, Gold und Diamanten machen 14,5 Prozent der Gesamtexporte aus. Allerdings besitzt Afrika

nur bei wenigen Rohstoffen eine Stellung, die einen aktiven Einfluss
auf den Weltmarkt erlaubt (Tab. 8). Marokko bestreitet ein Drittel des
Welthandels mit Phosphat, Südafrika hat einen Anteil von 80 Prozent an Mangan, Zimbabwe und Südafrika verfügen über 90 Prozent
des Chroms; Kobalt und Bauxit liegen zu 40 Prozent in Afrika. Bei
Kupfer beträgt der afrikanische Anteil ca. 16 Prozent. Die Hälfte des
Goldes und ein Viertel der Kohlevorräte (Südafrika, Zimbabwe) liegen südlich der Sahara. Außerdem wird geschätzt, dass in Afrika etwa
ein Drittel der weltweiten hydroenergetischen Ressourcen liegt. Deren Erschließung beinhaltet aber ökologische Probleme (Schliephake
2001).

**Tab. 8: Anteile Afrikas an Vorräten und Förderung minera-
lischer Rohstoffe in %, 1994[11]**

	Vorräte	Förderung
PT-Metalle	88,5	68,2
Kobalt	77,9	43,9
Chromit	73,8	44,4
Vanadium	53,5	48,5
Mangan	48,6	21,9
Gold	47,0	30,9
Bauxit	29,9	16,7
Rutil	18,8	45,4
Kupfer	8,4	7,3
Phosphat	53,4	28,5
Diamanten	36,8	50,8

Quelle: Barth/Kürsten 1996

Eine Besonderheit sind PT-Metalle, eine sechsköpfige ›Familie‹ von
Platin-Metallen. Die mengenmäßige Produktion ist mit 180 Tonnen/

---

11   Differenzen zu Schliephake bei einigen Metallen dürften mit dem Alter der
     Daten zusammenhängen.

Jahr gering, wegen der Säure- und Hitzebeständigkeit sind PT-Metalle aber von großer Bedeutung als Teil von Legierungen. Die Nachfrage nimmt aus zwei Gründen zu: PT-Metalle sind im Rüstungsbereich unabdingbar, außerdem werden sie für die erst am Beginn stehende Produktion von Solarzellen gebraucht (Müllenmeister 2004). Die Vorräte liegen sämtlich in Südafrika, was auch für viele andere Mineralien zutrifft. Dies begrenzt die Preissetzungsmacht der armen afrikanischen Länder.

Angesichts knapper werdender Ressourcen und hoher Rohstoffpreise überrascht nicht, dass Afrika trotz der scheinbar marginalen weltwirtschaftlichen Bedeutung erneut zum Objekt der Begierde geworden ist. Neben den bekannten Mächten sind neue Wettbewerber aufgetaucht, insbesondere China bemüht sich um den Ausbau der Wirtschaftsbeziehungen mit Afrika. Das afrikanisch-chinesische Handelsvolumen hat sich zwischen 1990 und 2005 verzehnfacht. Es ist keine Marginalie, dass die Jahrestagung 2007 der Afrikanischen Entwicklungsbank, einer der großen regionalen Finanzierungsinstitutionen, in Schanghai stattfand.

Man kann die Gründung des an der Autobahnauffahrt Stuttgart-Möhringen beheimateten »Africa Command«, des sechsten Regionalkommandos der US-Armee, getrost als Reaktion auf die zunehmende chinesische Präsenz in Afrika betrachten. Die Entscheidung dazu fiel im Februar 2007, war also kaum durch den ›Krieg gegen den Terror‹ motiviert. Die personelle Zusammensetzung des gut ausgestatteten Hauptquartiers (550 Mitarbeiter, der Ausbau auf 1300 ist geplant) zeigt die primär wirtschaftliche Zielsetzung des Kommandos: Neben Militärs und Sicherheitskräften finden sich in der Kommandostruktur auch Vertreter des Außen- und Finanzministeriums und – besonders pikant – Angehörige der Agentur für internationale Entwicklung (USAID). Was die internationale Gebergemeinschaft zu der Einbindung einer Entwicklungshilfeorganisation in militärische Kommandostrukturen sagt ist nicht bekannt. Doch ein Schelm, wer Böses dabei denkt:»Die Aufstellung des Africa Command bedeutet keine Militarisierung der amerikanischen Afrikapolitik, auch wenn Kritiker immer wieder das Gegenteil behaupten«, führte der Befehlshaber General William E. Ward gegenüber der Neuen Zürcher Zeitung aus (NZZ v.

4.6.2008). Glaubt man ihm, so kümmert sich die Armee vor allem um zivile Aufgaben wie Katastrophenhilfe und AIDS-Bekämpfung.

Das so dokumentierte wachsende Interesse an Afrika, d.h. an afrikanischen Rohstoffen, erklärt sich weniger durch die gewaltigen Vorräte (die, wie gezeigt, so groß nicht sind) als durch den niedrigen Eigenverbrauch und die Tatsache, dass große Teile des Kontinents (mit Ausnahme Südafrikas) als wenig erschlossen gelten. Man vermutet dort noch unbekannte Reserven. Als grober Indikator kann die Förderung je Fläche gelten: Während in Nordamerika jährlich für 400 US $ mineralische und Energierohstoffe je Quadratkilometer gefördert werden, in Südamerika für 160 $ und in Australien für 130 $, sind es in der Republik Südafrika 790 $, im Rest Afrikas aber nur 90 $.

2.4 Auslandsverschuldung und Entwicklungsfinanzierung

Entwicklungsfinanzierung und Auslandsverschuldung sind Erscheinungsformen der globalisierten Weltwirtschaft. Die damit verbundenen Finanzströme standen in der Vergangenheit in einer engen Beziehung zueinander. Entwicklungsfinanzierung bestand bis vor kurzem zu einem erheblichen Teil aus Krediten Internationaler Finanzierungsinstitutionen (IFI) und bilateraler Geber, die zwar (in Afrika) deutlich günstiger als kommerzielle Kredite sind, aber gleichwohl zurückgezahlt werden müssen – und zwar in ›harter‹ Währung.

Die Schuldenkrise, die fast zwei Jahrzehnte die Entwicklungsfinanzierung bestimmt hatte, wurde durch den zweiten ›Ölpreisschock‹ 1979/80 ausgelöst. Der erste ›Ölpreisschock‹ 1973 war mit insgesamt steigenden Rohstoffpreisen verbunden gewesen, wie die zeitweilige Verbesserung der ›Terms of Trade‹ Afrikas zwischen 1974 und 1977 zeigt. Dagegen ging der zweite Ölpreissprung 1979/80 mit einem Verfall der Preise für andere mineralische und agrarische Rohstoffe einher, was bei den meisten Entwicklungsländern (Nicht-Erdölländer) zu Zahlungsbilanzproblemen und zum Rückgang der öffentlichen Einnahmen führte. Der unerwartete Einbruch wirkte in Afrika umso dramatischer, als viele Länder vor dem Hintergrund des vorangegangen kleinen Rohstoffbooms teure Industrialisierungsstrategien eingeleitet hatten. Um diese nicht abbrechen zu müssen wurden zur Überbrückung der als vorübergehend betrachteten Einnahmeausfälle kommerzielle Kredite aufgenommen. In Afrika schnellten die Zuflüsse aus privater und öffentlicher Auslandskreditaufnahme von 3 Mrd. Dollar 1976 auf 15 Milliarden 1980 empor. Die Entwicklungsländer gerieten definitiv in die Krise, als die Industrieländer, an ihrer Spitze die USA, zwecks Inflationsbekämpfung eine Periode der Hochzinspolitik einleiteten. Da die Überbrückungskredite meist mit variablen Zinsen ausgestattet waren, wurden viele Entwicklungsländer zahlungsunfähig.

Obwohl auf das Subsaharische Afrika wenig mehr als zehn Prozent der Schulden entfielen, die afrikanischen Verbindlichkeiten für die Gläubiger im ›Norden‹ also eher marginal waren, war die ökonomische Bedeutung der Schuldenlast für Afrika größer als im Rest der Peripherie (Tab. 9).

Tab. 9: Auslandsschulden der Entwicklungsländer (Mrd. $)

	1980	1990	2000	2006	2007	2008
Insgesamt	621	1.388	2.378	3.392	4.044	4.546
In % BIP	17,1	26,5	37,1	28,8	26,6	25,1
Schuldendienst	101	167	447	718	672	706
In % BIP	2,8	3,7	7,0	5,7	4,4	3,9
ASS	72	182	224	197	209	219
In % BIP	25,6	57,5	67,3	26,6	24,5	21,9
Schuldendienst	10	12	17	48	26	21
In % BIP	3,5	3,7	5,2	6,5	3,1	2,1

Quelle: IMF, World Economic Outlook, Database April 2008

Noch Anfang der 1970er Jahre hatte die Auslandsverschuldung in Afrika kaum eine Rolle gespielt. 1970 hatte sie bei 7,5 Mrd. $ gelegen, verzehnfachte sich also bis 1980. Faktisch konnte schon ab 1980/81 nur noch ein Teil der Schulden bedient werden, was in der Entwicklung des Schuldendienstes zum Ausdruck kommt: Obwohl sich die

Gesamtverschuldung in ASS zwischen 1980 und 1990 fast verdrei-
fachte, stieg der Schuldendienst nur um 20 Prozent.

Um die ›Schuldendienstfähigkeit‹ zu erhalten, wurde zunächst
umgeschuldet, d.h. private Anleihen wurden durch Kredite der IFI
ersetzt. Kommerzielle Kredite wurden mit Hilfe von Entwicklungs-
krediten zurückgezahlt. Dabei hatten IWF und Weltbank eine Schlüs-
selrolle: Sie vergaben neue billige Kredite, verbanden dies aber mit
den Konditionalitäten der Strukturanpassungspolitik. Die bilateralen
Geber wie die Bundesrepublik schlossen sich den Konditionalitäten
der IFI kritiklos an. Die frischen, zu günstigen Konditionen einge-
räumten Kredite wurden gleichwohl zu einer schweren Belastung, da
die Strukturanpassungsprogramme (SAP) in der Regel die Abwertung
der nationalen Währungen forderten. Dies führte zur Aufwertung des
Dollar und damit zur Vergrößerung der Schuldenlast in nationaler
Währung.

Erst ab 1996 wurde versucht, die Schulden für hoch verschuldete
arme Länder (Heavily Indebted Poor Countries: HIPC) durch einen
partiellen Schuldenerlass zu reduzieren. Es dauerte aber mehr als 5
Jahre, bevor überhaupt Ergebnisse erreicht wurden. Erst ab 2004
geht die Schuldenlast der afrikanischen Länder sichtbar zurück. Eine
wirksame Entschuldung kam erst 2006 in Gang, mit der Umsetzung
der auf dem G8-Gipfel 2005 beschlossenen »Multilateral Debt Relief
Initiative« (MDRI). Schulden der ärmsten Länder bei Weltbank, IWF
und Afrikanischer Entwicklungsbank (vor 2005 kontraktiert), die
etwa 70 Prozent der verbleibenden afrikanischen Schulden ausmachen, sollen in einem relativ komplizierten Verfahren gestrichen, bzw.
korrekter: sollen von bilateralen Gebern übernommen werden. Aber
erst seit 2008 erreicht die Belastung durch den Schuldendienst wieder
eine insgesamt tragbare Dimension. Trotzdem ist das Schuldenpro-
blem nicht überwunden: Da die IFIs weiter Kredite vergeben, kann
es in Einzelfällen – wie in Ruanda – erneut zu kritischen Situationen
kommen (Martens/Schilder 2008, S. 3).

Diese kurze Darstellung zeigt, wie eng Auslandsverschuldung und
Entwicklungsfinanzierung verbunden waren. Bemerkenswert ist die
Parallelität der Finanzströme: Erst im Zuge der Schuldenkrise erhöhte
sich die Entwicklungshilfe (Official Development Assistance - ODA)

deutlich (Tab. 10). Da der Anstieg der Schulden und des Schulden-
dienstes Anfang der 1980er Jahre überwiegend auf kommerzielle
Kredite entfiel, diente zumindest ein Teil der erhöhten ODA der Bedienung privater Gläubiger aus den Industrieländern: Profitiert von
der höheren ODA haben auch Banken der Industrieländer, deren
Kredite sonst notleidend geworden wären.

**Tab. 10: Entwicklungshilfe: Official Development
Assistance, Mrd. $**

	1960	1970	1980	1990	2000	2005	2006
Insgesamt	4,2	6,8	33,4	57,0	42,1	92,8	88,5
darunter:							
Schenkungen	3,6	3,1	12,9	32,4	33,0	83,5	79,5
ASS	0,6	1,1	7,7	18,0	11,9	27,9	34,9
darunter:							
Schenkungen	0,5	0,6	3,7	11,2	10,8	26,0	33,0
Asien	2,1	3,3	13,6	18,0	14,2	42,6	28,9

Quelle: OECD-DAC, Auszahlungen, Database, Stand 28.5.2008

Der Anstieg der ODA ab 2005 fällt eindrucksvoll aus, war aber nur
teilweise mit vergrößertem Mittelzufluss verbunden. Denn die Statistik berücksichtigt auch Schuldenerlasse: Diese spielen erst seit Ende
der 1990er Jahre eine Rolle. Ihre Summe stieg von 1,2 Mrd. $ im
Jahre 2000 auf 5,0 Mrd. im Jahre 2004. 2005 enthält die ausgewiesene ODA u.a. Schuldenstreichungen zugunsten der Erdölländer Iraq
(14 Mrd. $) und Nigeria (5 Mrd. $). Auch Katastrophenhilfen wie
nach dem Tsunami 2004 werden eingerechnet. Nimmt man nur die
»programmierbare Hilfe«, rechnet also humanitäre Hilfe, Schuldenstreichungen und »andere« (Verwaltungskosten, Stipendien, Flücht-
lingshilfe, usw.) heraus, dann hat sich in den letzten Jahren überhaupt
nichts getan. (Falk 2008; OECD 2008b). Letzten Endes ist der Teil
der Entwicklungshilfe, der tatsächlich in den Empfängerländern an-

kommt, kaum zu ermitteln. Ein Beobachter schätzt, dass von zehn Dollar ODA acht in Form von Verwaltungskosten, Beraterhonoraren und Lieferverträgen in den Geberländern bleiben bzw. an diese zurückfliessen (Mahbubani 2008, S. 69).

Schwierigkeiten bereiten auch die »Volatilität« der Auszahlungen und die Abhängigkeit von Geberprioritäten. »Tatsächlich ist die Schwankungsintensität der ODA in Afrika vier Mal so groß wie die der Regierungseinnahmen.« Entwicklungspolitisch sinnvolle Investitionen, die langfristig sein müssen, können damit nicht finanziert werden. Die Vorlieben der Geber sowohl für bestimmte Länder als auch für bestimmte Sektoren sind nicht nachhaltig und reflektieren die jeweiligen Stimmungen und Prioritäten der Geberländer (UNCTAD 2007, S. 34). Ähnlich wie Rohstoffeinnahmen sind auch Zuflüsse aus ODA unberechenbar, was unproduktiver Verwendung und Korruption Tür und Tor öffnet. Eine plötzliche Geldschwemme ist dabei kaum besser, als wenn der Geldhahn unvermittelt zugedreht wird. Damit wird das afrikanische Problem, die Existenzunsicherheit und die daraus resultierenden wenig entwicklungsorientierten Überlebensstrategien der Produzenten, verstärkt und der Staat, der wegen seiner erratischen Finanzierungsbasis keine verlässlichen Leistungen erbringen kann, in den Augen der Bevölkerung delegitimiert.

Im Übrigen widerlegt die Tabelle das verbreitete Vorurteil, Afrika sei in der Vergangenheit (zu) großzügig mit ODA versorgt worden. In den 1960er und 1970er Jahren entfielen nur etwa 15 % der globalen ODA auf Afrika. Erst in den 1990er Jahren erreichte Afrika einen Anteil von etwa einem Drittel. Nach wie vor geht mehr Geld nach Asien als nach Afrika, wobei der Unterschied in den Bevölkerungszahlen in Rechnung zu stellen ist.[12] Auch ist zu berücksichtigen, dass ODA in den 1970er und 1980er Jahren zu mehr als der Hälfte aus Krediten bestand. Erst seit den 2000er Jahren überwiegt wieder der Anteil der Schenkungen. Bis 2006 (neuere Zahlen sind nicht verfügbar) überstieg der jährliche Schuldendienst Afrikas die Summe des Schenkungsanteils der Entwicklungshilfe. Ein nüchterner Blick auf

---

12   1979 lag die ODA pro Kopf insgesamt bei 7 $, in Afrika bei 14 $. 2004 war sie auf insgesamt 14 $, in ASS auf 36 $ angestiegen. Im gleichen Jahr erhielt die ölreiche Region Naher Osten/Nordafrika 35 $ (WDR, lfd.).

die bisherige Situation zeigt, dass der Gesamtkomplex Verschuldung/ Entwicklungsfinanzierung im Fall von Afrika per saldo eher zu Ressourcenabflüssen geführt hat.

Trotzdem ist die Bilanz nicht nur negativ. Entwicklungshilfe hat dazu beigetragen, Mittel gezielt in die Verbesserung sozialer Basisdienste zu leiten: Es wird weiter unten gezeigt werden, dass die Fortschritte auf diesem Gebiet – angesichts der knappen Ressourcen des Kontinents – durchaus bemerkenswert sind. Auch ist zu hoffen, dass die jüngst von der Gebergemeinschaft – unter öffentlichem Druck – beschlossenen Maßnahmen dieses trübe Bild verändern werden. Die erwähnte MDRI, an der 33 afrikanische Länder (von insgesamt 42) beteiligt sind, bedeutet eine Schuldenreduzierung von nominal 50 Mrd. $. Positiv ist in diesem Zusammenhang auch, dass die bilateralen Geber die Finanzierungsbedürfnisse der ärmsten Länder in Zukunft überwiegend durch »grants« decken wollen. 2005 hatten mehr als drei Viertel der bilateralen Finanzierungen die Form von Schenkungen. Allerdings vergeben die multilateralen Organisationen weiterhin überwiegend Kredite.

Eine bittere Pille für die Nehmerländer ist die Unterwerfung unter eine von den IFI angestellte Kreditwürdigkeitsprüfung im Rahmen eines Debt Sustainability Framework (DSF). Während daran alle multilateralen und die im Entwicklungskomitee der OECD zusammengeschlossenen bilateralen Geber beteiligt sind, bleibt die Rolle der »emerging donors«, die nicht Mitglieder im besagten Ausschuss sind[13], also China, Indien usw. ungeklärt. Es ist die Absicht der OECD-Geber, die Kreditvergabe an afrikanische Länder an die Schuldendienstfähigkeit anzupassen, was faktisch eine Aufgabe entwicklungspolitischer Ziele von Kreditvergaben bedeutet (OECD 2008).

---

13 Die Geberliste umfasst heute 56 Länder, darunter sind nur 22 Mitglied im OECD Entwicklungsausschuss (Martens/Schilder 2008, S. 2).

2.5 Humankapitalflucht oder moderner Dreieckshandel

Im Jahre 2000 gab es weltweit 150 Millionen Migranten, d.h. Menschen, die sich für länger als ein Jahr außerhalb ihres Geburtslandes aufhalten (Nyberg-Sorensen 2002, S. 7/19); derzeit wird die Zahl auf etwa 200 Millionen geschätzt. Davon sind zwei Drittel Migrationsarbeiter und ihre Familien, die übrigen Flüchtlinge und Vertriebene. Im Verhältnis zur Weltbevölkerung von 6 (2000) bzw. 6,6 Mrd. (2007) ist das nicht viel – es wird angenommen, dass der auf drei Prozent der Weltbevölkerung geschätzte Anteil der Migranten (OECD 2007b, S. 11) vor hundert Jahren größer war als heute. Die Globalisierung hat zu einer raschen Zunahme der Mobilität von Waren, Kapital und Informationen geführt, nicht aber jener von Menschen: »Es scheint, dass die Bewegungen von Kapital, Waren und Information in einem größeren Maße liberalisiert wurden als die von Menschen; deren Mobilität wird weiterhin stark reglementiert (Nyberg-Sorensen 2002, S. 7). Derzeit sind die entwickelten Länder dabei, ihre Grenzen gegenüber unerwünschten Arbeitsmigranten effizienter zu schließen. Gleichzeitig wirbt man um Migranten – wenn sie entsprechende Qualifikationen mitbringen. Dabei stehen qualifizierte Arbeitskräfte aus den Entwicklungsländern im Fokus. So meldete der Pressedienst des Europäischen Parlaments am 26.9 2007: »Heute diskutierten und stimmten die MEPs über zwei Parlaments-Initiativen mit Bezug zu Plänen zur Erleichterung legaler Migration und zu Prioritäten im Kampf gegen illegale Migration ab. Das Parlament öffnete die Türen zur Einführung einer Arbeitserlaubnis für hochqualifizierte Migranten (›blue card‹) und betonte, dass illegaler Migration nur dann entgegengewirkt werden könne, wenn gleichzeitig Zugangsmöglichkeiten für legale Migration gesichert würden.«

Es geht also nicht um Migration schlechthin sondern um Steuerung der Migration – wobei einseitig die Interessen der entwickelten Länder im Mittelpunkt stehen. Während EU wie USA die neuen Informationstechnologien nutzen, um ihre Grenzen gegen den Zustrom unerwünschter Migranten zu sichern, zentrale Register biometrischer Daten anlegen und der ehemalige Bundesinnenminister Schily die Anlegung von Asylbewerberlagern in Afrika fordert, wird gleichzeitig darüber nachgedacht, wie man im »Krieg um die Talente« (Handels-blatt v. 28.1.08) obsiegen könne, wie Politik dazu beitragen könnte, die Unternehmen (billig) mit Fachkräften zu versorgen. Im »Wettbe-werb um die besten Köpfe« geht es darum, international die fähigs-ten und am besten ausgebildeten Menschen anzulocken. Mitwettbe-werber sind andere entwickelte Länder, die noch unausgeschöpften Ressourcen an »Humankapital« liegen in den armen Ländern. Ver-schiedentlich wird die Abwanderung qualifizierter Arbeitskräfte als »Humankapitalflucht« bezeichnet – die Fluchthelfer sitzen in den Me-tropolen des Nordens.

Dass diese Politik erfolgreich ist zeigt die Sozialstruktur der Mi-granten: Diese sind im Vergleich zu den Arbeitsmärkten sowohl der Herkunftsländer als auch der Aufnahmeländer überdurchschnitt-lich qualifiziert. Trotz des schlechten Bildungssystems spielt Afrika als Ressource von »Humankapital« durchaus eine Rolle. Während die Entwicklungspolitik Afrika dabei unterstützt, sein Bildungssys-tem zu verbessern und Fachleute auszubilden, werden gleichzeitig Strategien entwickelt und staatlich unterstützt, um möglichst viele qualifizierte Afrikaner in Europa oder in den USA zu halten. Es ist diese Inkohärenz die – leider nur in verklausulierter Sprache – vom jüngsten Migrationsbericht der OECD kritisiert wird: »Die Regie-rungen der Aufnahmeländer werden ermutigt, ihre Migrationspoli-tik durch die entwicklungspolitische Brille zu betrachten.« (OECD 2007b, S. 13)

In Europa stammt etwa ein Viertel der Migranten aus Afrika (ca. 4 Mill.) (Nyberg-Sorensen 2002, S. 19). Darunter sind überproportional viele gut ausgebildete Beschäftigte. »Die am meisten von der Auswan-derung gut ausgebildeter Menschen betroffene Region ist Subsahara Afrika«, stellt die OECD fest (2007b, Kap. 5). Derzeit, so schätzen IOM und ECA, verlassen jährlich etwa 20.000 hoch qualifizierte Afrikaner (Ärzte, Ingenieure, Wissenschaftler, usw.) den Kontinent, um in Europa oder Nordamerika zu arbeiten. Afrika habe – so die IOM – schon ein Drittel seines »Humankapitals« verloren, 300.000 hochqualifizierte Afrikaner lebten Anfang des Jahrtausends in Europa und Nordamerika, davon 30.000 mit einem Doktortitel. Diese Zahl nimmt jährlich zu. In Äthiopien arbeitet 1 (in Worten: ein) einheimischer Wirtschaftswissenschaftler, während es in den USA mehr als 100 äthiopische Wirtschaftswissenschaftler gibt. In Chicago arbeiten mehr in Äthiopien ausgebildete Ärzte als in ganz Äthiopien. In den USA praktizieren 600-700 Ärzte aus Ghana, halb soviel wie in Ghana. Zwischen 2000 und 2005 haben 16.000 ausgebildete afrikanische Krankenschwestern den Kontinent verlassen und einen Arbeitsplatz in Großbritannien gefunden, wo sie nicht nur eine empfindliche Lücke geschlossen haben, sondern – wie angenehm – auch weniger kosten als die Ausbildung und Anstellung britischer Krankenschwestern. In Manchester arbeiten mehr Ärzte aus Malawi als in ganz Malawi (GTZ 2007). In vielen Ländern, darunter Ghana und Jamaika, ist die Zahl der im Inland ausgebildeten Ärzte, die im Ausland arbeiten, höher als die im eigenen Land arbeitenden (IDRC). Für Afrika stellt Dr. Barclay, Vorsitzender der Arbeitsgruppe Migration der westafrikanischen Wirtschaftsgemeinschaft ECOWAS fest: »Wenn sich die jetzigen Trends unvermindert fortsetzen, dürften sie die Fortschritte zunichte machen, die zur Erreichung der Millenniums-Entwicklungsziele unbedingt notwendig sind.« (GTZ 2007, S. 24)

Die Debatte über die Migration qualifizierter Arbeitskräfte in den entwickelten Industrieländern setzt den Akzent allerdings anders: Zwar gäbe es durchaus einen »brain drain«, dem stehe aber ein »brain gain« gegenüber. Die Abwanderung von Arbeitskräften sei sogar entwicklungspolitisch positiv zu bewerten.

Dabei werden zwei Aspekte angeführt:
- Die Abwanderer schicken Geld an ihre Familien in den Heimatländern (»remittances«).
- Kehren die Migranten in ihre Heimat zurück, hätten sie Erfahrungen, Kenntnisse und soziale Beziehungen erworben, die den Herkunftsländern nützen.

Tatsächlich spielen die »remittances« von ausländischen Arbeitskräften in den Statistiken über internationale Zahlungsströme eine bedeutende Rolle. Allerdings sind dabei oft übertriebene Zahlen im Spiel – so behauptet eine Schätzung zur Jahrtausendwende, dass afrikanische Migranten jährlich etwa 45 Mrd. $ nach Hause überweisen, was etwa doppelt so viel wäre wie die jährliche Entwicklungsfinanzierung (IDRC, S. 4). Eine Analyse der Zahlungsströme durch die

IOM zeigt, dass diese Ziffern stark übertrieben sind. IOM zufolge belief sich das Gesamtvolumen der Überweisungen von »remittances« aus Industrieländern in Entwicklungsländer im Jahre 2000 auf etwa 60 Mrd. $. Davon flossen ca. 2,5 Milliarden nach ASS (Gammeltoft 2002, S. 188). Allerdings dürfte es eine erhebliche Dunkelziffer geben, da nicht alle Transfers über offizielle Kanäle laufen. Die OECD beziffert die weltweiten »remittances« für 2005 auf 232 Mrd. Dollar, wovon etwa 65 Mrd. in Entwicklungsländer geflossen seien (OECD 2007, Kap. 6). Die UNCTAD schätzt das Volumen der remittances in ASS auf 4 Mrd. (2007, S. 26).

Diese Überweisungen sind nebenbei ein gutes Geschäft für darauf spezialisierten Firmen – allein die US-amerikanische »Western Union« transferierte 2003 rund 21 Mrd. $. Diese Transfers sind extrem teuer, aber für Länder ohne flächendeckendes und zuverlässiges Banksystem unumgänglich: Die Weltbank schätzt die Gebühren auf 10 bis 20 Prozent der Transfersumme (Ratha/Riedberg 2005, S. 1 f). Wie die remittances entwicklungspolitisch zu bewerten sind, ist umstritten. Einerseits verbessern sie die Zahlungsbilanz der Empfängerländer und erhöhen den Lebensstandard und die Kaufkraft der Empfängerhaushalte. Auch Investitionen in Kleinunternehmen und Landwirtschaft und die Ausbildung von Familienangehörigen werden damit finanziert. Andererseits dienen sie nicht selten (vor allem bei Familien des städtischen Mittelstands) Prestigekäufen von westlichen Konsumgütern, so dass ein Teil des positiven Zahlungsbilanzeffekts wieder zunichte gemacht wird. Die UNCTAD ist skeptisch: »Sie werden konsumtiv verausgabt bzw. dienen in gewissem Umfang dem Grunderwerb, mit wenig positiver Entwicklungswirkung«. (2007, S. 2) Die vorhandene Literatur erlaubt keine abschließende Wertung (Nyberg-Sorensen 2002, S. 11/12).

Auch zur Frage, ob die Rückkehr qualifizierter Migranten in ihre Heimatländer entwicklungsfördernd ist, gibt es unterschiedliche Einschätzungen. Einmal zeigen Untersuchungen, dass die Häufigkeit von Rückwanderungen umso geringer ist, je niedriger der Entwicklungsstand des Heimatlands (OECD 2002). Länderbeispiele zeigen, dass nur wenige aktive Beschäftigte zurückkehren. Abgesehen davon aber steht fest, dass die Zahl der qualifizierten Abwanderer aus den

Entwicklungsländern um ein Vielfaches größer ist als jene der Rückwanderer. Eine Untersuchung der Wanderungsbewegung zwischen
Indien und den USA beziffert die Relation auf 1:30 (ebd.). Auch seien
die im Ausland erworbenen Qualifikationen im Heimatland oft nicht
anwendbar (Nyberg-Sorensen 2002, S. 12). Letzteres Argument liegt
auf der Hand: Was soll ein Arzt mit in den USA erworbenen Kenntnissen in moderner Apparatemedizin in einem afrikanischen Provinz-
krankenhaus anfangen?

Ob die unmittelbaren ökonomischen Effekte der Migration von
qualifizierten Arbeitskräften für die Abwanderungsregion per saldo
positiv oder negativ sind, ist also umstritten. Mehrheitlich ist das Ur-
teil negativ: »Ein negativer Effekt wird von verschiedenen konven-
tionellen Analysen belegt, welche auf den selektiven Charakter der
Migration verweisen, auf die Absenkung der lokalen Arbeitsinten-
sität, wenn die produktivsten Haushaltsmitglieder abwandern (…),
auf die geringe Bedeutung der ›remittances‹ bei den ärmsten Bevölkerungsgruppen (…) und auf die Tatsache, dass die Rückwanderer
vor allem ältere und erfolglose Migranten sein dürften (…).« Andere
Untersuchungen dagegen stellen positive Effekte in den Vordergrund
(ebd., S. 20).

Diese lassen sich allerdings nur schwer quantifizieren, anders als
die negativen finanziellen Effekte: Die Ausbildung eines Arztes in
Kenia kostet etwa 40.000 $ – da monatlich durchschnittlich 20 kenia-
nische Ärzte abwandern, ist der entsprechende Verlust mit jährlich
9,6 Millionen $ zu beziffern. Jenseits solcher Einzelfälle kann man das
Ausmaß der mit dem brain drain verbundenen finanziellen Verluste
nur grob schätzen. Die UNCTAD gibt den Verlust, der durch die
Abwanderung eines »professionals« aus Afrika entsteht, mit durchschnittlich 184.000 $ an. Eine Untersuchung aus dem Gesundheitssek-
tor Kenias beziffert die mit der Abwanderung verbundenen Gesamt-
verluste bei einem Arzt auf 520.000 $, bei einer Krankenschwester
auf 340.000 $. Bei einer geschätzten Abwanderung von 20.000 hoch-
qualifizierten Beschäftigten aus Afrika jährlich in die Industrieländer
(IDRC) würde sich bei Zugrundelegung der UNCTAD-Schätzung ein
jährlicher Verlust von ca. 3,7 Mrd. $ ergeben.

Auch wenn nicht zu bestreiten ist, dass die Migration qualifizierter

Arbeitskräfte aus den Entwicklungsländern in die Industrieländer auch positive Rückwirkungen haben kann, so ist doch der Legitimationscharakter der Debatten über »brain gain« offensichtlich. Die Industrieländer warten keineswegs passiv auf Zuwanderung der »besten Köpfe«, sondern ergreifen aktive Fördermaßnahmen, oft in Konkurrenz untereinander. Zunehmend wird die Studienplatzvergabe an Studenten aus Entwicklungsländern als Instrument der Anwerbung missbraucht, obwohl die dafür aufgewendeten Mittel als Entwicklungshilfe gezählt werden. Für die USA zeigt eine Untersuchung, dass sich 1995 noch immer zwischen 80 und 90 Prozent derjenigen Chinesen und Inder in den USA aufhielten, die 1990/91 ihr Doktorat erworben hatten.

Auch ist allzu offensichtlich, an welchen Interessen die internationale Migrationspolitik orientiert ist. So ist unstrittig, dass bei Migration von schlecht ausgebildeten Arbeitskräften die positiven Effekte für die Heimatländer bedeutend größer sind als bei hochqualifizierten Akademikern. Die Abwanderung schlecht ausgebildeter, arbeitsloser Arbeitskräfte aus Afrika würde dort den Arbeitsmarkt entlasten; außerdem wäre der Bildungseffekt der Migration bei unausgebildeten Arbeitskräften viel höher als bei Akademikern und damit der Nutzen bei Rückwanderung für das Heimatland größer. Wenn man also – wie behauptet – den Entwicklungseffekt der Süd-Nord-Migration für die Entsendeländer vergrößern wollte, dann müsste der Norden nur dafür sorgen, dass die Qualifikationsstruktur der Migrantenströme ausgeglichener ist. Das ist ganz leicht, man muss diese Zuwanderung nur zulassen. Auch eine ›Überschwemmung‹ muss nicht befürchtet werden – die Zuwanderung unqualifizierter Arbeitskräfte könnte reguliert werden.

Tatsächlich aber geht es nicht um fiktive oder wirkliche positive Effekte für die Herkunftsländer, also um die Herstellung einer »win-win-Situation«, wie euphemistisch behauptet wird (GTZ 2007). Die Entscheidungen über die Regulierung der Migration werden allein unter dem Gesichtspunkt der Nutzenmaximierung für die Empfängerländer getroffen. Damit sollen der gute Wille und die Sinnhaftigkeit von Maßnahmen zur Abfederung der negativen Wirkungen der Migration nicht in Abrede gestellt werden. Diese Anstrengungen werden aber so lange unter Legitimationsverdacht stehen, wie sich die Akteure in den entwickelten Ländern nicht gleichzeitig für ein humanes, an entwicklungspolitischen Zielen ausgerichtetes Migrationsregelwerk bemühen.

Davon wird in Europa im Allgemeinen und Deutschland im Besonderen wenig gesprochen. Hier geht es darum, Deutschlands (Europas) »Position im Wettbewerb um Fachkräfte« zu stärken, den »Wettbewerb um knapper werdendes Humankapital« zu gewinnen. Ausgangspunkt ist der Bedarf der Unternehmen an bestimmten Qualifikationen, der billiger und rascher durch gezielte Anwerbung als durch Qualifizierung von Angehörigen aus ›bildungsfernen Schichten‹ gedeckt werden kann. Um das zu erreichen und gleichzeitig nicht erwünschte Zuwanderung zu blockieren, propagieren die Anhänger der freien Marktwirtschaft rigide staatliche Regulierungen. So schlägt z.B. Prof. Zimmermann, Präsident des Deutschen Instituts für Wirtschaftsforschung (DIW), ein »staatliches Auktionssystem zur Versteigerung von Zuwanderungszertifikaten an interessierte Unternehmen« vor. »Die Zuwanderungszertifikate müssen ein knappes Gut sein, dürfen zeitlich nur befristet gültig sein und sollten ein Unternehmen im Falle des Zuschlags dazu berechtigen, sich selbständig auf die Suche nach einem geeigneten ausländischen Mitarbeiter zu machen; diese Migranten sollten dann eine befristete Arbeitserlaubnis in diesem Unternehmen erhalten. Auf diese Weise legt der Markt selbst seinen akuten Bedarf offen.« (GTZ 2007, S. 14). Eine deutsche Klinik könnte eine bestimmte Zahl von Ärzten ersteigern (genauer: die von diesem Unternehmen angeworbenen Ärzte erhielten dann eine – befristete – Aufenthaltserlaubnis) (GTZ 2007). Dieser geniale Vorschlag würde zudem Geld in die öffentlichen Kassen bringen, wobei die Zahl der Zertifikate – Prof. Zimmermann hält 200.000 im Jahr für angemessen – ein wichtiger Preisfaktor wäre. Da das Zertifikat dem einzelnen Unternehmen gehört – es hat ja dafür gezahlt – wäre gleich der positive Effekt erreicht, dass dem betreffenden Arzt ein Wechsel des Arbeitgebers unmöglich ist; das würde etwaigen Forderungen der betreffenden Person hinsichtlich Entlohnung und Arbeitsbedingungen von Anfang an einen Riegel vorschieben. Leider lässt der Vorschlag die Frage offen, ob der Erwerber des Zertifikats dieses weiterverkaufen kann.[14] In diesem Falle würde ein Markt für Zuwanderungszertifikate entstehen, was die Flexibilität der Unternehmen erhöhen würde. Denn Zimmermann weist richtig darauf hin, dass »viele Bedarfslagen des Arbeitsmarktes ... sich kurzfristig (ergeben) und ... eine kurzfristige, nur vorübergehende Lösung (benötigen).« (ebd.).

Es ist wäre sicher deutlich übertrieben, wenn man dieses Konzept als moderne Form des transatlantischen Sklavenhandels (Dreieckshandel) bezeichnen würde[15] – zumindest die Bedingungen des Transports sind heute ungleich humaner. Immerhin ist man sich im Kreis der Autoren bewusst, dass »dieses Verfahren auf ethische Vorbehalte stößt sowie mit gewissen juristischen Bedenken verbunden ist« (Demchenko 2005, S. 18), was das DIW aber nicht davon abgehalten hat, diesen Vorschlag der Bundesregierung zu unterbreiten. Im entsprechenden Gutachten wird auch die Idee der Handelbarkeit der Zertifikate diskutiert, im Endeffekt immerhin abgelehnt. Was die Bindung an ein einzelnes Unternehmen für die Beschäftigten bedeutet, wird dort allerdings nicht thematisiert. (Zimmermann 2001, S. 181).

Bei den Debatten über Kosten und Nutzen der internationalen Migration von qualifizierten Arbeitskräften wird allerdings der Kernpunkt oft übersehen. Auch wenn der monetäre Kosten-Nutzen-Effekt ausgeglichen sein sollte, so wiegen die nicht-quantifizierbaren entwicklungspolitischen Folgen schwerer als die finanziellen Aspekte. Selbst wenn der afrikanische Arzt oder Wirtschaftsfachmann über sein Berufsleben hinweg mehr Geld zurück überweisen sollte, als seine Ausbildung im Heimatland gekostet hat, so stellt seine Abwanderung einen unersetzbaren qualitativen Verlust für das Heimatland dar.

Dieser Verlust besteht einmal in der schlechten Qualität der einheimischen Gesundheitssysteme, Bildungseinrichtungen, Universitäten, Verwaltungen, Wirtschaftsunternehmen: Die westlichen Unternehmen treten ja genau deshalb in den »Wettbewerb um die besten Köpfe« weil der erzielbare Gewinn größer ist als die damit

---

14   Es sind dann sogar Spekulationsgewinne denkbar – ein einmal erworbenes Zertifikat, das man gar nicht oder nicht mehr benötigt, könnte an andere teurer verkauft werden.

15   Afrikanische Fachkräfte nach Europa (1) – Rimessen zurück nach Afrika (2) – Unterhaltungselektronik aus Asien nach Afrika (3).

verbundenen Kosten. Und die Regierungen der Industrieländer fördern die Migration der »Talente« aus fremden Ländern, weil sie per saldo Konkurrenzvorteile im internationalen ›Standortwettbewerb‹ erwarten. Die Länder, welche diese Talente verlieren, haben also entsprechende Nachteile. Wie quantifiziert man die Tatsache, dass die Arzt/Patienten-Relation in westlichen Ländern 222/100.000 ist, in vielen Ländern des Subsaharischen Afrika aber bei 5/100.000? Selbst wenn die abgewanderten Ärzte irgendwann zurückkehren sollten, so haben sie in Chikago oder Berlin weder besser gelernt, mit den alltäglichen Krankheiten in einem Entwicklungsland umzugehen, noch ändert diese Rückkehr etwas an der Tatsache, dass es in Afrika zu wenig Ärzte gibt.

Noch wichtiger sind die Auswirkungen auf die Sozialstruktur der Abwanderungsländer. Der »brain drain« behindert die Entwicklung einer endogenen intellektuellen Fachelite, deren Fehlen nicht mit Geld aufgewogen werden kann. Während die Entwicklungspolitiker die Abwesenheit einer qualifizierten, entwicklungsorientierten afrikanischen Mittelschicht beklagen, sind westliche Unternehmen und Migrationspolitiker eifrig dabei, diese Mittelschicht unter Ausnutzung des Entwicklungsgefälles nach Europa zu locken. Neben dem negativen Effekt auf die Sozialstruktur sind zwei weitere Aspekte zu nennen:

- Das Werben um afrikanische Fachkräfte insbesondere bei jungen Akademikern fördert verständlicherweise eine Haltung, die persönliches Fortkommen von der Entwicklung des Heimatlandes abkoppelt. Zum Lebensziel des afrikanischen Intellektuellen wird der Job in Europa oder in den USA. Wenn das ›große Los‹ der US-amerikanischen Migrations-Lotterie die »Green Card«, d.h. die Arbeitserlaubnis in den USA, ist, dann wird damit auf das Bewusstsein der jungen Akademiker Einfluss genommen. Okeke kritisiert: »Abgesehen davon, dass Afrika unter vielfachen Problemen leidet, von denen einige selbstverschuldet sind, beeinträchtigen die negativen Auswirkungen des ›brain drain‹ die Entwicklungschancen des Kontinents. Nun gibt es eine weitere Ursache für die anhaltende Verschlechterung von Afrikas Arbeitskräftepotential. Die Einführung einer ›Visa-Lotterie‹ durch die USA und kürzlich auch Kanada (auch in der EU wird darüber nachgedacht, J.G.) führt zu einem anhaltenden und verdeckten Abzug qualifizierter Arbeitskräfte aus den afrikanischen Ländern.« (Okeke 2008, S. 132)

- Okeke überschreibt seinen Aufsatz über ›brain drain‹ und ›brain gain‹ mit »Der entwurzelte Emigrant« und spricht damit ein weiteres wenig diskutiertes Thema an. Die Migration Hochqualifizierter trägt zur Entstehung einer internationalisierten Elite bei, die sich an westlichen kulturellen Verhaltensmustern orientieren muss, wenn sie erfolgreich sein will. Eine im westlichen Kontext erfolgreiche Führungskraft ist dies aber nicht notwendig auch im Kontext afrikanischer Realität. Wir sehen heute eine große Zahl hochqualifizierter Fachleute aus Afrika in den internationalen Organisationen, die wichtige Beiträge zum wissenschaftlichen Fortschritt leisten, während die akademischen und intellektuellen Milieus der afrikanischen Länder austrocknen. Im internationalen wissenschaftlichen Diskurs leisten Afrikaner viel beachtete Beiträge – die afrikanischen Universitäten und ihre Bibliotheken aber verrotten, und afrikanische wissenschaftliche Bücher und Zeitschriften sind Mangelware. Junge Akademiker finden im Lande keinen Ort, wo sie ihre Thesen und Forschungsergebnisse veröffentlichen und diskutieren können. Nur wenige finden den Weg in die europäische oder US-amerikanische wissenschaftliche Diskussion, die in den Heimatländern – mangels Zugangsmöglichkeiten – nicht rezipiert werden kann. Die wissenschaftlichen Leistungen der afrikanischen Intelligenz müssen durch die Filter der westlichen Diskurse gehen und kommen in Afrika in Form von Weltbankveröffentlichungen u.ä. an. Um in westlichen Strukturen erfolgreich zu sein, müssen sich die afrikanischen Fachkräfte an die kulturellen Muster der Gastländer anpassen, deren »Leitkultur« zumindest im Bereich der Arbeit übernehmen. Das vor allem ist es, was junge Akademiker aus Entwicklungsländern in Europa/USA lernen und ggf. wieder mit nach Hause nehmen. Im gänzlich anderen kulturellen Umfeld ihrer

Heimatländer aber kann das Erlernte entweder nutzlos oder, im schlimmsten Falle, schädlich sein. Geert Hofstede, der sich intensiv mit der Bedeutung kultureller Muster im Management beschäftigt hat, hebt hervor: »Ausländisches Geld und Fachwissen sind nur in dem Maße effektiv, wie sie in einheimisches Wissen integriert werden können.« (Hofstede 2006, S. 489). Rückkehrende Migranten haben es in gewissem Sinne doppelt schwer: War es für sie schon schwierig, erlernte und tief verwurzelte Handlungsmuster abzulegen und neue zu erlernen, so müssen sie dies bei ihrer Rückkehr wiederum ›vergessen‹, aber ohne in alte, entwicklungsschädliche Verhaltensweisen zurückzufallen. Für sie ist es einfacher, sich nach ihrer Rückkehr im internationalisierten, und das heißt westlichen, ›inneren Exil‹ ihrer Heimatländer häuslich einzurichten und Jobs bei internationalen Organisationen zu suchen.

Die Debatte über »brain drain« oder »brain gain«, über »push« oder »pull« der Migration hochqualifizierter afrikanischer Arbeitskräfte geht absichtsvoll an den wirklichen Problemen vorbei. Diese liegen vor allem in den Wirkungen auf die Größe, die Zusammensetzung und die Orientierung der afrikanischen Mittelschichten und Intelligenz. Seit neuester Zeit bemüht sich die afrikanische Seite, mit diesem Problem kreativ umzugehen. Die Afrikanische Union hat die Bedeutung und das Potenzial der afrikanischen Diaspora – jenseits ihrer Rolle als Quelle von »remittances« – erkannt. Die AU Charta z.B. fordert »eine Einbindung der afrikanischen ›Diaspora‹ als wichtigen Teil des Kontinents.« (Okeke 2008, S. 133).

So wichtig es ist, die im Ausland arbeitenden afrikanischen Fachleute in die entwicklungspolitischen Diskussionen des Heimatlandes einzubinden, so muss doch bewusst sein, dass dies die durch brain drain verursachten Schäden nur begrenzen kann. Wichtiger ist es, die Migrationsregeln der Industrieländer als globale Regeln zu begreifen und sie zum Gegenstand von internationalen Kontrollen zu machen. Wer sich am internationalen Handel beteiligt, muss die supranationalen Bestimmungen der WTO über Zollsätze, Kontingente und Eigentumsgarantien einhalten. Es wird Zeit, auch die Regulierung der Migration von Arbeitskräften in international kontrollierte Regeln einzubinden. Es ist ungerecht, dass die reichen Industrieländer andere zwingen, ihre Märkte zu öffnen, während sie selbst die Arbeitskräftemigration ohne internationale Kontrollen in nationaler Machtvollkommenheit festlegen und eine an ihren Interessen ausgerichtete »selektive Migrationspolitik« betreiben. Die Empfehlung der OECD, die Migration zum Gegenstand von partnerschaftlichen Vereinbarungen zu machen und Konsultationsmechanismen zu installieren, ist zu schwach (OECD 2007b, S. 14). Notwendig sind internationale Sanktionsmechanismen, die die Berücksichtigung der Interessen der Entsendeländer durch die Anwerbeländer erzwingbar machen. Eine aktuelle Analyse stellt fest:»Die Auswanderung qualifizierter Arbeitskräfte behindert die Erreichung der MDGs (Millenniumsziele der UN; J.G.) zur Armutsreduzierung, insbesondere im Gesundheitsbereich der armen Länder. Die Anwerbung von Arbeitskräften durch die Bestimmungsländer auf dem Wege unfairen Wettbewerbs sollte beendet werden. Gegenwärtig entscheidet der Norden darüber, wo und wie viele Arbeitskräfte angeworben werden, und nutzt die internationalen Märkte, um sich die Besten auszusuchen (Adepoju 2008, S. 8).

2.6 Exkurs: Botswana, eine afrikanische Erfolgsgeschichte?

Entwicklungspolitisch engagierte Autoren wenden sich gegen das in den Medien verbreitete Bild vom Elendskontinent Afrika. Mit Recht wird auf die Vielfältigkeit des Kontinents hingewiesen. Dabei werden oft Länder in Kategorien eingeteilt, je nach der ihnen zugestandenen entwicklungspolitischen Perspektive. 2001 verursachten sechs prominente Autoren einen Aufstand in der kleinen Gemeinde der deutschen entwicklungspolitischen Afrikanisten, als sie 26 von 48 afrikanischen Ländern in die Kategorien »Verharrende Niedrigeinkommensländer langfristig ohne Entwicklungschancen« bzw. »Länder ohne Perspektive« einordneten. Nur 10 Länder wurden entweder als »aufstrebende« (»emerging«) Länder (2) oder »potenzielle Reformländer« (8) bewertet (Engel 2000, S. 10 ff).

Obwohl sich die wirtschaftlichen Daten in vielen afrikanischen Ländern im Zuge des Rohstoffbooms seit 2004 deutlich gebessert haben, kommt einer der Memorandums-Autoren, Robert Kappel, in einer neueren Übersicht zu nur unwesentlich anderen Schlussfolgerungen (Kappel/Müller 2007). Andere sind nur leicht optimistischer. Bei diesen Übersichten – die im Übrigen stark von kurzfristigen Konjunkturen abhängen[16] – fallen meist zwei afrikanische Länder deutlich aus dem insgesamt düsteren Rahmen: Mauritius und Botswana. Ist Mauritius aufgrund seiner Lage als Insel im indischen Ozean, seiner Geschichte und seiner Bevölkerung wenig geeignet als typisch afrikanischer Fall behandelt zu werden, so gilt das nicht für Botswana. Dies ist ein Land mitten im südlichen Afrika, dünn besiedelt, ohne Zugang zum Meer, Opfer von periodischen Trockenheiten, ökonomisch abhängig von einem einzigen Rohstoff. Hier hätte man die Potenzierung aller afrikanischen Elendsprobleme und Entwicklungsblockaden erwartet – und doch ist Botswana nicht nur verglichen mit anderen afrikanischen Ländern, sondern auch verglichen mit vielen prosperierenden Ländern Asiens scheinbar eine Erfolgsgeschichte (Tab. 11).

Tab. 11: Ökonomische Eckdaten Botswanas

	1980-89	1990-99	2000-08	2008
Reales BIP, Zunahme in %	11,3	6,0	5,5	5,0
BIP in Mill. $ KKP*	1.611	6.760	15.097	27.492
BIP pro Kopf, $ KKP*	1.775	5.282	9.619	17.779
Bevölkerung in 1000	908	1.280	1.570	1.546

* Jeweils 1980, 1990, 2000
Quelle: IMF, World Economic Outlook, Database April 2008

Seit der Unabhängigkeit 1966 hat sich das Land, flächenmäßig fast doppelt so groß wie Deutschland, von einem mausarmen Ländchen

---

16   Heute würde wohl niemand mehr z.B. Sambia jedes Entwicklungspotenzial absprechen.

auf einen ansehnlichen Platz in der Skala der Länder mittleren Einkommens, weit über dem afrikanischen Durchschnitt, heraufgearbeitet. Das durchschnittliche Wachstum lag langfristig (1966 bis 2005) bei etwa 7 Prozent und übertrifft damit jeden asiatischen ›Tiger‹. Diese hohen Wachstumsraten müssen allerdings vor dem Hintergrund der Tatsache interpretiert werden, dass sie massiven Investitionen und steigendem Arbeitskräfteeinsatz zu verdanken waren – sowohl Arbeits- wie auch Kapitalproduktivität sind seit 1975 rückläufig (Leith 2005, S. 111). Die mit 30 % für afrikanische Verhältnisse hohe Investitionsquote erklärt sich vor allem durch staatliche Investitionen, auf die mehr als die Hälfte der Anlagen entfällt.

Der Erfolg ist nicht ganz so spektakulär, wenn man die üblichen Sozialindikatoren betrachtet – im afrikanischen Vergleich sind die innerhalb einer Generation erreichten Verbesserungen aber immer noch eindrucksvoll (Tab. 12).

Tab. 12: Index der menschlichen Entwicklung 2005

	Index	Lebens-erwartung	Alphabeti-sierung	Schulbesuchs-quote	BIP/Einwohner*
ASS	0,493	49,6	60,3	50,6	1.998
Botswana	0,654	48,1	81,2	69,5	12.387

* In $ KKP
Quelle: UNDP, Human Development Report 2008

Die Bilanz wird durch einen Faktor getrübt, dessen Auswirkungen schon bei den Angaben über die Bevölkerungsentwicklung auffällt: AIDS. Botswana hat mit 25,4 % (Anteil der HIV-Positiven an der erwachsenen Bevölkerung, UNAIDS 2008), nach anderen Quellen über 30 %, die zweithöchste Infektionsrate der Welt (nach Swasiland). In der Altersgruppe zwischen 25 und 35 Jahren ist rund die Hälfte aller Erwachsenen HIV-positiv.

Hinzu kommt eine extrem ungleiche Einkommensverteilung – immer noch verfügt etwa ein Viertel der Bevölkerung über Einkom-

men von weniger als einem Dollar am Tag, gilt also als extrem arm.
20 % der ärmsten Bevölkerung beziehen 2,2 % der Einkommens, die
reichsten 20 % dagegen 70,3 %. (UNDP 2007). Die Relation der Einkommen zwischen dem jeweils ärmsten bzw. reichsten Fünftel der Bevölkerung liegt bei 31,5, einer der weltweit höchsten Indikatoren für
Ungleichheit (Deutschland: 4,3).

Der wirtschaftliche Erfolg des Landes erklärt sich an der Oberflä-
che durch einige positive Faktoren, die teilweise allerdings auch in
anderen afrikanischen Ländern zu verzeichnen waren und sind – mit
ganz anderen Ergebnissen. Dies kommt in folgender Zusammenfassung zum Ausdruck: »Große Vorräte an Qualitäts-Diamanten haben
Botswana zu einem der reichsten Länder der Kontinents gemacht…
Zwar sind Diamanten und Mineralien, zusammen mit Rinderzucht
und Tourismus, die wirtschaftliche Grundlage des Landes; was aber
Botswana wirklich von den meisten anderen afrikanischen Ländern
unterscheidet, ist die lange demokratische Regierungstradition …Es
gab weder Staatsstreiche noch die blutige Verfolgung von Oppositi-
onsparteien; kein schlechtes Management der natürlichen Ressourcen
hat Todesopfer gefordert, was nur allzu oft die Ursachen von Hunger
und Leiden ist.« (Denbow/Thebe 2006, S. XI) Vor dem Hintergrund
langjähriger politischer Stabilität werden die »guten Institutionen«
Botswanas gelobt: »gute Führung, kluge Wirtschaftspolitik, eine starke
und effiziente Verwaltung, konsequente Entwicklungsplanung, erfolg-
reiches Management von Entwicklungshilfe.« (Kappel 2005, S. 19).
Die AIDS-Krise zeigt allerdings, dass es mit der effizienten Verwaltung doch nicht so weit her sein kann: Die Qualität und Effizienz der
sozialen Dienste lässt zu wünschen übrig.

Als das britische Protektorat Bechuanaland 1966 in die Unabhängigkeit entlassen wurde, war es eines der ärmsten Gebiete der Welt.
Lediglich die Rinderzucht war eine nennenswerte Einkommensquelle, die aber immer wieder Opfer von periodischen Trockenheiten
und Tierseuchen war. Die Bevölkerung lebte überwiegend von den
Rimessen der Wanderarbeiter – ein Drittel der arbeitsfähigen Bevölkerung arbeitete in den Minen Südafrikas. Diamanten, die noch heute
36 % zum BIP, 85 % zu den Exporten und 50 % zum Staatshaushalt
beitragen, wurden erst kurz nach der Unabhängigkeit entdeckt. Heute

ist Botswana der weltweit größte Anbieter von Diamanten, 40 % des Weltangebots kommt von dort.

Ökonomisch kann der anhaltende Aufschwung durch die 1970 einsetzende Ausbeutung der Diamantenfelder erklärt werden, die in einem ›joint venture‹ zwischen der südafrikanischen DeBeers Gruppe und der Regierung Botswanas gemanagt werden. Die Botswanischen Diamanten sind primäre Kimberlite-Vorkommen, die kapitalintensiv in Minen gefördert werden müssen – im Gegensatz zu alluvialen (sekundären) Vorkommen, bei denen die Steine weitflächig verstreut liegen und personalintensiv ›gesammelt‹ werden. So konnte die Gewinnung von Anfang an kontrolliert werden, ›wilder‹ Abbau kam schon technisch nicht in Frage. Die Einnahmen aus dem Diamantenexport wurden vergleichsweise effizient in den Ausbau der Infrastruktur und – weniger effizient – in gescheiterte Versuche zur Diversifizierung der Wirtschaft investiert. Noch heute ist der Anteil der verarbeitenden Industrie mit 5 % marginal (Leith 2005, S. 100). Der Weltmarkt für Diamanten wird durch DeBeers als »buyer of last resort« monopolistisch reguliert, Preisschwankungen halten sich – anders als sonst bei Rohstoffen – in Grenzen. Ein gutes Management finanzieller Reserven ermöglicht es, durch die Regulierung des Angebots die Preise hoch und stabil zu halten. Ökonomisch stabilisierend wirkt die enge wirtschaftliche Anbindung an die Republik Südafrika, über eine seit 1910 bestehende Zollunion und eine faktische Währungsunion. Dies hat ausländisches, überwiegend südafrikanisches, Kapital angezogen. Der Staatshaushalt, der mit 40 % des BSP ein großes Gewicht hat, wird zu 85 Prozent aus drei Quellen finanziert: Den Einnahmen aus dem Diamantenexport, dem Anteil an den gemeinsam mit Südafrika verwalteten Importzöllen und Kapitaleinkünften (aus Devisenreserven). Praktisch werden in Botswana keine Steuern gezahlt.

Mindestens ebenso wichtig wie die ökonomischen Elemente ist die politische Stabilität – auch andere afrikanische Länder hatten und haben hohe Einnahmen aus Rohstoffexporten, ohne dass dies entwicklungspolitisch genutzt werden konnte. Die Stabilität wird durch ein seit der Unabhängigkeit funktionierendes und kaum verändertes Mehrparteien-System gewährleistet, allerdings seit 40 Jahren ohne einen einzigen Regierungswechsel. Die seit der Unabhängigkeit regie-

rende Botswana Democratic Party (BDP) des ersten Präsidenten Seretse Khama hat bei allen Wahlen bis heute stabile Mehrheiten erreicht;
die drei von dieser Partei gestellten Präsidentschaftsanwärter wurden
mit großen Mehrheiten gewählt. Diese politische Stabilität (im Rahmen parlamentarischer Strukturen) wird im wesentlichen durch zwei
Faktoren erklärt: Die relativ große ethnische Homogenität – etwa 80
Prozent der Bevölkerung gehört der Sprachgruppe der Tswana an, die
aus 8 jeweils von einem König (kgosi) regierten ›Nationen‹ besteht.
Diese Völker »haben verwandte Sprachen, Traditionen, Bräuche und
Kulturen« (Vaughan 2003, S. 5), ihre traditionellen politischen Systeme sind sich sehr ähnlich: »Die Tatsache, dass Botswana eine sehr
homogene Gesellschaft ist, sichert die politische Stabilität«, meint eine
südafrikanische Untersuchung (SAIIA 2005, S. 14). »Der Vorteil Botswanas bei der Unabhängigkeit war vor allem die Einigkeit der Bevölkerung. Obwohl es acht Hauptnationen gab, sprachen doch alle die
gleiche Sprache, Sestwana, hatten einen sehr ähnlichen kulturellen Hintergrund und ähnliche Regierungssysteme.« (Williams 2006, S. 321).
Das zweite stabilisierende Element ist die weitgehend gelungene Verbindung zwischen traditionellen und modernen Herrschaftsformen:
»Das parlamentarische System basiert heute auf der Verbindung (»marriage«) zwischen dem englischen Westminster-Modell und den traditionellen Herrschaftsformen der Tswana …« (ebd., S. 8). Diese ›marriage‹
gelang, weil in Botswana die die Idee des Nationalstaats verkörpernde
moderne europäisierte Elite mit den traditionellen Eliten verbunden
war, wofür insbesondere die Persönlichkeit des ersten Präsidenten Seretse Khama steht: Dieser war der ›Erbprinz‹ der größten ›Nation‹, der
Bangwato, Enkel von Khama III., bekannt auch als »Khama the Great«. Khama III. war von der auf Livingstone zurückzuführenden London Missionary Society (LMS) zum Christentum bekehrt worden und
machte die LMS zur Staatskirche – keine anderen Missionare wurden zugelassen. Seretse Khama heiratete während seines Studiums in
Großbritannien eine weiße Engländerin, was von den herrschenden
weißen Siedlern der Nachbarländer Rhodesien und Südafrika und
auch von denen im eigenen Land mit Abscheu betrachtet wurde.

    Bechuanaland war, anders als die meisten anderen kolonialen Gebilde, seit 1885 ein britisches Protektorat, was gewisse Vorteile hatte.

Nicht nur dass die traditionellen Herrscher dort gegenüber der Kolonialmacht einen – geringen – Spielraum hatten; im Fall von Bechuanaland schützte es das Gebiet vor äußeren Begehrlichkeiten: Zweimal scheiterten Versuche, es in die Südafrikanische Union zu integrieren (1880 und 1908); 1894 versuchte der schon damals berüchtigte Cecil Rhodes, Bechuanaland unter die Regie seiner British South Africa Company zu bekommen. Jedes Mal gelang es den drei führenden traditionellen Herrschern, die sich als protestantische Christen präsentierten, die Angriffe durch Mobilisierung britischer Unterstützung abzuwehren. Auch hielt es die rassistisch gesinnte kleine Gruppe weißer Siedler (1946 waren von etwa 300.000 Bewohnern weniger als 2.000 weiß, ebd. S. 28) von der Macht fern.

So verweist die (relative) Erfolgsgeschichte Botswanas auf einige jener Faktoren, welche die Einmaligkeit Afrikas ausmachen und die nach Ansicht des Autors zumindest teilweise den bisherigen entwicklungspolitischen Misserfolg des Kontinents erklären: Fehlende Verankerung des Nationalstaats, Abwesenheit gemeinsamer, als legitim betrachteter Institutionen, Konflikt zwischen ›traditionellen‹ und ›modernen‹ Herrschaftsformen (Vaughan 2003, S. 3). Die für Botswanas Stabilität so wichtige Vermittlung zwischen modernen und traditionellen Herrschaftsformen gelang in den meisten afrikanischen Ländern nicht bzw. wurde nicht versucht, weil es kein territoriales und damit kulturelles ›Überlappen‹ zwischen dem modernen Staat und traditionellen Strukturen gab bzw. weil die nach der Unabhängigkeit an die Macht gelangten modernen Eliten nicht mit traditionellen Herrschern verbunden waren und diese zu marginalisieren suchten. Die gesellschaftliche Homogenität Botswanas ist in Afrika eine Ausnahme – nur so konnte es gelingen, den Diamantensegen zu nutzen.

Daran partizipiert die Mehrheit der Bevölkerung allerdings bis heute nur teilweise. Seit 1990 ist eine zunehmende Jugendarbeitslosigkeit zu registrieren. Auch bleibt festzuhalten, dass es eine etatistische Ökonomie ist, in der privates Kapital keine große Rolle spielt. Die stagnierende Produktivität, der misslungene Strukturwandel, die krasse Ungleichheit und vor allem die hohe HIV/AIDS-Infektionsrate machen deutlich, dass Botswana kaum als afrikanisches Vorbild dienen kann.

2.7 Unterentwicklung gleich Armut?

Seit etwa zehn Jahren hat sich die ›internationale Gemeinschaft‹ daran gewöhnt, den Entwicklungsstand eines Landes am Grad der Armut der Bevölkerung zu messen, zwischen Entwicklung und Armutsreduzierung wurde ein Gleichheitszeichen gesetzt. Das Motto der entwicklungspolitischen Leitorganisation Weltbank heißt: »Working for a World free of Poverty«. Das muss eigentlich überraschen, da eine Betrachtungsweise, welche die sozialen Erfolge eines Wirtschaftssystems in den Mittelpunkt stellt, in den entwickelten Industrieländern eher unüblich ist. Die im entwicklungspolitischen Diskurs so wichtigen Sozialindikatoren sind im entwickelten Norden oft noch nicht einmal bekannt, geschweige denn dass Politik daran gemessen wird. Sozialabbau gilt hierzulande als Indikator für ›Reformbereitschaft‹, der Erfolg eines Landes wird mit ›harten‹ makroökonomischen Daten gemessen. Wer (im entwickelten Norden) soziale Aspekte in die wirtschaftspolitischen Debatten einbringt, outet sich als ›Reformgegner‹.

Das ist im derzeit herrschenden entwicklungspolitischen Diskurs anders. Dieser Unterschied in den Beurteilungskriterien ist umso auffallender, als die entwicklungspolitischen Akteure sich inzwischen auf eine weltweit einheitliche Definition von Armut geeinigt haben. Mainstream bei dieser Definition ist die Position des Nobelpreisträgers Amartya Sen, der Entwicklung »als Prozeß der Erweiterung realer Freiheiten« der Menschen versteht: »Was Menschen positiv erreichen können, hängt von den ökonomischen Möglichkeiten, den politischen Freiheiten, den sozialen Kräften und jenen Bedingungen ab, ohne die das alles nicht möglich wäre: gute Gesundheit, Schulbildung, Förderung und Pflege von Initiativen.« (Sen 1999, S. 13 ff). Diese sehr weit gefasste Definition, die auch Raum für kulturelle Differenzen lässt, hat sich in der Praxis auf einen Set von Sozialindikatoren verengt, die – für Entwicklungsländer – weltweit definiert und bewertet werden und die den Entwicklungsstand ausdrücken sollen. Mit der Verabschiedung der »Millenniumserklärung« der UN im Jahre 2000 wurden die »Millennium Development Goals« (MDGs), die u.a. eine Halbierung der extremen Armut zwischen 1990 und 2015 anstreben, offizieller entwicklungspolitischer Konsens. Die acht MDGs wurden

in Form von 18 Teilzielen operationalisiert und es wurden 45 Indikatoren entwickelt, die den Grad der Erreichung der Ziele überprüfbar
machen sollen.

Die Millenniums-Entwicklungsziele (MDG)

Ziel 1: Beseitigung der extremen Armut und des Hungers
  1. Halbierung des Anteils der Menschen mit einem
     Einkommen von weniger als 1 $ KKP am Tag
  2. Halbierung des Anteils der Menschen die an Hunger
     und Unterernährung leiden

Ziel 2: Allgemeine Grundschulbildung
  3. Grundschulbildung für alle Jungen und Mädchen

Ziel 3: Gleichberechtigung der Geschlechter
  4. Beseitigung des Geschlechtergefälles in der Primar-
     und Sekundarschulbildung bis 2005, auf allen Bil-
     dungsebenen bis 2015

Ziel 4: Senkung der Kindersterblichkeit
  5. Senkung der Kindersterblichkeit (bis 5 Jahre) auf ein
     Drittel des Stands von 1990

Ziel 5: Verbesserung der Müttergesundheit
  6. Senkung der Müttersterblichkeit um drei Viertel

Ziel 6: Bekämpfung von HIV/AIDS, Malaria und anderen In-
     fektionskrankheiten
  7. Stopp und Umkehr der Tendenz zur Ausbreitung
     von HIV/AIDS, Unterstützung von AIDS-Waisen
  8. Stopp bei der Ausbreitung von Malaria und anderen
     Infektionskrankheiten

Ziel 7: Sicherung der ökologischen Nachhaltigkeit
  9. Einzelstaatliche Programme zur Förderung der Nach-
     haltigkeit
  10. Halbierung des Anteils der Menschen ohne Zugang
      zu sauberem Trinkwasser
  11. Verbesserung der Lebensbedingungen für 100 Mill.
      Slumbewohner bis 2020

Ziel 8:   Aufbau einer globalen Entwicklungspartnerschaft
          12: Aufbau eines nicht-diskriminatorischen Handels-
               und Finanzsystems
          13. Besondere Regelungen für die ärmsten Entwick-
               lungsländer (Zugang zu Exportmärkten, Schulden-
               erlasse, usw.)
          14. Berücksichtigung der Bedürfnisse der kleinen und
               Inselstaaten
          15. Schuldenprobleme der Entwicklungsländer lösen
          16. Beschäftigungsstrategien für junge Menschen
          17. Zugang zu unentbehrlichen Medikamenten
          18. Zugang zu Informationstechnologien

Quelle: Nach Vereinte Nationen, www.un.org/millenniumgoals/#

Obwohl damit im strengen Sinne keine Entwicklungsstrategie verbunden ist, bedeutet die entwicklungspolitische Orientierung auf Deckung der Grundbedürfnisse doch eine faktische Rückkehr zum vom
Weltbankpräsidenten Robert McNamara 1973 verkündeten »Krieg
gegen die Armut« (Nuscheler 2006, S. 79).

   Mit den MDG wurde ein weltweit (für die Entwicklungsländer)
gültiger Maßstab für Armut entwickelt, angesichts der gewaltigen
kulturellen Unterschiede zwischen den Ländern und Kontinenten
ein nicht unproblematisches Verfahren. Dadurch wurde faktisch ein
großer Teil der Menschen in »Arme« verwandelt, auch wenn die Betroffenen das ursprünglich nicht so gesehen haben sollten. Das Eindringen des europäischen Weltmarkts hat durch die Zerstörung bestehender gesellschaftlicher Strukturen erst jene Armut geschaffen,
deren Abschaffung sich die Weltgemeinschaft im Jahre 2000 feierlich
aufs Panier geschrieben hat. Dies ist aber nun Realität, auch wenn
Karl Polanyi Recht hat: »In Wirklichkeit ist natürlich soziales Elend
primär ein kulturelles Phänomen und nicht ein ökonomisches, das mit
Einkommenszahlen und Bevölkerungsstatistiken gemessen werden
kann.« Der Einbruch Europas hat in Afrika als »Kulturkatastrophe«
gewirkt, welche »die Institutionen (geschädigt) hat, in die sein gesell-
schaftliches Sein eingebettet ist.« Der kapitalistische Weltmarkt hat das

gesellschaftliche Koordinatensystem verändert, an dem Wohlstand und Armut gemessen werden: »Nicht die wirtschaftliche Ausbeutung ist in diesem Fall die Ursache des Niedergangs, ..., sondern der Zerfall des kulturellen Ambiente der Opfer. ... Das Ergebnis ist der Verlust der Selbstachtung und der Maßstäbe ...« (Polanyi 1944/1978, S. 217). Heute definiert sich fast jeder Bewohner Afrikas als arm (= hilfsbedürftig). Obwohl nach der international gültigen Definition ›nur‹ etwa 40 Prozent der Bevölkerung als arm gelten, halten sich – wie Befragungen zeigen – 95 Prozent der Afrikaner für arm. Das spiegelt weniger die teilweise bedrückenden materiellen Verhältnisse wider, in denen viele Menschen leben müssen, sondern mehr noch eine im modernen afrikanischen Bewusstsein verankerte ›Kultur der Armut‹, die gleichzeitig eine Kultur der Abhängigkeit ist.

Tab. 13: Ausgewählte Sozialindikatoren in den Entwicklungsregionen 2004/2005[17]

	Extreme Armut	Unterernährung	Grundschulbesuch	Alphabetisierung	Kindersterblichkeit	Müttersterblichkeit
Ostasien	9,9	7	95	99	27	55
Süd/Ost-Europa	0,7	k.A.	90*	100*	17*	66*
Lateinamerika	8,7	7	97	97/96	31	190
Nordafrika	1,4	8	95	78/90	35	130
Südasien	29,5	46	90	67/82	82	540
ASS	41,1	29	70	64/72	166	920
Alle EL	19,2	27	88	81/89	83	450

* Gemeinschaft Unabhängiger Staaten, Europa
Quelle: UN 2007, The Millennium Development Goals Report 2007

---

17 **Armut:** Anteil der Bevölkerung mit weniger als einem Kaufkraftdollar am Tag, **Unterernährung:** Anteil der untergewichtigen Kinder bis 5 Jahren in % **Grundschulbesuch:** Anteil der Kinder im Grundschulalter in Schulen in % **Alphabetisierung:** Anteil der Erwachsenen mit Kenntnissen im Lesen und Schreiben in % (Frauen/Männer), **Kindersterblichkeit:** Zahl der Kinder die vor Erreichung des 5. Lebensjahres sterben, je 1000, **Müttersterblichkeit:** Schwangerschaftsbedingte Todesfälle pro 100.000 Lebendgeburten.

Um die Armut in diesem Sinne zu messen, gibt es das o.e. System von Sozialindikatoren, die jährlich erfasst werden. Diese belegen einen hohen und vielfach wachsenden Rückstand Afrikas (Tab. 13). Während in anderen Entwicklungsregionen teilweise bemerkenswerte Verbesserungen zu verzeichnen sind, »ist Afrika die einzige Entwicklungsregion, in der die absolute Zahl der Armen ständig zunimmt ...« (UNCTAD 2007, S. 1).

Allerdings zeigt ein genauerer Blick, dass Afrika vor allem gegenüber Südasien – mit Indien als Schwerpunktland – nicht überall schlechter abschneidet, obwohl Indien als Musterbeispiel einer aufstrebenden Ökonomie gilt. So ist es interessant, die Tabelle der Sozialindikatoren (Tab. 13) mit den Pro-Kopf-Einkommen, gemessen zu Kaufkraftparitäten (Tab. 14), zu vergleichen.

Tab. 14: Pro-Kopf-Einkommen in Dollar KKP, 2005[18]

EL insges.	Arab. Länder	Ostasien/ Paz.	Latein- amerika	Südasien	ASS
5.282	6.716	6.604	8.417	3.416	1.998

Quelle: UNDP 2007, Human Development Report, New York, S. 232.

Der Rückstand Afrikas bei den Sozialindikatoren gegenüber Südasien ist deutlich geringer, als es der ökonomische Rückstand, gemessen an den Durchschnittseinkommen, vermuten lässt. Dies ist einmal dem Einfluss der geschmähten Entwicklungshilfe zu verdanken, die in Afrika zwar nicht zu ökonomischer Entwicklung, aber immerhin zu Verbesserungen im Gesundheits- und Bildungswesen beigetragen hat. Zum anderen scheinen die afrikanischen Regierungen doch nicht überall so schlecht zu sein, wie behauptet: Im ›Boomland‹ Indien z.B. sind die Durchschnittseinkommen mit 3.452 Kaufkraftdollar zwar mehr als dreimal so hoch wie im korrupten Nigeria (1.128), die Sozialindikatoren aber sind nur wenig besser. Die wirtschaftlichen Erfolge mancher ›Boomregionen‹ setzen sich nur unterproportional in soziale

---

18   In den Hocheinkommensländern der OECD lag das durchschnittliche Pro-Kopf-Einkommen 2005 bei 33.831 $ KKP, in Deutschland bei 29.461.

Verbesserungen für die Masse der Bevölkerung um. Hier ist Afrika manchmal besser als sein Ruf.

Mit der Feststellung, dass die Sozialindikatoren in Afrika besonders schlecht sind, ist weder etwas darüber ausgesagt, warum das so ist, noch wie dem abgeholfen werden könnte. Auch wenn nicht so weit gegangen werden soll, die Grundbedürfnisorientierung in der Entwicklungspolitik als stillschweigende Hinnahme von Dependenz und ökonomischer Rückständigkeit zu interpretieren, wie es einige Autoren tun, so beinhaltet der Fokus auf die Sozialindikatoren doch eine gewisse Gleichgültigkeit gegenüber den ökonomischen Triebkräften von Entwicklung. Selbst wenn es gelingt, der Masse der Bevölkerung Zugang zu qualitätsvollen sozialen Dienstleistungen zu verschaffen, wenn sie »gesund, gut ausgebildet und mit vielfältigen Potenzialen zur Existenzbewältigung ausgestattet« sind, produktive Erwerbsmöglichkeiten aber ausbleiben, bleibt das Problem der Unterentwicklung bestehen (Rauch 2007, S. 236). Diese Erfahrung mussten die Internationalen Entwicklungsagenturen in vielen armen Ländern machen: Die zum Ausbau der Erziehungs- und Gesundheitssysteme vergebenen Entwicklungskredite haben zwar die Sozialindikatoren verbessert; die Kredite erwiesen sich im Endeffekt aber trotzdem als nicht rückzahlbar, weil die Hoffnung, eine bessere Deckung der Grundbedürfnisse führe quasi automatisch zu Entwicklung im Sinne steigender Produktion und höherer Einkommen (woraus die Kredite zurückgezahlt werden könnten), sich nicht erfüllte.

In gewissem Sinn wird im über Grundbedürfnisse definierten Entwicklungsbegriff die ›Armut durch die Pauvreté‹ erklärt (oder der Wohlstand durch den Reichtum). Die einzig nachhaltige Basis für die Deckung der Grundbedürfnisse ist die Produktivkraft der menschlichen Arbeit, ausgedrückt in Kategorien von Produktion und Produktivität, Einkommen, Investitionen usw. Zwar ist Sen insoweit zuzustimmen, als Wachstum nicht automatisch zu einer besseren Befriedigung von Grundbedürfnissen führt. Und sicher ist auch richtig, dass eine gesündere, besser ernährte und besser ausgebildete Bevölkerung ein größeres Entwicklungspotenzial besitzt. Dieses Potenzial setzt sich aber nicht quasi automatisch in wirtschaftliche Entwicklung um. Fragen der Produktion des Reichtums und seiner Verteilung hängen zwar zusammen, dürfen aber trotzdem nicht verwechselt werden. So sehr richtig ist, dass eine höhere Reichtumsproduktion nicht automatisch zu einem besseren Leben für die Produzenten des Reichtums führt, so richtig ist auch, dass ein besseres Leben der Produzenten ohne höhere Reichtumsproduktion unmöglich ist. Für unsere Fragestellung, die nach den Ursachen des afrikanischen Entwicklungsrückstandes, ist die Orientierung an Sozialindikatoren nicht operational. Daher wird der Fokus hier auf die »eigenständige Entfaltung der Produktivkräfte« (vgl. Nohlen/Nuscheler 1992, S. 73) und die diese bestimmenden Faktoren gelegt. Armut breiter Bevölkerungsschichten im Sinne der oben skizzierten Sozialindikatoren kann Folge von Unterentwicklung sein, ist aber keineswegs mit dieser identisch. Ob Entwicklung im Sinne von Produktivkraftsteigerung zum Rückgang der Armut führt, hängt von vielen Faktoren, vor allem von den sozialen Kräfteverhältnissen und politischen Orientierungen, ab; Entwicklung und Armutsreduzierung sollten nicht miteinander verwechselt werden.

2.8 Steigende Rohstoffpreise – Chance für Afrika?

Beobachter Afrikas registrieren mit Erleichterung die Entwicklungen der jüngsten Vergangenheit. Die Verbesserung der makro-ökonomischen Eckdaten hat die ›Afropessimisten‹ überrascht (Peltzer 2007). Denn vor dem Hintergrund der seit 2003/2004 ansteigenden Rohstoffpreise hat sich auch in Afrika etwas getan: Seit 2004 liegt die gesamtwirtschaftliche Wachstumsrate deutlich über 5 Prozent, auch die Pro-Kopf-Einkommen steigen erstmals seit den 1970er Jahren wieder merklich an. Zwar schneiden Ölexporteure besser ab als die übrigen afrikanischen Länder, aber auch diese können kräftig zulegen. Die oben dargestellten Indikatoren der Einbindung Afrikas in die Weltwirtschaft haben sich stabilisiert. »Seit den 60er Jahren hat es in Afrika keine vergleichbar lange Wachstumsperiode mehr gegeben wie in den letzten zehn Jahren«, freut sich das BMZ (2007). Dies bestätigt der jüngste Afrika-Bericht der OECD, der auch für 2008/2009 die Wachstumsaussichten mit knapp 6 Prozent angibt: 7 Prozent für die Ölexporteure, fast 5 Prozent für den Rest (OECD 2008).

Tab. 15: Index der Terms of Trade (ToT) für Subsahara Afrika (Index 1980=100)

1965	1973	1980	1992	2004	2008*
146	71	100	68	88	125

* Berechnet auf der Grundlage der ToT-Veränderungen 2004-2008
Quelle: Berechnet nach WDR 1991, S. 189; UNCTAD 2005

Finanzkrise ?

Es ist auch nicht anzunehmen, dass es in näherer Zukunft erneut schwere Rückschläge geben wird. Denn das, was lange Zeit als Achillesferse der afrikanischen Wirtschaft galt, die Abhängigkeit von Rohstoffen, scheint nun zu einer Stärke zu werden, sowohl wegen der höheren Exporteinnahmen als auch weil neue Investitionen rentabel werden. Eine Grundannahme der in der Debatte über Entwicklungsländer einflussreichen Dependenztheorie, die eigenständige Entwicklung in der Peripherie wegen der Weltmarkteinflüsse als unmöglich angesehen hatte, scheint sich derzeit als definitiv falsch herauszustellen: Der Prebish-Singer-Hypothese (Goldberg 2007b, S. 8) zufolge steigt die Nachfrage nach Rohstoffen langsamer als die Nachfrage nach Industriewaren, so dass die Industriepreise tendenziell rascher steigen als die Rohstoffpreise. Es müsse also zu einer langfristigen Verschlechterung der Austauschverhältnisse, der Terms of Trade (ToT), zwischen Rohstoffen und Industriewaren kommen. In der populären Darstellung wurde dies vielfach am Preisverhältnis einzelner Gütergruppen dargestellt: So mussten 1985 für den Kauf eines LKW 93 Sack Kaffee (60kg) exportiert werden, 1990 waren es – wegen des Preisverfalls von Kaffee und des Preisanstiegs bei Traktoren – 302 Sack (Launer 1992, S. 146). Auch wenn man sich an der willkürlichen Auswahl der Produkte und Zeiträume stoßen mag – die ToT zwischen Rohstoffen und Industriewaren haben sich im historischen Trend bis 2000 verschlechtert: Setzt man sie (bezogen auf Güterpreise) im Durchschnitt der Jahre 1977/79 mit 100 so ergibt sich zwischen 1900 und 1990 ein langfristiger Rückgang von 125 auf 65. (Launer 1992, S. 145; WDR 1991, S. 189). Der Indikator stieg zwar zwischen 1974 und 1977 vorübergehend wieder auf 140 an, der rückläufige Trend aber blieb bis

etwa 1999/2000 ungebrochen. Dies hat sich seither grundlegend geändert, was sich in den ToT des Rohstoffkontinents Afrika entsprechend widerspiegelt (Tab. 15).

Der Stand der 1960er Jahre ist allerdings noch nicht wieder erreicht, d.h. trotz des dramatischen Anstiegs der Rohstoffpreise seit Anfang diesen Jahrhunderts (Tab. 16) sind die Austauschverhältnisse Afrikas noch immer ungünstiger als bei der Unabhängigkeit. Wegen der
Verknappung nicht-erneuerbarer Rohstoffe und der Erschöpfung von
Land- und Wasserressourcen einerseits und der nachholenden Industrialisierung in China und Indien andererseits wird davon ausgegangen, dass Rohstoffe im Verhältnis zu Industriewaren auch in Zukunft
tendenziell teurer werden. Dies scheinen ›good news‹ für Afrika.

Tab. 16: Rohstoffpreise (Index 2000=100, US $)

	2004	2006	2007	4/2008
Gesamtindex, dar:	135	208,9	237	348
Nahrungs/genussmittel	125	139,1	174	252
Agrarrohstoffe	114	129,1	156	161
NE-Metalle	130	240,4	273	295
Eisenerze	167	267,1	300	513
Energierohstoffe	138	224,0	250	389

Quelle: HWWI-Index der Weltmarktpreise für Rohstoffe, 14.5.2008

Hier muss allerdings differenziert werden. Afrikanische Länder sind
auf der Exportseite oft abhängig von ein oder zwei Rohstoffen, während sie andere Rohstoffe importieren müssen. Die Wirkung von höheren Rohstoffpreisen kann also durchaus widersprüchlich sein. Dies
zeigen schon die Unterschiede in der Preisentwicklung der Rohstoff-
gruppen. Ein markanter Unterschied besteht zwischen Bergbauprodukten (Energierohstoffe, Metalle) einerseits und landwirtschaftlichen
Produkten (Agrarrohstoffe, Nahrungsmittel/Getränke) andererseits.
Betrachten wir einen längeren Zeitraum (1980-2008), so haben sich
die Weltmarktpreise für die erste Gruppe mehr als verdreifacht; die
Preise für Getränke (Kaffee, Kakao, Tee) lagen 2008 kaum über dem

Stand von 1980; Agrarrohstoffe (Holz, Baumwolle, Kautschuk, etc.) waren teurer als im Ausgangsjahr (+60 %) (berechnet nach ECB 2007, S. 7). Ein Land wie Burkina Faso, das Baumwolle exportiert, aber kein Erdöl hat, kann die erhöhte Rohölrechnung nicht mit höheren Exporteinnahmen kompensieren. So zeigt eine Analyse der ECB (Europäische Zentralbank) von 24 West- und Zentralafrikanischen Ländern, dass sich die ToT zwischen 1999 und 2005 in 8 Ländern sehr deutlich verbessert haben, während sie sich in 12 Ländern sogar leicht verschlechtert haben (ECB 2007, S. 11). Außerdem ist die Breitenwirkung höherer Preise für Bergbauprodukte eine völlig andere als jene von Agrarprodukten. Während bei ersteren eine fast vollständige Abhängigkeit von Transnationalen Konzernen (TNK) besteht, werden letztere zu einem erheblichen Teil kleinbäuerlich erzeugt. Dies wird weiter unten diskutiert werden. Vorab aber ist daran zu erinnern, dass Afrika Nettoimporteur von Agrarprodukten, vor allem Nahrungsmitteln, ist, die hohen Agrarpreise also erst einmal belastend wirken.

Entscheidend wird sein, ob es gelingt, die steigenden Rohstoffeinnahmen und die verbesserten ToT produktiv zu nutzen und den Strukturwandel zu befördern. Das Beispiel des Rohstoffbooms 1973/77 und von Ländern wie Nigeria (Erdöl) oder Sambia (Kupfer), wo die Rohstoffeinnahmen entwicklungspolitisch nichts gebracht haben, macht skeptisch. Die zeitliche Reichweite vieler afrikanischer mineralischer Rohstoffe – siehe Rohöl – ist begrenzt und die agrarischen Produktionsbedingungen sind eher ungünstig. Der Rohstoffboom könnte sich mittelfristig als Strohfeuer herausstellen, in dem knappe Rohstoffressourcen ›verbrennen‹ und das den Kontinent ärmer hinterlässt als zuvor. Die Kernfrage lautet: Gelingt auf der Grundlage des aktuellen Rohstoffbooms mittelfristig die ökonomische Diversifizierung in Richtung auf international konkurrenzfähige Verarbeitung? Oder überwiegen die Phänomene des »Dutch disease«[19], d.h. behindert der Rohstoffboom den Aufbau einer verarbeitenden Wirtschaft?

---

19 Dutch-disease bedeutet, dass die Währungen der Rohstoffexporteure einem Aufwertungsdruck unterliegen, die internationale Konkurrenzfähigkeit des Landes sich verschlechtert und der Anteil der Nicht-Rohstoffe fällt. Die EZB zeigt, dass viele afrikanische Ölexporteure zwischen 1999 und 2005 entsprechende Phänomene aufwiesen (ECB 2007, S. 20).

Die bis jetzt absehbare Tendenz auf diesem Gebiet ist per saldo eher negativ, wie der Bericht der UN-Wirtschaftskommission für Afrika zum Thema Diversifizierung zeigt (ERA 2007). Das Scheitern der Diversifizierung der afrikanischen Wirtschaft wird durch den niedrigen Anteil der verarbeitenden Industrie an der Inlandsproduktion illustriert. Dieser erhöhte sich zwischen 1965 und 1987 leicht von 8 auf 11 Prozent, um seither unter Schwankungen auf dem gleichen Niveau zu bleiben (Weltbank 1989, S. 222 ff; WDR, lfd.). Im gleichen Zeitraum ist der Anteil der verarbeitenden Industrie in der Gesamtheit der Entwicklungsländer von 20 auf 30 Prozent des BSP gestiegen (Chazan 1992, S. 256). Seit dem Beginn des Jahrtausends scheint der Trend sogar leicht rückläufig zu sein (ERA 2007). Die UNCTAD weist darauf hin, dass die Erzeugung der verarbeitenden Industrie des gesamten Subsaharischen Afrika, also einschließlich des industrialisierten Südafrika, im Jahre 1970 etwa dreimal so hoch war wie in Indonesien. 1990 hatte Indonesien Afrika überholt (UNCTAD 2000, S. 86). Der UNECA-Bericht über nachhaltige Entwicklung von 2008 zeigt, dass »die durch die Produktion pro Kopf gemessene industrielle Erzeugung in den vergangenen drei Jahrzehnten entweder stagniert hat oder rückläufig war. …Afrikas Anteil an der globalen industriellen Erzeugung ging zwischen 1980 und 2001 von 0,9 auf 0,8 Prozent zurück.« (UNECA 2008, S. 61). Zudem beschränkt sich die afrikanische Industrie auf Verarbeitung von Lebensmitteln für lokale Märkte, nur in einigen ressourcenreichen Ländern spielt die Verarbeitung von Mineralien für den Export eine Rolle (UNCTAD 2000, S. 84). Stellt man die Abhängigkeit von lokalen Rohstoffen und die niedrige Verarbeitungstiefe in Rechnung, so ist festzustellen, dass es in Afrika (außerhalb Südafrikas) nicht gelungen ist, eine eigenständige industrielle Basis zu schaffen.

Das Scheitern der Diversifizierungsbemühungen ist auch der Krise und dem erzwungenen Politikwechsel nach 1980 zu verdanken: »Während die Diversifizierungsbemühungen in den 1970ern und frühen 1980ern einige positive Ergebnisse gebracht hatten, wurden diese Erfolge ab Mitte der 1980er Jahre infolge der ökonomischen Krise wieder zunichte gemacht.« (ERA 2007, S. 9). Als Hauptursache sieht die UNECA die Liberalisierung des Außenhandels. Auch behinderte die einseitige Orientierung der SAPs auf makroökonomische Stabilität die Diversifizierung (ebd., S. 11). Für die UNECA und auch die UNCTAD war die Strukturanpassungspolitik der 1980er und 1990er Jahre ursächlich für den blockierten Strukturwandel in Richtung auf Verarbeitung (UNCTAD 2007, S. 84). Ein Weltbankreport zeigte schon 1989 die Dynamik der »de-industrialization«, der vielfach zu einem drastischen Verfall der Kapazitätsauslastung bis auf 30 % geführt hatte (ebd. S. 110), ohne dass dies eine Korrektur der verfehlten Politik der IFI bewirkte. Selbst Autoren, die die Strukturanpassungspolitik der Weltbank als im Kern richtige Antwort auf die Krise der 1980er Jahre betrachten, räumen ein, dass diese nicht die erhofften Ergebnisse gebracht, dass sie im Gegenteil das Wachstumspotenzial der ›Anpasser‹ beschädigt hat: »Die makroökonomischen und marktorientierten Reformen der Strukturanpassungsprogramme haben die Steuerungsfähigkeit des Staates zunichte gemacht. Dessen Rolle bei der Beeinflussung von Tempo und Richtung der Industrialisierung ist aber lebenswichtig für die Transformation der afrikanischen Ökonomien.« (Kaluwa 1997, S. 80) Für die Stabilisierung (Senkung von Inflationsraten und Haushaltsdefiziten) wurde ein hoher Preis bezahlt: »Bis jetzt wurde eine Stabilisierung überwiegend eher durch die Reduzierung der Nachfrage als durch eine Verbesserung auf der Angebotsseite erreicht.« (Chazan 1992, S. 309)

Die Feststellung der UNECA, dass die gegenwärtige wirtschaftliche Erholung auf zerbrechlicher Grundlage steht, stützt sich auch auf die Tatsache, dass die aktuelle Belebung nicht mit entsprechend höheren Investitionen einher geht – die gesamtwirtschaftliche Investitionsquote bleibt niedrig (siehe oben); da die Investitionen in die Rohstoffförderung zugenommen haben, ist sogar anzunehmen, dass Investitionen in Landwirtschaft und Verarbeitende Industrie rückläufig sind. Die o.e. Analyse der ECB zeigt, dass die Investitionsquoten von Ölexporteuren gut ein Fünftel höher sind als die der Ölimporteure – Rohölförderung ist eine kapitalintensive Angelegenheit (ECB 2007, S. 12). Außerdem ist zu berücksichtigen, dass steigende Rohstoffexporte die Währungen der Exportländer unter Aufwertungsdruck setzen und somit die preisliche Konkurrenzfähigkeit der agrarischen und Fertigprodukte verschlechtern. Der Rohstoffboom könnte per saldo auch negative Entwicklungseffekte haben: durch Beschädigung der Entwicklungsmöglichkeiten der übrigen Wirtschaftssektoren, Förderung von Fehlorientierungen in der Wirtschaftspolitik und größere Anfälligkeit gegenüber wirtschaftlichen Schocks (Basedau/Mehler 2005, S. 13).

Trotzdem bietet der aktuelle Rohstoffboom, anders als der kurzlebige Aufschwung Mitte der 1970er Jahre, Chancen für eine Überwindung der Blockade und eine allmähliche Befreiung aus der Abhängigkeit von nicht-erneuerbaren Ressourcen. Dies setzt aber nicht nur eine gezielte Politik zur Förderung von Diversifizierung voraus wie von UNECA und UNCTAD vorgeschlagen, sondern auch die Erhaltung bzw. den Ausbau von politischen Spielräumen in der Weltwirtschaft. Denn derzeit ist – mit begrenzter Ausnahme Südafrikas – kein Land des Subsaharischen Afrika im Bereich der Verarbeitung international konkurrenzfähig. Notwendig wäre eine Politik der graduellen Integration in den Weltmarkt, die den Aufbau eigener Verarbeitungsketten erlaubt. Sowohl die bilateralen Freihandelsabkommen afrikanischer Staaten mit der EU (Economic Partnership Agreement – EPA) als auch die multilateralen Verhandlungen im Rahmen der WTO laufen aber darauf hinaus, die afrikanischen Märkte weiter zu öffnen, während die Afrikaner wegen ihres geringen Diversifizierungsgrads von den Konzessionen der Industrieländer nichts haben: Die bisherigen Erfahrungen mit solchen Initiativen wie der »Alles außer Waffen«-Initiative zeigen, dass diese nur dann afrikanische Exporte fördern, wenn bereits ein gewisser Entwicklungsstand erreicht ist. Dies ist für die große Mehrheit der Staaten des Subsaharischen Afrika aber nicht der Fall. Die handelspolitische Liberalisierung wird den notwendigen Strukturwandel Afrikas weiter behindern.

Zudem stellt sie eine Schwächung und Delegitimierung der afrikanischen Regierungen sowohl nach innen wie nach außen dar. Der Außenhandel ist der Bereich, wo ein großer Teil der Staatseinnahmen generiert wird und wo Regierungen noch eine gewisse Steuerungskapazität haben. Wenn – wie ATTAC am Beispiel der Geflügelproduktion in Ghana zeigt – die Regierung daran gehindert wird, die einheimischen Geflügelproduzenten vor dem Import subventionierten Hühnerfleischs aus Europa zu schützen (ATTAC 2007, S. 49/50), dann hat das nicht nur ökonomisch negative Folgen sondern wird von den Betroffenen auch als Regierungsversagen gewertet. Während Teile der Nahrungsmittelproduktion und -verarbeitung in Afrika unter dem Druck subventionierter Importe aus den USA und Europa teilweise zusammenbrechen, benutzt der ›Norden‹ die marktwidrigen Subventionen in den Verhandlungen als Druckmittel, um eine weitere Öffnung der Märkte der armen Länder zu erzwingen. Dies aber beschränkt deren entwicklungspolitische Handlungsfähigkeit. Leider ist dies ein Aspekt, der vielfach übersehen wird. Obwohl es entwicklungspolitischer Konsens ist, dass ohne handlungsfähige Staaten keine nachhaltige Entwicklung zustande kommt, tun die Industrieländer alles, um die Handlungsfähigkeit der afrikanischen Regierungen nach aussen zu beschränken.

Der gegenwärtige Rohstoffboom in Afrika hat zwei Gesichter: Er verschafft den bedrängten afrikanischen Staaten größere Spielräume für notwendige Investitionen in Infrastrukturen und soziale Systeme und mindert die Abhängigkeit von Auflagen und Kontrollen durch die IFI; andererseits verstärkt er die Rohstoffabhängigkeit, verschlechtert die Konkurrenzfähigkeit im Bereich der Landwirtschaft und der verarbeitenden Industrie und vergrößert damit die Fragilität der Ökonomie. Jüngstes dramatisches Warnsignal sind die Auswirkungen der höheren Nahrungsmittelpreise, die gerade dem Agrarkontinent Afrika zum Nachteil ausschlagen. Vor allem die hohen Preise für Weizen und Reis sind eine Bedrohung, da diese Produkte zu 85 bzw. 45 % importiert werden (Weltbank 2008b). Ob es den afrikanischen Ländern gelingt, eine ›Rohstoffdividende‹ einzufahren, hängt entscheidend von der wirtschafts- und gesellschaftspolitischen Steuerungsfähigkeit der afrikanischen Staaten ab.

2.9 Der Rohstoffboom und die Transnationalen Konzerne

Die Frage, ob rohstoffreiche Länder günstigere Entwicklungschancen haben als ressourcenarme, wird oft unter Überschriften wie »Ressourcenfluch« oder »Das Paradox des Überflusses« diskutiert. Es gibt ökonometrische Analysen, die eine negative Korrelation zwischen dem

Ressourcenreichtum eines Landes einerseits und der Entwicklung der Durchschnittseinkommen andererseits zeigen, wobei sowohl die oben angedeuteten Effekte des »dutch disease«, aber auch durch hohe ›Bergwerksrenten‹ begünstigte Korruptionsneigung eine Rolle spielen. Allerdings ist dies kein zwangsläufiger Zusammenhang: Es sind politische Entscheidungen, die den natürlichen Segen in einen Fluch verwandeln (Basedau, 2005, S. 19 ff).

Exploration, Förderung und Verarbeitung von mineralischen Rohstoffen sind kapitalintensiv und haben lange Entwicklungszeiten, so dass arme und kleine Länder auf das Kapital und das know how der Transnationalen Konzerne (TNK) angewiesen sind. Ob und ggf. in welchem Maße die Förderländer von der Ausbeutung ihrer Ressourcen durch TNK profitieren, hängt wesentlich von den Regeln ab, denen die TNK unterworfen sind. Denn da die Multiplikatorwirkung der kapitalintensiven Rohstoffinvestitionen auf lokale Wirtschaft und Beschäftigung gering ist, rückt die Verteilung der Erträge zwischen den TNK einerseits und den Staatshaushalten andererseits in den Mittelpunkt des Interesses.

Dabei haben die afrikanischen Regierungen besonders schlechte Karten. Sogar im Energiebereich, wo inzwischen international die klassischen privaten Multis aus den Industrieländern (»Sieben Schwestern«) durch öffentliche Unternehmen der Entwicklungsländer verdrängt wurden, dominieren in Afrika weiter westliche TNK. Wie sehr es diesen gelingt, ihre Interessen durchzusetzen, zeigt ein Blick auf die Gewinne: Die Umsatzrendite der extraktiven Industrie, die in den 1990er Jahren unter 5 Prozent lag, steigt seit 2002 an und erreicht heute 27 Prozent. Eine Studie von PricewaterhouseCoopers in der Metallförderung zeigt einen Anstieg der jährlichen Nettoprofite von 4,4 Milliarden 2002 auf 67 Milliarden 2006 (UNCTAD 2007b, S. 89). Und diese Gewinne bleiben nur zu einem geringen Teil im Ursprungsland: Die EZB stellt eine Falluntersuchung aus dem Ölland Gabun (1995-2003) vor, die zeigt, dass die re-investierten Gewinne nur in einem von 9 untersuchten Jahren höher waren als die repatriierten Profite. »Tatsächlich scheinen sich die Gewinnabzüge von Auslandsunternehmen im großen und ganzen parallel zum Ölpreis zu entwickeln (…). Der Umfang der lokal nicht re-investierten Gewinne

beläuft sich auf bis zu 7 % des Sozialprodukts.« In einem anderen untersuchten Fall, dem Kongo, beliefen sich die repatriierten Gewinne
im Jahre 2005 auf 18 % des BSP (ECB 2007, S. 16).

Hinzu kommt, dass die afrikanischen Regierungen kurz vor Beginn des Rohstoffbooms zum Jahrtausendwechsel in einer besonders
ungünstigen Verhandlungsposition waren. Die Privatisierungsauflagen
der SAPs hatten die Verschleuderung des Staatseigentums erzwungen;
günstige Investitionsbedingungen, großzügige Steuerregelungen und
billige Konzessionen sollten ausländisches Kapital anlocken. Vielfach
wurden ausländischen Investoren langjährige Steuerferien (»tax holidays«) eingeräumt (UNCTAD 2007b, S. 137). In Mozambique tragen
seit 2004 zwei Rohstoffprojekte – die Aluminiumschmelze Mozal und
eine Erdgasexploration – entscheidend zur Verbesserung der makro-ökonomischen Daten bei, was dem Land aber wenig nützt: Den
ausländischen Großinvestoren wurde für zehn Jahre Steuerfreiheit
zugesichert. Die Steuerausfälle entsprechen der Hälfte der Entwicklungshilfe (NZZ v. 29.10.07). Insgesamt wurden unter dem Druck der
IFI und dem Eindruck der wirtschaftlichen Stagnation den TNK aus-
gesprochen großzügige Bedingungen eingeräumt, wie man es heute
wohl nicht mehr tun würde.

Zudem können die TNK sich durch ›kreative Buchführung‹ der
Besteuerung entziehen, indem sie ihre Gewinne verschleiern. Es fehlt
an Transparenz. So ist kaum zu ermitteln, in welchem Ausmaß der
Rohstoffboom und die Verbesserung der ToT den Förderländern zugute kommen. Analysen zeigen, dass die Regierungen zwischen 25
und 90 Prozent der Erdöl- und Ergaserträge und zwischen 25 und 60
Prozent der Erträge aus der Metallförderung erhalten – eine reichlich
große Spanne. Fallbeispiele machen aber deutlich, wie krass ungleich
die Verteilung sein kann. In Mali machen die Steuern der Minenkonzerne 3 Prozent der Bruttoerträge und 10 Prozent der Nettogewinne
aus. Tansania erhielt zwischen 1999 und 2005 lächerliche 252 Millionen $ an Steuern und Konzessionsabgaben, entsprechend 9 % der Ex-
porteinnahmen. In Sambia beliefen sich die staatlichen Einnahmen
aus der Kupferförderung im Jahre 2005 auf 75 Mill. $, weniger als 5
Prozent des Werts der Kupfer- und Kobaltexporte. Es scheint, »dass
die Bedingungen, die einige Entwicklungsländer bei DI in extraktiven

Industrien eingeräumt haben, außerordentlich großzügig waren, so dass der Anteil der Regierungseinnahmen an den Gewinnen extrem niedrig ausfiel«, bilanziert die UNCTAD (2007b, S. 139).

Auch wenn es kaum möglich ist, den Anteil der afrikanischen Länder an den Zusatzeinnahmen des Rohstoffbooms zu beziffern, so ist doch sicher, dass ein erheblicher Teil davon in die Kassen der TNK und (via manipulierte Transfer-Preise) der Industrieländer fließt. Da »die Aufteilung der Erträge zwischen den TNK und dem Gastland die jeweilige Verhandlungsmacht widerspiegelt« (UNCTAD 2007b, S. 139), spricht vieles dafür, dass die afrikanischen Länder an den steigenden Rohstoffeinnahmen nur unterproportional partizipieren. Günstiger dürfte die Bilanz bei Agrarprodukten aussehen, die überwiegend von Kleinbauern produziert werden. Dies wird weiter unten im Kontext der afrikanischen Landwirtschaft diskutiert.

Internationales Kapital trägt zur endogenen Entwicklung von Entwicklungsländern wenig bei, wenn es nicht gelingt, dieses in nationale Wertschöpfungsketten und Kooperationen mit lokalem Kapital einzubinden. Diesbezügliche Auflagen hinsichtlich lokaler Beschaffung, Beschäftigung einheimischer Fach- und Führungskräfte, Re-investition von Gewinnen usw. wurden aber im Zuge der Liberalisierung – soweit sie überhaupt durchgesetzt werden konnten – ausgehebelt. Chazan (1992, S. 290) sieht kaum positive entwicklungspolitische Beiträge der TNK: »Es ist unvermeidlich, dass die Abhängigkeit von TNK Kosten verursacht. Filialen von TNK sind Teile eines globalen Netzwerks. Natürlicherweise stehen die Interessen des Konzerns als globaler Einheit über den Interessen des Landes, in dem die jeweilige Niederlassung arbeitet. Die von den TNK transferierte Technologie ist auf die wirtschaftlichen Bedingungen des Heimatlandes abgestimmt und somit tendenziell kapitalintensiv… Auch sind die von den TNK in der Dritten Welt hergestellten Produkte typischerweise die gleichen, die in den Heimatländern vertrieben werden.«

Letzteres – die oft beobachtete Unfähigkeit europäischer und amerikanischer Multis, lokal angepasste Produkte zu entwickeln – ist aber auch eine Chance für lokale Anbieter. Denn die internationalen Produkte von TNKs (außerhalb des Bergbaus, versteht sich) sind oft den Bedürfnissen der Verbraucher in den Entwicklungsländern nicht angepasst, weder in Aussehen, noch in Qualität und Preis. Dies erklärt den großen Erfolg von verarbeitenden Unternehmen aus der Dritten Welt auf den Märkten der Entwicklungsländer: Sie verstehen es meist besser, Gewinne durch Verkäufe an Kunden mit niedrigen Einkommen zu erwirtschaften (BCG 2006, S. 7). Beispiele aus dem Kulturbereich sind die Erfolge der indischen Filmindustrie (»Bollywood«) in vielen Ländern der Dritten Welt und der gewaltige Ausstoß von low-budget-Streifen durch Nigerianische Filmproduzenten (»Nollywood«). Afrika konnte gegen die Dominanz europäischer Musikrichtungen ein eigenes, unverwechselbares Profil entwickeln: Papa Wemba ist dort populärer als Michael Jackson.

Negativ wirkt auch die Tatsache, dass TNK ihr Kapital nur selten selbst mitbringen. Oft werden die Investitionen auf den Kapitalmärkten der Gastländer finanziert, was zur Verdrängung lokaler Kreditnehmer und zu einer Verschlechterung der Zugangsmöglichkeiten für diese führt. Denn natürlich wird eine Bank oder eine andere Kapitalsammelstelle einen TNK als Kreditnehmer immer lokalen Produzenten vorziehen.

Die von vielen, vor allem afrikanischen, Ländern gewählte Antwort auf die Dominanz von TNK war in den 1960er und 1970er Jahren die Nationalisierung – eine Untersuchung für den Zeitraum 1960 bis 1977 zeigt, dass 47 % aller weltweiten Nationalisierungsfälle von TNK in Afrika erfolgten (Chazan 1992, S. 291). Dies waren oft teure und wenig sinnvolle Unternehmungen. Denn während Nationalisierungen (gegen Entschädigung) den TNK Geld in die Kassen brachten[20], verschafften Mehrheitsbeteiligungen und Sitze in Vorstand und Aufsichtsrat den Regierungen keineswegs mehr Kontrolle. Die Abhängigkeit von ausländischer Technologie, von den Beschaffungs- und Vertriebskanälen, den Kapitalmärkten und Fachkräften blieb bestehen. Dies zeigt u.a. der Fall der sambischen Kupferindustrie: Die Nationalisierung hat dem Land eine gewaltige Auslandsschuld beschert und kaum etwas an der Unternehmenspolitik der

---

20 Chazan meint: »Die TNK waren oft glücklich wenn sie Mehrheitsanteile ihrer Filialen an Regierungen verkaufen konnten; dies half bei der Kapitalbeschaffung (…), verschaffte den Niederlassungen eine neue Legitimität und hat doch die Geschäfte nicht beeinträchtigt.« (1992, S. 295)

Anglo-American Corporation geändert. Die beträchtlichen Gehälter der ausländischen Fachkräfte mussten weiter gezahlt werden – was in allen Fällen eine große Belastung für den Industrialisierungsprozess auf der Basis westlicher Technologie und Organisation darstellt. Dies zeigt das Beispiel der Industrialisierungsstrategie Kameruns der 1960er und 1970er Jahre, die auf europäische Technologie und know how gesetzt hatte. Ende der 1960er Jahre beanspruchten die ca. 3000 ausländischen Fachkräfte die Hälfte der Lohnsumme der Kameruner Industrie (Goldberg 2001).

Da es im afrikanischen Bergbau aktuell keine Alternative zu den TNK gibt, ist deren Einbindung in ein Regelwerk entscheidend, das den entwicklungspolitischen und sozialen Nutzen maximiert. »Das Management einer auf Bergbau basierenden Wirtschaft erfordert sowohl eine hoch entwickelte Steuerungsfähigkeit als auch entwicklungspolitisches Engagement seitens der nationalen Führer und Verwaltungen«, stellt die UNCTAD fest (2007b, S. 157). Ein besonderes Problem ist die Bindung vieler Regierungen durch bi- oder multilaterale Investitionsabkommen, die diese in der Periode der niedrigen Rohstoffpreise und der politischen Schwäche abgeschlossen hatten und die den TNK nicht nur günstige finanzielle Bedingungen einräumen, sondern auch den Spielraum für entwicklungspolitische Auflagen z.B. hinsichtlich von Gewinntransfers begrenzen (UNCTAD 2007b, S. 162). Positiv ist zu registrieren, dass der Verhandlungsspielraum der Regierungen durch das Auftreten neuer Akteure aus dem Süden gewachsen ist. So kam es im Mai 2008 zu »Irritationen« zwischen dem Kongo und Belgien, deren Hintergrund die Verhandlungen des Kongo mit China über Rohstoffinvestitionen war (NZZ v. 29.5.08).

3. Afrikas Entwicklungsrückstand: Außen und Innen

Die im vorangegangenen Teil geschilderte fragile Stellung Afrikas in der Weltwirtschaft und der damit verbundene Entwicklungsrückstand wird vielfach durch einen Mix von »äußeren« und »inneren« Faktoren erklärt, was dann manchmal platt auf die Schuldfrage reduziert wird: Ist der Imperialismus schuld oder sind es nicht eher die Afrikaner selbst? Zugespitzt stehen sich die Positionen »Wir sind arm, weil ihr reich seid« (Michler 1991, S. 33) einerseits und die Behauptung, »dass Afrika sich gar nicht entwickeln wolle« (Kabou 1993, S. 21) andererseits gegenüber. Diese Trennung zwischen »externen« und »internen« Faktoren mag aus darstellungstechnischen Gründen manchmal sinnvoll sein, führt aber m. E. inhaltlich nicht weiter. Denn bei näherem Hinsehen zeigt sich, dass es gerade der Widerspruch zwischen ›außen‹ und ›innen‹, also die Wechselwirkung der jeweiligen Faktorenbündel ist, welcher die Probleme verursacht.

3.1 Der transatlantische Sklavenhandel

Diese Wechselwirkung gilt selbst für den Sklavenhandel, unbestritten einer jener ›äußeren‹ Faktoren, unter dem kein anderer Kontinent gelitten hat. Trotzdem sind dessen Ausmaß und Wirkungen ohne die Rolle afrikanischer Herrscher bzw. der »Artikulation« mit afrikanischen Institutionen (einige afrikanische Staaten lebten überwiegend vom Sklavenhandel) nicht erklärbar.

Der afro-amerikanische Journalist Richburg, zwischen 1991 und

1996 Korrespondent der liberalen Washington Post in Nairobi, hat über seine afrikanischen Erfahrungen 1997 ein Buch geschrieben und seinem Entsetzen folgendermaßen Ausdruck gegeben: »Ich danke Gott, dass mein Vorfahr dort rausgekommen ist, weil ich jetzt keiner von ihnen bin. Kurz: Ich danke Gott, dass ich Amerikaner bin.« (S. 15). So nachvollziehbar dieser Stoßseufzer auch für einen ist, der den Völkermord in Ruanda und den blutigen Zerfall Somalias erlebt hat – er zeigt auch viel Verständnislosigkeit für die afrikanische Situation. Warum ist der Nachfahre eines nach Amerika verschleppten Afrikaners ein so cleverer und effizienter Kerl, während die Enkel der den Sklavenjägern Entkommenen ihre Nachbarn abschlachten, um sich ihres Eigentums zu bemächtigen? Hat das nicht doch auch etwas mit jenen Verwüstungen zu tun, in deren Gefolge Mr. Richburgs Vorfahr nach Amerika kam? Andererseits: Kann man den afrikanischen Sklavenhandel, der Mitte des 19. Jhd. weitgehend beendet war[21], verantwortlich machen für Entwicklungsrückstände zu Beginn des 21. Jahrhunderts?

Die Wechselwirkung zwischen Sklaverei und Menschenbild hatte schon frühzeitig für Afrika katastrophale Wirkungen. Während es um die Frage, ob die Bewohner der ›Neuen Welt‹ als Sklaven behandelt werden durften, lange theologische Auseinandersetzungen gab – was diesen wenig nützte –, setzte sich die Ansicht von der ›Sklavennatur‹ der Afrikaner früh durch. Schon 1517 wurde von Kaiser Karl V. auf Anregung des indianerfreundlichen Bartolomé de las Casas der Import afrikanischer Sklaven nach Amerika erlaubt (Petermann 2004, S. 107). So begann der transatlantische Sklavenhandel – auch Dreieckshandel genannt –, in dessen Verlauf Millionen von Menschen von Afrika nach Amerika verschleppt wurden. Das ›Dreieck‹ bestand aus Lieferungen europäischer Waren (Waffen, Schnaps, Tuche, Glasperlen, usw.) nach Afrika. Diese wurden von den einheimischen Herrschern gegen Sklaven eingetauscht (1). Die Sklaven wurden nach Amerika gebracht (die berüchtigte »Mittelstrecke«) und an die Besitzer der Zucker- und Baumwollplantagen verkauft. (2) Von dort wurden

---

21 Großbritannien beschloss 1807 ein Verbot des Sklavenhandels, nicht der Sklavenhaltung (Hochschild 2007).

die Produkte der Sklavenarbeit, Zucker und Baumwolle, nach Europa gebracht. (3) Dieses ökonomische Modell geriet in dem Maße ins Wanken, wie sich vor allem in der Karibik Sklavenaufstände häuften. Eine Signalwirkung hatte der Aufstand in der französischen Kolonie Santo Domingo (Haiti) Anfang des 19. Jahrhunderts, der zur ersten ›schwarzen‹ Republik in Amerika führte.

Über die demographischen Wirkungen des Sklavenhandels – neben dem transatlantischen Sklavenhandel sind der Sklavenhandel mit dem Mittelmeerraum (transsaharischer Sklavenhandel) und der suaheli-arabische Sklavenhandel zu erwähnen – gibt es Debatten. Die quantitativen Dimensionen gelten heute aber als gesichert (Tab. 17).

Tab. 17: Transatlantischer Sklavenhandel, Einschiffungen[22]

	Millionen Menschen	Anteile in %
1450-1600	0,367	3,1
1601-1700	1,868	16,0
1701-1800	6,133	52,4
1801-1900	3,330	28,5
Insgesamt	11,698	100

Quelle: Coquery-Vidrovitch 1992, S. 33

Hinzu kommen etwa 9 Millionen Menschen, die im transsaharischen Sklavenhandel verschleppt wurden, der sich über mehr als zehn Jahrhunderte hinzog. Mehr als die Hälfte der Verschleppten (5 Millionen) entfällt auf die Zeit vor Beginn des transatlantischen Sklavenhandels. Schließlich ist auch der über den indischen Ozean abgewickelte suaheli-arabische Sklavenhandel zu erwähnen, in dessen Rahmen etwa 8 Millionen Menschen verschleppt wurden; auch der portugiesische Handel zwischen der Küste von Mozambique und Brasilien/Cuba ist einbegriffen. Der zeitliche Schwerpunkt lag im 19. Jahrhundert. Untersuchungen zufolge sind die durch Verschiffungen verursachten

---

22 Etwa 13 % der eingeschifften Menschen starben auf der ›Mittelstrecke‹ (Davidson 1996, S. 98).

Menschenverluste von etwa 29 Millionen zu verdoppeln, da bei den Sklavenjagden ebenso viele Menschen umgekommen sind, wie versklavt wurden. Die durch den überseeischen und transsaharischen Sklavenhandel verursachten Menschenverluste werden heute mit etwa 60 Millionen Afrikanern beziffert (Harding 1999, S. 171 ff). Dies ist eine angesichts einer Bevölkerung von etwa 100 Millionen zu Beginn des 18. Jahrhunderts auch demographisch relevante Größe. Vor allem im 18. Jahrhundert kam es regional zu bedeutsamen Bevölkerungseinbrüchen, wodurch ein zentrales Entwicklungsproblem Afrikas, nämlich die dünne Besiedlung, verschärft wurde. Hinzu kamen Fluchtbewegungen ganzer Völker, ein demographisches Ungleichgewicht – es wurden mehr Männer als Frauen versklavt – und durch den Sklavenhandel motivierte Kriege. Auch bildeten sich Staatengebilde heraus (wie das Königreich von Dahomey und das Ashantireich in Westafrika), deren ökonomische Basis Sklavenjagd und Sklavenhandel waren.

Nathan Nunn hat unlängst den Versuch unternommen, den Zusammenhang zwischen Sklavenhandel und wirtschaftlicher Entwicklung der afrikanischen Länder in der zweiten Hälfte des 20. Jahrhunderts mit Hilfe ökonometrischer Methoden zu untersuchen. Die vorhandenen Daten erlauben es, die Zahl der aus dem jeweiligen Gebiet der modernen afrikanischen Staaten geraubten Sklaven zu schätzen. Sein Ergebnis ist eindeutig: »Ich finde eine statistisch signifikante negative Beziehung zwischen der Zahl der aus dem jeweiligen Land exportierten Sklaven und dessen ökonomischer Entwicklung. Die heute ärmsten afrikanischen Länder sind jene, aus denen die meisten Sklaven stammen.« (Nunn 2007, S. 2) Nun ist die Herstellung solcher ökonometrisch konstruierter Beziehungen immer eine fragwürdige Angelegenheit, wie seit dem Nachweis ›robuster‹ Relationen zwischen der Geburtenrate und dem Auftreten von Störchen bekannt ist. Entscheidend ist die Plausibilität der unterstellten Ursache-Wirkung-Beziehung. Und hier macht Nunn durchaus auf interessante Aspekte aufmerksam: Denn er begründet den von ihm nachgewiesenen Zusammenhang nicht mit demographischen Faktoren, sondern mit dem Einfluss des Sklavenhandels auf die institutionellen Rahmenbedingungen. Er zeigt, dass die Regionen, die am meisten in den Skla-

venhandel mit Europa verwickelt waren, damals die relativ fortge-
schrittensten waren, insbesondere über gewisse staatliche Strukturen
verfügten. Denn nur größere und stabilere politische Gebilde waren
in der Lage, mit den Europäern in kontinuierliche und verlässliche
Handelsbeziehungen zu treten. Diese Strukturen aber wurden durch
den Sklavenhandel nachhaltig erschüttert. Die Beschaffung der Sklaven führte zu ethnischer Zersplitterung und Feindschaft – die Gier der
afrikanischen Herrscher nach europäischen Waren, vor allem Feuer-
waffen[23], verführte diese dazu, auch Angehörige der eigenen Gruppen zu verkaufen. Die Folge waren verstärkte ethnische Feindschaft,
Misstrauen und ethnische Fragmentierung. »Eine wichtige Folge des
Sklavenhandels war die Schwächung der Beziehungen zwischen den
Dörfern und die damit verbundene Behinderung bei der Bildung grö-
ßerer Gemeinschaften und umfassenderer ethnischer Identitäten.«
(ebd., S. 23) Der daraus folgende ›Staatsverfall‹ (oder besser: Defor-
mation von Staatsbildungsprozessen) warf Nunn zufolge die ehemals
vergleichsweise fortgeschrittenen Regionen zurück. Die Schlussfolgerungen haben eine gewisse Plausibilität: Nach Ansicht vieler Autoren
ist »Afrikas Unterentwicklung eine direkte Folge von Staatsversagen,
welches von Afrikas schwachen und fragilen vorkolonialen politischen
Strukturen herrührt. Weil Afrikas Sklavenhandel aber ein wichtiger
Faktor der politischen Unterentwicklung war, ist dieser wahrscheinlich auch eine zentrale Ursache der heutigen schwachen afrikanischen
Staaten.« (ebd., S. 6) Es ist allerdings darauf hinzuweisen, dass der
Sklavenhandel gleichzeitig auch zur Entstehung von Staaten beigetragen hat (Wallerstein 1986, S. 44), was aber Nunns These nicht widerlegt: Der Sklavenhandel hat den afrikanischen Prozess der Staatenbildung deformiert.

So ist »der transatlantische Sklavenhandel als ein nachhaltiger
Umbruch und tiefer Einschnitt in die Geschichte Afrikas (zu) inter-
pretieren.« Dabei verflechten sich die demographischen Wirkungen
(Stagnation der Bevölkerung über zweihundert Jahre) mit den poli-

---

23 Lovejoy spricht von einem »gun-slave-cycle« (Nunn 2007, S. 4): Um an Feu-
    erwaffen zu kommen, musste man Sklaven ›machen‹ und verkaufen; mit den
    Feuerwaffen fiel es dann leichter, benachbarte Völker zu überfallen und zu
    versklaven.

tischen (Hemmung bzw. Verzerrung im Prozess der Staatenbildung, Kriege und ethnische Feindschaften), den ökonomischen (Orientierung auf Fernhandel) und den sozialpsychologischen (Selbstwertgefühle) (Tetzlaff/Jakobeit 2005, S. 41). Viele dieser Effekte sind noch heute wirksam – Kriege bzw. politische Gegensätze wie in Liberia, Sierra Leone, Angola, aber auch in Benin sind nur zu verstehen, wenn man die im Zuge der Sklavenkriege entstandenen Ängste und Feindschaften berücksichtigt. Diese sind zwar – wie noch gezeigt werden wird – nicht die Ursachen der Konflikte, bilden aber doch einen wichtigen Hintergrund.

3.2 Kolonialismus in Afrika – Schöpferische Zerstörung oder historische Hypothek?

Afrika war zu allen Zeiten mit der übrigen Welt verbunden, eine aktive Wechselwirkung ist in jeder Epoche der geschriebenen Geschichte festzustellen. Dabei waren die Beziehungen und Einflüsse regional unterschiedlich, sowohl was den Inhalt, als auch was die Intensität angeht. Auch war Afrika keineswegs nur passiver Teil: Der indische Ozean z.B. war über Jahrhunderte die Drehscheibe eines aktiven Austauschs zwischen Afrika, Indien und China (Loth 1990, Ptak 2007). Der Kolonialismus hat nicht, wie oft behauptet, einen abgeschlossenen Kontinent der Menschheitsgeschichte geöffnet, auf dem es keine Erfahrungen im Umgang mit fremden Mächten gab. Als Partner war Afrika und waren Afrikaner immer in die Weltwirtschaft eingebunden.

Vor dem Hintergrund dieser Geschichte kann man durchaus die kurze Periode des europäischen Kolonialismus als »Episode« (Ranger, zit. Wallerstein 1986, S. 13) bezeichnen – allerdings eine mit einschneidenden Folgen: »...es gibt keinen Zweifel, dass eine große Zahl von strukturellen Ursachen der Unterentwicklung ihre historischen Wurzeln in der europäischen Kolonialisierung hat« (Nunn 2007, S. 1). Es ist die Gewaltsamkeit des Eindringens, die Zerstörung und Unterwerfung des vormaligen Handelspartners, die den Einschnitt markiert. Ökonomische Beziehungen zwischen Partnern, wie sie auch mit Europa bestanden hatten, wurden durch außerökonomische Gewalt seitens Europa ersetzt. So hat der Kolonialismus der Neuzeit, d.h. der Versuch der Beherrschung Afrikas durch Europa mit dem Ziel einer Ausrichtung der afrikanischen Wirtschaft an den Interessen der Kolonialländer (Osterhammel 1997, S. 19), ein neues Kapitel in den Beziehungen Afrikas mit der Welt aufgeschlagen. Der Kolonialismus hatte in Afrika besondere Wirkungen, was sowohl mit dem Charakter der afrikanischen Gesellschaften als auch dem rassistischen Blick Europas auf Afrika und der späten Kolonisierung und Dekolonisierung zusammenhängt. Afrika war das dritte Kolonialreich Europas, lange nach Amerika und Asien entstanden. Die Kolonialgeschichte Afrikas begann erst Ende des 19. Jahrhunderts und dauerte bis in 1960er, teilweise 1970er Jahre des 20. Jahrhunderts, umfasste nicht mehr als 80 Jahre. Alte Menschen haben persönlich das Kommen wie das Gehen der Kolonialherren erlebt.

Anfangs ging es den europäischen Mächten vor allem darum, die Handelsbeziehungen zwischen Afrika und dem Rest der Welt zu monopolisieren, erst mit dem Schwerpunkt Sklavenhandel, dann dem Handel mit afrikanischen Landwirtschafts- und Bergbauprodukten im Austausch gegen europäische Industriewaren. In den ersten Kolonialkriegen ging es nicht um die Aneignung des Bodens, sondern um die Ausschaltung der afrikanischen Konkurrenz als Zwischenhändler mit Produkten, die von den Afrikanern geliefert wurden (Gold, Elfenbein, Palmöl, Kautschuk).[24] Man kann den Beginn des Kolonialismus in Afrika auch als Prozess der Vernichtung einer entstehenden afrikanischen Handels- und später Agrarbourgeoisie durch die europäische Konkurrenz verstehen, worauf im letzten Teil des Buchs eingegangen werden soll. Am Anfang standen oft private oder halböffentliche Unternehmen, wie z.B. Cecil Rhodes' British South Africa Company: »Dann die Kolonisation. ... Afrika direkt an Kompanien verpachtet (Niger, Südafrika, Deutsch-Südwest- und Ostafrika) und Maschona-

---

24 Nach dem Verbot des Sklavenhandels gingen einige afrikanische Herrscher dazu über, mit Sklavenarbeit produzierte Produkte an die Europäer zu verkaufen: Dahomey produzierte Palmöl, Sansibar Gewürze, Senegal Erdnüsse (Chazan 1992, S. 232).

land und Natalland für die Börse von Rhodes in Besitz genommen.«
(Engels 1895/1964, S. 919) Angesichts der Unwirtlichkeit des afrikanischen Kontinents und fehlender Transportwege beschränkten sich
die Kolonialmächte zunächst auf die Errichtung von Handelsstütz-
punkten und Faktoreien an der Küste. Die imperialistische Aufteilung
Afrikas mit der Folge der direkten europäischen Beherrschung des
Kontinents beginnt im wesentlichen mit der Berliner Kongo-Konferenz von 1884/85, wo es vordergründig um die Sanktionierung der
privaten Erwerbungen des belgischen Königs Leopold im Kongobe-
cken ging; am Rande bzw. im Gefolge dieser Konferenz wurden in
bilateralen Abmachungen die Einflusszonen abgegrenzt mit der Auflage, die beanspruchten Gebiete auch faktisch zu beherrschen. Dieser
Prozess kann gegen Ende des 19. Jahrhunderts als abgeschlossen gelten. Manche Grenzen, die das heutige Afrika markieren, gehen aber
nicht auf diese Konferenz zurück. Viele Grenzziehungen innerhalb
der jeweiligen Kolonialgebiete erfolgten später nach administrativen
Gesichtspunkten der jeweiligen Mächte und wurden mehrfach verändert.[25]

Trotzdem war der Einfluss der Kolonisierung auf die afrikanische
Ökonomie und Gesellschaft auch nach 1885 noch vergleichsweise gering. Nach Ausschaltung des afrikanischen Zwischenhandels (d.h. der

---

25 Ein Beispiel ist Mali, das nicht nur mehrmals den Namen, sondern bis 1944
    auch die Grenzen änderte (Boilley 2005, S. 411). Im übrigen wurden die kolo-
    nialen Gebiete von den Kolonialmächten aus Kostengründen zentral verwaltet
    – so z.b. die 12 französischen Kolonien als Französisches Westafrika (Afrique
    Occidentale Française-AOF) und Zentralafrika (Afrique Equatoriale Française
    – AEF); Großbritannien verwaltete Kenia, Uganda und das UN-Treuhand-
    gebiet Tanganjika über die 1948 errichtete East African High Commission.
    Südrhodesien (Zimbabwe), Nordrhodesien (Sambia) und Nyasaland (Malawi)
    bildeten ab 1953 zeitweilig eine Föderation. So wären theoretisch die Voraus-
    setzungen für enge regionale Kooperationen nach der Unabhängigkeit nicht
    schlecht gewesen. Auf der anderen Seite hatte aber jede Kolonie/jedes Protek-
    torat seinen eigenen Gouverneur und eigene Selbstverwaltungsorgane, d.h. es
    bildeten sich schon in der Kolonialzeit jeweils getrennte politische Strukturen
    heraus. Außerdem – das gilt vor allem für besagte britische Föderation – war
    die Präsenz weißer Siedler und damit der Entwicklungsstand der Institutionen
    sehr unterschiedlich, so dass im britischen Ostafrika und Zentralafrika eine
    Dominanz der kenianischen und vor allem der südrhodesischen Siedler über
    die übrigen Länder befürchtet wurde (Chazan 1992, S. 277).

Zerstörung von Ansätzen eines afrikanischen Handelskapitalismus) war die europäische Kolonialwirtschaft vor allem eine Beutewirtschaft kapitalistischer Unternehmen unter dem Schutz der jeweiligen Staaten. »Es ging um die rascheste Ausbeutung der Naturprodukte Elfenbein und Wildkautschuk mittels brutaler Ausnutzung der Eingeborenen, ohne dass dafür die geringste Investition im Lande vorgenommen wurde.« (Reinhard 1996, S. 271) Diese Periode der »Raubwirtschaft, gekennzeichnet durch Eroberungen, Zerstörungen und den Aufbau der Tauschwirtschaft« (Harding 1999, S. 44) im Zeitraum 1890 bis 1930 wurde erst allmählich durch eine Phase der kolonialen ›Inwertsetzung‹ (»mise en valeur«) abgelöst. In dieser Periode kam es zu umfangreichen Investitionen vor allem in die Infrastruktur, die allerdings allein der kolonialen Ausbeutung dienten. Die Verkehrswege verbanden die interessanten Produktions- und Lagerstätten mit der Küste, was noch heute die afrikanische Infrastruktur prägt. Zu Eingriffen in die Produktionsweise kam es erst später: »Erst als nach der Entdeckung von Bodenschätzen ein industrieller Abbau einsetzte, als europäische Siedler sich niederließen und Plantagen zu errichten begannen, als afrikanische Kleinbauern in größerem Umfang in die Weltmarktproduktion einstiegen und als sich europäische, arabische, indische oder libanesische Händler entlang der Eisenbahnlinien etablierten, erwuchs eine ökonomische Notwendigkeit zum Ausbau von Produktions-, Transport- und Verwaltungsstrukturen.« (Harding 1999, S. 44)

Diese Eingriffe bedienten sich verschiedener Methoden. Der Aufbau kapitalistischer Plantagen erfolgte nur dort, wo europäische Siedler einströmten und sich das Land aneigneten. Nur ausnahmsweise – so begrenzt in Ghana – entwickelten sich Formen eines einheimischen Agrarkapitalismus als »petit capitalisme« (Coquerey-Vidrovitch 1992, S. 153). Die Kolonialmächte erstickten alle Ansätze dazu (Iliffe 1983, S. 35 ff). Die Hauptmethode bestand darin, die afrikanischen Kleinbauern durch direkten und indirekten Zwang (Kopf- und Hüttensteuern) zum Anbau von Exportprodukten (Kaffee, Kakao, Baumwolle, Erdnüsse, Kautschuk, Palmöl, etc.) zu zwingen, während die Europäer sich auf die Vermarktung beschränkten. Schließlich mussten Arbeiter für die Minen in Form von Wanderarbeit gefunden wer-

den. Die Arbeitskräfte zum Ausbau der Infrastruktur wurden meist
über Zwangsarbeit mobilisiert. In diesem Kontext konnte sich weder
eine afrikanische Kapitalistenklasse noch eine ›freie‹ Lohnarbeiterschaft herausbilden. Anders dagegen Britisch-Indien, wo sich unter
dem Einfluss der kolonialen ›In-Wert-Setzung‹ und anknüpfend an
vorkoloniale Sozialstrukturen eine indische Bourgeoisie entwickelte und Bauern massenhaft enteignet und in besitzlose Landarbeiter
verwandelt wurden (Desai 2006, S. 65). »Indien wurde wirtschaftlich
entwickelt, aber zum Vorteil Großbritanniens, was allerdings nicht in
jedem Fall automatisch zum Nachteil Indiens ausschlagen musste ...«
(Reinhard 1996, S. 194/197).

Nur in den Siedlerkolonien Südafrika und Süd-Rhodesien (Zimbabwe), außerdem in Teilen Kenias und in Südwestafrika, dem
heutigen Namibia, kam es zu einer gewissen Umwälzung der Produktionsweise in Richtung auf eine moderne, kapitalistische Landwirtschaft, die allerdings ›weiß‹ war. Ökonomisch bestimmend blieb
die kleinbäuerliche Subsistenzwirtschaft[26] auch dort, wo die Kleinbauern Exportprodukte anbauten. Ebenso blieben die Wanderarbeiter
und ihre Familien auf Subsistenzwirtschaft angewiesen; die vor allem
im südlichen Afrika entstehenden Städte blieben den Europäern vorbehalten. Die Wanderarbeiter und das afrikanische Hauspersonal der
Weißen mussten in provisorischen Siedlungen am Rande der Städte
(»compounds[27]«) hausen; Familiennachzug war untersagt. Von ›freier‹ Lohnarbeiterschaft im kapitalistischen Sinne konnte auch bei den
Millionen von Wanderarbeitern keine Rede sein. Die koloniale Ökonomie wollte zwar ›Kolonialwaren‹ produzieren und brauchte die
afrikanische Arbeitskraft – diese musste aber billig sein. Das konnte
nur gelingen, wenn die traditionelle Subsistenzlandwirtschaft – bei
zunehmendem Rückgriff auf Frauenarbeit – weiterhin funktionsfähig
blieb. Der ›freie‹ afrikanische Lohnarbeiter bzw. Kaffeebauer wäre zu
teuer geworden, wenn er und seine Familie allein vom Ertrag der Ar-

---

26 Buch und Film »Jenseits von Afrika« zeigen, dass Frau Blixens Farmarbeiter
    gleichzeitig Landwirtschaft zur Selbstversorgung betrieben.

27 Im südlichen Afrika werden die Wohngebiete der Afrikaner bis heute als
    »compounds« bezeichnet, im Unterschied zu den »residential areas« der Wei-
    ßen und der Oberschicht.

beit im ›modernen‹ Sektor hätten leben müssen. Gleichzeitig waren aber dem ökonomischen Druck der Besteuerung Grenzen gesetzt. Da die afrikanischen Bauern (mit Ausnahme der Siedlerkolonien) sowohl quantitativ als auch rechtlich Zugang zum wichtigsten Produktionsmittel, dem Land, hatten, bestand immer die Möglichkeit, sich dem Zwang zur Lohnarbeit zu entziehen und in die Selbstversorgung auszuweichen. Die Modernisierung der afrikanischen Ökonomie, eigentlich eine Funktion des Kolonialismus als Element der Ausbreitung der kapitalistischen Produktionsweise, konnte unter diesen Bedingungen nicht gelingen. Sowohl die afrikanischen Bauern als auch die europäischen Kolonialmächte hatten ein Interesse an der Aufrechterhaltung der kleinbäuerlichen Subsistenzwirtschaft außerhalb des monetären Bereichs: Die Bauern, weil sie ihnen Schutz vor extremer Ausbeutung in Verhältnissen der Lohnarbeit und eine gewisse Überlebenssicherheit unter den unsicheren Bedingungen der Exportproduktion (Preisschwankungen, Anfälligkeit gegenüber Krankheiten und klimatischen Verhältnissen) bot, die Kolonialmächte, weil sie die Reproduktion der Arbeitskräfte sicherte und so niedrige Arbeitskosten und den Verzicht auf Sozialinvestitionen ermöglichte.

So blieben die ›modernen‹ Sektoren im engeren Sinne (Bergbau und Plantagenwirtschaft) und die kleinbäuerliche Exportproduktion zwar eng verbunden mit der familiär organisierten Subsistenzlandwirtschaft, ohne die letztere aber in den Modernisierungsprozess einzubeziehen. Selbst in der kleinbäuerlichen Exportlandwirtschaft überwogen die rudimentären, auf Bodenbearbeitung mit Hacke, Machete und Feuer beruhenden und vom Regen abhängigen Produktionsmethoden der neolithischen Revolution. Allerdings wurden für die cash crops spezielles Saatgut, Düngemittel und Insektizide eingesetzt, was zu einem gewissen Teil auch der häuslichen Nahrungsmittelproduktion zugute kam. In der Regel wurden von den Kleinbauern, soweit sie in die Exportlandwirtschaft integriert waren, gleichzeitig ›cash crops‹ und Lebensmittel zur Selbstversorgung angebaut, was den Betrieben eine gewisse Flexibilität verschaffte. Es überwog geschlechtsspezifische Arbeitsteilung, d.h. die Männer kümmerten sich um cash crops, die Frauen um den Anbau der Lebensmittel. Diese Produktionsweise erwies sich als anpassungsfähig und bewirkte mit geringen technischen Neuerungen eine merkliche Steigerung der Produktivität (Coquery-Vidrovitch 1992, S. 155).

Da die Versorgung mit den notwendigen Inputs für cash crops ebenso wie die Vermarktung durch staatliche oder private Organisationen auf Kreditbasis erfolgte, wurden die Bauern nur marginal in die Geldwirtschaft einbezogen. Sie bekamen kaum Bargeld in die Hand, ihre Reproduktion beruhte auf der Eigenproduktion von Nahrungsmitteln. Unter diesen Bedingungen konnte sich ein nennenswertes ›endogenes‹ kapitalistisches Unternehmertum, wie z.B. in weiten Teilen Asiens oder Lateinamerikas, nicht entwickeln. Alle Elemente der kapitalistischen Produktionsweise fehlten: landlose Lohnarbeiter, Produktionsüberschüsse zur Vermarktung und nicht-selbstversorgende Käufer (Iliffe 1983, S. 32).

Die 1960 einsetzende Welle der Unabhängigkeit veränderte zwar die politischen Systeme, hatte aber nur begrenzte Auswirkungen auf die Produktionsweise. Kommerzielle Landwirtschaft und Bergbau blieben in weißer Hand, die kleinbäuerliche Produktion blieb erhalten. Allerdings wurden die Förderung und Vermarktung der cash crops von Einrichtungen der Regierung übernommen. Das ist noch heute das Dilemma der afrikanischen Landwirtschaft: Die landwirtschaftliche Produktion der Betriebe (sei es die von cash crops, sei es die von Nahrungsmitteln) bleibt durch die verfügbare Familienarbeitskraft beschränkt, Investitionskapital kann unter diesen Bedingungen nicht erwirtschaftet werden. Die Spezialisierung auf ertragreichere Produkte und die damit verbundene Vernachlässigung der Nahrungsmittelproduktion (d.h. die Integration der bäuerlichen Produktion in die Geldwirtschaft) ist angesichts der damit verbundenen Risiken – bei Ernteverlusten und/oder Absatzproblemen beim Hauptprodukt drohen Hunger und Zerfall der Familie – nicht ratsam.

Der Kolonialismus in Afrika hat keine Voraussetzungen für die kapitalistische Umwälzung der Produktionsweise und der sozialen Verhältnisse geschaffen. Marx zu Indien: »Gewiß war schnödester Eigennutz die einzige Triebfeder Englands, als es eine soziale Revolution in Indien auslöste, und die Art, wie es seine Interessen durchsetzte, war stupid. Aber nicht das ist hier die Frage. Die Frage ist, ob die Menschheit ihre Bestimmung erfüllen kann ohne radikale Revolutionierung der sozialen Verhältnisse in Asien. Wenn nicht, so war England, welche Verbrechen es auch begangen haben mag, doch das unbewusste Werkzeug der Geschichte, indem es diese Revolution zuwege brachte.« (Marx 1853/1970, S. 133) Wenn Marx diese ›modernisierungstheoretische‹ Position auch später modifizierte, so bleibt doch festzuhalten, dass der Kolonialismus Momente einer ›schöpferischen Zerstörung‹ beinhalten kann. Die Definition von Kolonialismus durch den deutschen Kolonialminister Bernhard Dernburg von 1907 enthält die wichtigen Elemente: »Kolonisation heißt die Nutzbarmachung des Bodens, seiner Schätze, der Flora, der Fauna und vor allem der Menschen zugunsten der Wirtschaft der kolonisierenden Nation, und diese ist dafür zur Gegengabe ihrer höheren Kultur, ihrer sittlichen Begriffe, ihrer besseren Methoden verpflichtet.« (Harding 1999, S. 178) Von einer »Gegengabe« kann im Fall Afrikas aber keine Rede sein: Dort hat der Kolonialismus keine modernen Strukturen geschaffen oder »bessere Methoden« vermittelt, die es dem Kontinent später ermöglicht hätten, eine eigenständige, kapitalistische Entwicklungsdynamik zu entfalten. Der Kolonialismus in Afrika hat vieles zerstört und den Kontinent mit Strukturen in die Unabhängigkeit entlassen, die eine aktive Integration in die kapitalistische Weltwirtschaft erschwert haben. Es ist nicht nachzuvollziehen, wenn ansonsten kritische Afrikanisten behaupten: »Es spricht einiges dafür – vor allem auch die Selbstzeugnisse afrikanischer Intellektueller (…), die Langzeitwirkung der europäischen Schule als die wichtigste positive Hinterlassenschaft des Kolonialismus, bedeutender als Straßen und Häfen, Eisenbahnen oder Bergwerke, anzusehen.« (Tetzlaff/Jakobeit 2005, S. 54) 1960, bei der Unabhängigkeit, hatte der durchschnittliche Afrikaner 1 Jahr Schulbesuch, gegenüber 6,5 Jahren in Lateinamerika und 3 Jahren in Teilen Asiens – nur in Südasien war der Bildungsstand vergleichbar niedrig. (UNCTAD 2000 S. 74; UNDP, HDR 2007). Die Schulbesuchsquote in Grundschulen lag 1960 in Afrika bei 39,5 %, in den übrigen Entwicklungsländern bei 83,6 %. Noch wichtiger die Sekundarschulquote: Afrika 3,3 %, die übrigen Entwicklungsländer 22,5 % (Englebert 2000, S. 44). Die afrikanische Schule hat kaum dazu beigetragen, den Kontinent auf die »Wissensgesellschaft des 21. Jahrhunderts« (Tetzlaff/Jakobeit 1999, S. 54) vorzubereiten. Der moder-

ne Kolonialismus hinterließ Afrika in den 1960ern verarmt und mit
Strukturen und Institutionen, die noch heute eine aktive Integration
in den kapitalistischen Weltmarkt behindern und eine schwere Hypo-
thek des Kontinents darstellen.

Zusammenfassend können zwei Feststellungen gemacht werden:

- Einerseits »erlangten die afrikanischen Länder die Unabhängigkeit schlecht vorbereitet auf die enormen Herausforderungen
  der Entwicklungsaufgaben. Der Kontinent war schlechter ausgestattet als die meisten anderen Entwicklungsländer, was den
  Grad der Industrialisierung und den Bildungsstand der Bevölkerung angeht.«

- Andererseits »veränderte der Kolonialismus die afrikanische
  Wirtschaft bzw. das wirtschaftliche Leben ihrer Einwohner
  nicht in dramatischer Weise. Die afrikanischen Ökonomien
  waren gekennzeichnet durch das was John Lonsdale ›synkre-
  tische Artikulation‹ nennt – die ungleiche und kombinierte
  Entwicklung von kapitalistischen und praekapitalistischen Produktionsweisen.« (Chazan 1992, S. 237)

3.3 Gier und Groll: Kriege in Afrika

Afrika gilt als Kontinent der Kriege, Europa steht für Frieden. Die Europäer schicken ›Konfliktmanager‹ nach Afrika, die den Afrikanern
zeigen, wie man friedlich zusammenlebt. In Europa liebt man das
kurze Gedächtnis und hat ›vergessen‹, dass die meisten Kriegsopfer
des 20. Jahrhunderts (180 Millionen) in Europa zu beklagen sind, dass
Teile Europas noch vor wenigen Jahren blutige ›ethnische‹ Auseinandersetzungen erlebt haben, dass sich die blutigsten Konflikte, die
Afrika je erlebt hat, (mit ca. 10 Millionen Opfern) in König Leopolds
Kongo-Freistaat ereigneten (Zeleza 2008, S. 1). Bis heute haben viele
afrikanische Kriege koloniale Hintergründe: Eine empirische Analyse der afrikanischen Bürgerkriege zwischen 1950 und 1992 kommt
zu dem Ergebnis, dass die jeweiligen kolonialen Erfahrungen einen
wichtigen Erklärungsbeitrag zur Ausbruchswahrscheinlichkeit von
Bürgerkriegen leisten (Henderson 2008, S. 56 f). Und während zwi-

schenstaatliche Kriege die ›Mutter‹ der europäischen Staaten waren
– was bis zu den jüngsten Balkankriegen gilt –, konnten diese in Afrika weitgehend vermieden werden.

Damit soll die Problematik afrikanischer Kriege nicht relativiert,
aber doch in ihren historischen Kontext gestellt werden: Haben zwei
Weltkriege nicht gezeigt, dass die Eliten des Nordens unfähig sind,
im Interesse ihrer Bevölkerungen zu handeln? Wäre es nicht notwendig gewesen, zumindest Europa unter Kuratel zu stellen? Wenn diese Idee heute absurd klingt, warum scheint es in Bezug auf Afrika
diskutierenswert zu sein, »besonders bedrohte Krisenregionen« der
»Treuhandschaft« durch »demokratisch legitimierte Organe« der
»westlichen Industrieländer« zu unterstellen und, wenn eine Stabilisierung erreicht ist, »zunächst unter direkter Kontrolle der Nordlän-
der« den Wiederaufbau zu beginnen, wozu auch »Maßnahmen einer
strikten Kontrolle des Bevölkerungswachstums« gehören? (Menzel
1992, S. 211 ff). Wenn sich solche neokolonialistischen Positionen
auch nicht durchsetzen konnten, so zeigen sie doch die überhebliche
Neigung Europas, Kriege und Konflikte in Afrika unterschiedslos als
Ausdruck von Entwicklungsunfähigkeit zu betrachten, statt ihren jeweils spezifischen Ursachen nachzugehen.

Von den 200 größeren Kriegen zwischen 1945 und 1999 ereigneten sich 56 in Afrika. Von 48 Subsaharischen Staaten haben nur
fünf seit 1945 keine kriegerischen Auseinandersetzungen erlebt: Benin, Botswana, Gabun, Malawi, Madagaskar. Allerdings hat die Intensität der Konflikte in der jüngsten Vergangenheit abgenommen.
2003 zählte die Stiftung Entwicklung und Frieden 44 Kriege bzw.
kriegerische Konflikte, 2006 waren es noch 12 (Tetzlaff/Jakobeit 2005,
S. 106; Golaszinski 2007, S. 6)[28]. Der Anteil der Kriege an der ungünstigen wirtschaftlichen Bilanz Afrikas ist kaum zu überschätzen. Eine
von Oxfam veröffentlichte Analyse beziffert die Kosten der zwischen
1990 und 2005 in Afrika geführten 23 Kriege auf 300 Mrd. Dollar,
rund die Hälfte des afrikanischen Sozialprodukts. Das Inlandsprodukt

---

28   Einer anderen Quelle zufolge gab es zwischen 1946 und 2002 weltweit 226 be-
      waffnete Konflikte, davon 116 zwischen 1989 und 2002. Im Jahre 2002 allein
      wurden 31 aktive Konflikte gezählt, davon 13 in Afrika. (Department of Peace
      and Conflict Research, University of Uppsala, zit. Hyden 2006, S. 194)

Burundis, das zwischen 1993 und 2005 bei real 800 Mill. $ stagniert hatte, hätte ohne Konflikte 1,6 Milliarden erreicht (Oxfam 2007, S. 8). Es ist nicht überraschend, dass viele Untersuchungen einen engen Zusammenhang zwischen der Häufigkeit von Bürgerkriegen und Armut festgestellt haben (Hyden 2006, S. 195).

Was ist die Ursache der Konfliktanfälligkeit afrikanischer Staaten? Obwohl Konflikte und Bürgerkriege in Afrika hierzulande fast immer als ethnisch motiviert dargestellt werden, haben Untersuchungen gezeigt, dass es keinen direkten Zusammenhang zwischen ethnischer Zersplitterung und dem Ausbruch von Konflikten gibt (Hyden 2006, S. 204). Ethnische Grenzen und Zugehörigkeiten in Afrika sind fließend und werden in bestehenden Konflikten oft mobilisiert, sind aber selten die Ursache (Henderson 2008, S. 58 f). Besonders lange bzw. mörderische Konflikte haben sich in ethnisch homogenen Ländern ereignet. Dazu gehört Somalia; aber auch der Konflikt zwischen Hutus and Tutsis in Ruanda und Burundi betrifft kulturell und sprachlich homogene Länder; er ist kein ethnischer sondern ein sozialer Konflikt.

Die Arbeitsgemeinschaft Kriegsursachenforschung (AKUF) unterscheidet fünf Kriegstypen: Sezessionskriege, zwischenstaatliche Kriege, Dekolonisationskriege, Antiregime-Kriege und sonstige Kriege. Hinzu kommen kriegerische Auseinandersetzungen auf lokaler Ebene. Vielfach verflechten sich die Kriegstypen wie gegenwärtig in Somalia, wo sich der Kampf um die politische Macht, eine Intervention des Nachbarn Äthiopien und Auseinandersetzungen zwischen warlords um ökonomische Ressourcen mit US-amerikanischer Einflussnahme im Rahmen des ›Kriegs gegen den Terror‹ verbinden (Bakony, 2005). Während die drei ersten Kriegstypen selten sind, richtet sich die Aufmerksamkeit in letzter Zeit auf Antiregime-Kriege (wie in der Côte d'Ivoire) und auf die »neuen Kriege«.

Die »neuen Kriege« haben eine wichtige ökonomische Komponente, wobei einige Beobachter so weit gehen, dies als Hauptmotiv zu bezeichnen. Eine Forschungsgruppe der Weltbank will einen deutlichen Zusammenhang zwischen Rohstoffvorkommen und der Häufigkeit interner bewaffneter Konflikte festgestellt haben (Collier 2003, zit. Brzoska/Paes 2007, S. 8). Dies wurde inzwischen insoweit präzisiert, als das Vorkommen global vermarkteter Rohstoffe weniger für den Ausbruch als für die Dauer der Konflikte verantwortlich sei. Lokale Kriegsherren eignen sich die Ressourcen der von ihnen beherrschten Gebiete an und finanzieren sich damit. Diese Art von Kriegsökonomie tendiert dazu, Konflikte zu verewigen, da der Krieg nicht nur die Akteure selbst sondern auch einen Teil der lokalen Bevölkerung ernährt. Es ist aber klar, dass die Auseinandersetzungen auch mit der fehlenden Legitimation und Interventionsfähigkeit von Regierungen zusammenhängen. Diese Kriege sind einerseits lokal, andererseits globalisiert. Denn weder Waffenbeschaffung noch Finanzierung sind ohne den Weltmarkt denkbar. Oxfam zufolge stammten von den 2005 in Afrika abgesetzten Kleinwaffen (Wert ca. 60 Mill. Dollar) 99 Prozent nicht aus Afrika. Andererseits können die Kämpfe nur finanziert werden, wenn die angeeigneten Ressourcen auf dem Weltmarkt abgesetzt werden. Eine konsequente Kontrolle der Produktion von Kleinwaffen und der Rohstoffmärkte würde zur Vermeidung von Konflikten bzw. zur Verminderung ihrer destruktiven Wirkungen beitragen. Immerhin gibt es hier kleine Fortschritte zu vermelden: So verbietet das Kimberley-Abkommen seit 2003 den Kauf von Diamanten aus Kriegsgebieten. In mehreren Ländern, z.B. in Angola und Liberia, war der Krieg jahrelang durch Diamantenexporte finanziert worden. Medico International zufolge sind die Kontrollen aber unzureichend, und es fehlen Sanktionsmöglichkeiten gegen die involvierten Unternehmen.

Die ökonomische Motivation der ›neuen Kriege‹, wie sie in Sierra Leone, Liberia, Angola und der DR Kongo geführt wurden und teilweise noch geführt werden (Kongo), werden von einer Weltbank-Studiengruppe so beschrieben (Ehrke 2002, S. 144): Bestehende Spannungen führen umso eher zum Krieg, als die Kosten niedrig (Beschaffung leichter Waffen) und der Nutzen (Aneignung und Verkauf von Rohstoffen) hoch ist. Dies allein kann den Ausbruch von Kriegen aber nicht erklären: Ein schwacher Staat, ethnische und/oder regionale Konfliktlagen und eine lokale oder regionale Geschichte gewaltsamer Auseinandersetzungen (Kolonialzeit, Apartheid) bilden den Hintergrund. Georg Elwert nannte Auseinandersetzungen, wie sie z.B. 2008 in Somalia, Sudan, der Zentralafrikanischen Republik

und im Tschad stattfinden, »Gewaltmärkte«: Diese sind gekennzeichnet durch eine Mischung aus Politik einerseits und Raub, Tausch,
Schutzgelderpressung, usw. andererseits. Sie entstehen in jenen Span-
nungsgebieten, in denen das staatliche Gewaltmonopol schwach oder
nicht-existent ist und wo Ressourcen und aufnahmebereite Märkte
zusammentreffen (Elwert 2003, S. 137).

Wenn diese Bedingungen gegeben sind – es bestehen »gewaltof-
fene« Räume, es gibt ethnisch, regional und/oder ökonomisch gefärbte
Konfliktlagen (z.b. klassische Auseinandersetzungen zwischen Ackerbauern und Viehhaltern) – greift das von Collier/Hoeffler (2004)[29]
definierte Muster von »greed and grievance« (Gier und Groll): Es
gibt lokale Ressourcen, die zu Geld gemacht werden können, und zugleich fühlt sich die lokale Bevölkerung benachteiligt. Beispiele sind
die Auseinandersetzungen im nigerianischen Niger-Delta und die Sezession von Katanga im Kongo und von Cabinda in Angola (Basedau 2005, S. 17). Am Beispiel Nigeria kann gut die Rolle der TNK
gezeigt werden. Die lokale Bevölkerung litt jahrzehntelang unter den
Folgen der Ausbeutung der Erdölressourcen durch die britisch-nie-
derländische Shell und andere Ölkonzerne. Diese zerstörten die lokale Agrarwirtschaft, ohne dass die Bevölkerung an den Öleinnahmen
beteiligt wurde. Shell finanzierte die staatlichen Sicherheitskräfte und
Militäraktionen, die die lokale Bevölkerung blutig niederhielten: Die
Opfer werden auf 2000 Menschen geschätzt, der Schriftsteller Ken
Saro-Wiwa wurde als einer der Führer der Protestaktionen 1999 hin-
gerichtet. So hatten sich große »grievances« der lokalen Bevölkerung
angestaut. Vor diesem Hintergrund bildeten sich bewaffnete Banden
wie die Niger Delta People's Volunteer Force (NDPVF) oder die Niger
Delta Vigilantes (NDV), die sich durch Diebstahl und Schmuggel von
Öl (»greed«) finanzieren. Shell, besorgt um seinen internationalen
Ruf, gab 2003 eine interne Studie in Auftrag, deren Ergebnisse aber
durchsickerten: Diese böswilliger Diffamierung unverdächtige Studie

---

29 Die auf Basis ökonometrischer Analysen aufgestellte Behauptung, nicht die
    Unterdrückung (Groll) der Bevölkerung sondern die Gewinnchancen für Re-
    bellenorganisationen (Gier) erklärten die Bürgerkriege, muss mit Fragezeichen
    versehen werden – dann müssten Bürgerkriege im Zuge des Rohstoffbooms
    zunehmen.

kam zu dem Ergebnis, dass Shell die Konflikte zwar nicht verursacht, aber doch verschärft habe (Heiduck/Kramer 2005).

Dies beschreibt die Rolle der Rohstoffkonzerne in den »neuen Kriegen«: Eine direkte Förderung von Konflikten durch TNK dürfte eher die Ausnahme sein. Indem sie aber die in Krisengebieten von Kriegsherren geförderten Rohstoffe aufkaufen bzw. mit lokalen Machthabern Konzessionen aushandeln, tragen sie dazu bei, die Kriegsökonomie am Leben zu erhalten; auch am Waffenhandel profitieren TNK, obwohl dieser Aspekt nicht überschätzt werden sollte: Die Kämpfe werden mit leichten Waffen ausgefochten und sind relativ billig.

Ein anderer Aspekt ist noch wichtiger: In Verhandlungen um Rohstoffkonzessionen nutzen TNK die Schwäche der Regierungen aus und untergraben deren Legitimationsbasis. Die jüngeren Ereignisse im Kongo illustrieren diesen Zusammenhang: Kurz vor den u.a. durch die Bundeswehr gesicherten kongolesischen Wahlen von 2006, die zugunsten des amtierenden Präsidenten Kabila ausgingen, reiste eine Abordnung des Afrika-Vereins, der deutsche Wirtschaftsinteressen in Afrika bündelt, nach Kinshasa: »Wir müssen da jetzt hin. Da kann man in großem Stil Geld machen«, wird Ingo Badoreck vom Afrika-Verein zitiert (Tagesschau v. 26.7. 2006). Die deutsche Wirtschaft war – wie andere TNK – auch zu den schlimmsten Zeiten des von außen (Uganda, Ruanda) angeheizten Bürgerkriegs im Kongo präsent. Ein UN-Bericht hat 85 Firmen namhaft gemacht, die entgegen den Richtlinien der OECD während des Bürgerkriegs im Kongo Geschäfte gemacht hatten. Darunter die Bayer-Tochter H.C. Starck, die das dort vorkommende und für die Handyherstellung unabdingbare Coltan eingekauft hatte. Dabei wurden der UN zufolge auch Geschäfte mit Rebellenorganisationen gemacht (Jungle World, v. 30.10.2002).

In einem Interview mit der »Jungen Welt« (26.5.06) sagt Nico Marfels, zuständig für die Region West- und Zentralafrika beim Afrika-Verein, auf die Frage, ob sich auch deutsche Unternehmen an billigen Konzessionen im Schatten des Kriegs bereichert hätten: »So viel ich weiß, nicht. Aber die Problematik kennen wir natürlich. Man hat die Lizenzen irgendwelchen lokalen Warlords abgekauft, noch bevor diese die entsprechenden Gebiete überhaupt eingenommen hatten.

Die Lizenzen wurden im Vorfeld bezahlt, finanzierten also die Aufrüstung und Eroberung der Bergbauregionen. Das war zum Teil eine
üble Geschichte.« Eine weitere »üble Geschichte« ist das Schicksal
dieser Lizenzen seit den Wahlen: »Die Regierung in Kinshasa hat
nur begrenzten Einfluß. Vor Ort sind die Machtverhältnisse oft völlig
ungeklärt. Die Unternehmen versuchen, ihre alten Verträge geltend
zu machen, aber es gibt auch viele Fälle, in denen sich ausländische
Unternehmen um die Konzessionen streiten und jeder irgendeinen
Lizenz-Vertrag vorweisen kann.« (ebd.) TNK, befördert durch ›ihre‹
jeweiligen Regierungen, streiten um Konzessionen und nehmen dabei die Destabilisierung von Regierungen in Kauf. So treiben sie den
Mechanismus von »greed und grievances« an, auch wenn sie die
warlords nicht direkt finanzieren.

Die Mentalität, die hinter den Interventionen steckt, drückt die
Financial Times Deutschland so aus: »Europa muss mehr tun. Nicht
nur im Kongo, in ganz Afrika. Der schwarze Kontinent ist unser Hinterhof. Dort sind auch die Ressourcen zu finden, die wir in Zukunft
für unsere eigene wirtschaftliche Entwicklung brauchen. Die Chinesen haben das erkannt, sie kämpfen in Afrika schon längst um Öl-
Lizenzen, bauen Straßen und Eisenbahnlinien. Die EU kann es sich
nicht erlauben, im Kongo zu scheitern.« (9.3.2006). Es soll nicht in
Abrede gestellt werden, dass im Einzelfall von den UN legitimierte Interventionen dazu beitragen können, blutige Kriege zu beenden – das
gilt z.B. für das jahrzehntelange Morden in Liberia und Sierra Leone.
Diese müssen aber die Stärkung legitimer Regierungen zum Ziel haben; ökonomische Motive und Aspekte müssen transparent sein. So
wurde der deutsche Kongo-Einsatz 2006 vermutlich vom Wahlsieger
Kabila mit günstigen Konzessionen zur Rohstoffausbeutung belohnt.
Die intervenierende deutsche Regierung hätte die Pflicht gehabt, ökonomische Interessen transparent zu machen und dafür zu sorgen, dass
deutsche TNK die Schwäche der Regierung nicht ausnutzen.

Trotzdem muss davor gewarnt werden, afrikanische Kriege eindimensional durch »greed« zu erklären. Mkandawire fasst seine methodisch begründete Kritik an diesem Ansatz so zusammen: »…auch
wenn der Blick auf die Bedeutung von Rohstoffen in einigen der grö
ßeren afrikanischen Kriege mit Recht die Aufmerksamkeit auf die

Notwendigkeit gelenkt hat, den Zugang von Rebellenbewegungen zu diesen ›Konflikt-Ressourcen‹ abzuschneiden, ..., sind diese doch keineswegs die Ursachen der Kriege. ...Die Fixierung auf Finanzierungsmethoden kann blind machen für die wirklichen Ursachen.« Er plädiert stattdessen für eine sorgfältige Analyse der jeweiligen politischen Ursachen der einzelnen Konflikte und gegen stereotype Sichtweisen afrikanischer Politik. »Notwendig ist eine Analyse, die den jeweiligen historischen Kontext einbezieht, und die sowohl afrikanische wie außer-afrikanische Erfahrungen berücksichtigt ...« (Mkandawire 2008, S. 126/127).

Eine verallgemeinernde Aussage ist aber möglich: Afrikanische Kriege haben viel mit Erfahrungen der Kolonialzeit zu tun; unter den Erklärungsfaktoren sind politische und ökonomische wichtiger als kulturelle, »ethnische Spannungen« sind als Hintergrund relevant, tragen aber wenig zur Erklärung bei (Henderson 2008, S. 67).

3.4 Stamm oder Nation: Ethnizität und Sicherheit

»Die Geschichte aller bisherigen Gesellschaft ist die Geschichte von Klassenkämpfen«, stellt das Kommunistische Manifest von 1848 fest (Marx/Engels 1848/1971, S. 462) und präzisiert, dass es um den Kampf von Unterdrückern und Unterdrückten, also um soziale Inhalte, geht. Glaubt man den täglichen Nachrichten, so scheint die Geschichte heute eher von nationalen und/oder ethnischen Konflikten bewegt zu werden. Aber Achtung: Nicht alles, was ethnisch aussieht, ist es auch. Viele blutige Konflikte in Afrika, so die 1959 einsetzenden Massaker der Hutu an Tutsi in Ruanda, die im Völkermord von 1994 ihren Höhepunkt fanden, der Versuch der Auslöschung der Hutu-Oberschicht durch die Tutsi-Aristokratie in Burundi, die Massaker an der arabischen Oberschicht Sansibars – um nur einige zu nennen – waren Kämpfe zwischen Unterdrückern und Unterdrückten.

Trotzdem ist einzuräumen, dass kaum einer der aktuellen Konflikte in Afrika nicht auch eine ethnische Komponente hat. Dies ist übrigens keine afrikanische Erfindung: Von den Auseinandersetzungen in Irland und im Baskenland über die Bürgerkriege im ehemaligen

Jugoslawien bis zum »Sprachenstreit« in Belgien und Kanada zeigt sich, dass die ›ethnische Karte‹ ein wichtiger Trumpf ist im Kampf um Macht und Ressourcen. Die Intensität von ethnischen Konfliktlagen scheint aber in keinem Kontinent so ausgeprägt wie in Afrika: »Am Ende des 20. Jahrhunderts beruhen die wirkungsvollsten politischen Kräfte überall auf dem Kontinent auf der Ethnizität, der vermutlichen Antithese zur Nationalität.« (Markakis 1996, S. 299) Anders als bei den oben erwähnten Konflikten vollziehen sich die Auseinandersetzungen in Afrika meistens innerhalb der existierenden Territorialstaaten – schon das sollte zu denken geben, wenn mit Bezug auf Afrika ethnische Identitäten als dominierender Faktor der Politik behauptet werden. Nur in wenigen Fällen haben afrikanische Ethnien – nach dem europäischen Modell – einen eigenen Staat reklamiert oder die ›Wiedervereinigung‹ in einem neuen Staat verlangt.

Dies zeigt, dass Ethnizität in Afrika nicht dasselbe bedeutet wie in den nationalistisch gefärbten Kämpfen in vielen Teilen der Welt, die die Frage der Staatlichkeit aufwerfen. Benedict Anderson folgend könnte man die afrikanische Besonderheit damit erklären, dass sich in den führenden Schichten, vermittelt über das Bildungssystem und die Aneignung der Kolonialsprache, eine Art »offizieller Nationalismus« entwickelt hat, der auch als Instrument zur Behauptung im internationalen Staatensystem eine wichtige Rolle spielt (Anderson 1996/2005, S. 139). In vielen afrikanischen Staaten ist das Singen der Nationalhymne, das Aufziehen der Fahne usw. zumindest für die ›Eliten‹ mehr als eine Pflichtübung – dort gibt es ein verankertes Nationalbewusstsein, d.h. man ist zuerst Sambier, Beniner, Kameruner usw. und erst dann Angehöriger einer Ethnie. Simpson stellt mit Bezug auf die Rolle der Sprachenvielfalt in Afrika fest: »Obwohl die Mehrheit der modernen afrikanischen Staaten verhältnismäßig jung ist und keine lange Tradition kollektiver Identität besitzt, ... zeigt sich, dass die Bevölkerung vieler Länder des Kontinents nationale Identitäten herausbildet, gewöhnlich gefördert durch ein gemeinsames Territorium und Berichte der kolonialen Beherrschung, begleitet von anderen vorhandenen oder konstruierten nationalen Symbolen wie nationale Fußballmannschaften, Musikstile, Vertretung und Beteiligung in internationalen Angelegenheiten, usw.«. Multilingualität hat dem Prozess der Nationenbildung – anders als in Europa – nicht selten einen weniger aggressiven Charakter verliehen (2008, S. 22). Offene, direkte Appelle an Ethnizität sind im politischen Leben verpönt und werden von der politischen Klasse negativ sanktioniert. Die Gründerväter der Nation wie Kenyatta in Kenia, Kaunda in Sambia, Banda in Malawi usw. genießen trotz Kritik an ihrer Regierungsführung gesamtnationales Ansehen. Dass Europa alle politischen Ereignisse in Afrika durch die ethnische Linse betrachtet, erklärt sich aus der Tatsache, dass diese ein einfaches Interpretationsmuster bereitstellt und auch dem nur oberflächlich mit Afrika vertrauten Beobachter das Gefühl gibt, er verstünde afrikanische Politik, wenn er die ›Stammesangehörigkeit‹ der agierenden Politiker aufzählen kann.

Auch wenn es in Afrika durchaus nationales Zusammengehörigkeitsgefühl jenseits der Ethnie gibt, so fehlt doch das, was Anderson als »Volksnationalismus« bezeichnet, d.h. ein die demokratische Legitimierung von Regierungen einforderndes Zusammengehörigkeitsgefühl der Regierten. Im Konflikt zwischen Regierung und Regierten ist der Appell an die Ethnizität ein wirksames, Identität stiftendes Element, das im Kampf um die Macht leicht instrumentalisiert werden kann.

Trotzdem führt das Interpretationsmuster der Ethnizität in die Irre. Der Begriff der Ethnie[30] oder des Stamms suggeriert eine Eindeutigkeit der Zuordnung, die mit der Wirklichkeit nichts zu tun hat. Im afrikanischen Kontext geht es fast immer um subnationale Gruppen, d.h. Gruppen, die zwar unterhalb der Ebene des jeweiligen Nationalstaats agieren, aber fast immer in diesem. Auch ist die jeweilige ethnische Identität oft unklar bzw. wechselnd: Die sich als Volk verstehenden und auf ein historisches politisches Gebilde beziehenden Ashanti im heutigen Ghana bestehen aus sieben als »clan« bezeichneten ethnischen Sub-Einheiten. Nach den herrschenden Heiratsregeln wird exogam geheiratet, die Clanzugehörigkeit folgt matrilinearen Regeln. Die Clanzugehörigkeit spielt eine wichtige Rolle für das jeweilige Zugehörigkeitsgefühl, und erst in zweiter Linie kommt das Bewusstsein der Zugehörigkeit zum ›Volk‹ der Ashanti. Zumindest beim Fußball ist die

---

30   abgeleitet aus dem griechischen »Ethnos« für »Volk«

Zugehörigkeit zur ghanaischen ›Nation‹ relevant. (Gorgendière 1996, S. 5) Es gibt sich überschneidende und kontextabhängige ›ethnische‹ bzw. nationale Identitäten, man gehört nicht immer zu einer einzigen ethnischen Gruppe. Ethnien schließen sich zusammen zu einer neuen Ethnie oder zerfallen in mehrere Gruppen, je nach Kontext und Nützlichkeit. So versuchte der ehemalige kenianische Präsident Moi aus mehreren kleineren Ethnien eine neue, »Kamatusa« genannte, ethnische Koalition zu formen. Er wollte damit ›seine‹ Ethnie, die Kalenjin, aufwerten, selbst eine relativ junge Koalition, die durch die Abspaltung der Marakwet geschwächt zu werden drohte (Berman 2004, S. 318 f). Wo das zahlenmäßige Gewicht zählt, darauf macht Hyden aufmerksam, sind Koalitionen angesagt, nicht Aufspaltung (2006, S. 204).

Dies festzustellen ist schon deshalb wichtig, weil die oft angeführte (und berechtigte) Kritik, die Kolonialmächte hätten bei der Grenzziehung willkürlich zusammengehörige ›Stammesgebiete‹ auseinander gerissen und fremde bzw. sogar verfeindete ethnische Gruppen in Staaten zusammengezwängt, die Vorstellung suggeriert, man hätte die Grenzen nur anders, d.h. entlang von ethnischen Linien, ziehen müssen, und alles wäre gut gewesen. Diese ethnischen Linien haben nie existiert, auch wenn es natürlich Siedlungsgebiete von Gruppen mit ethnischen Zusammengehörigkeitsmerkmalen gegeben hat und gibt – ethnische Gruppen sind im Raum verortet (Schetter/Weissert 2007, S. 376). Es gab aber im vorkolonialen Afrika nur wenige politische Gebilde, die auf einer irgendwie gearteten ethnischen Grundlage basierten. Die großen Reiche wie Mali oder Songhay waren multiethnische Gebilde (Oliver 1992, S. 145 ff), die großen afrikanischen ›Völker‹ wie die Haussa, Fulbe oder Yoruba hatten zwar sprachliche und kulturelle Gemeinsamkeiten, sahen sich aber nicht als politische Einheit. Manche heute als ethnische Gruppe geltende Völker wie die Zulu waren das Ergebnis von imperialen Eroberungen. Unterstellt wird heute, der ethnisch einheitliche Nationalstaat sei der Normalfall und die durch die Kolonialmächte verfügte Abweichung von dieser Regel der Staatenbildung sei die Ursache der aktuellen Schwierigkeiten. In Wirklichkeit ist der ›Nationalstaat‹ in diesem Sinne selbst in Europa die Ausnahme; die Idee des ethnisch ›reinen‹ Staates ist eine Erfindung des 19. Jahrhunderts (Hobsbawm 1996, S. 25). Eine jüngere Übersicht kommt zu dem Ergebnis, dass es weltweit nur etwa 20 (von fast 200) Staaten mit einer ethnisch-nationalen Einheit gibt, davon nur ein einziger großer Staat: Japan. In Europa werden 6 kleinere (von 33) Staaten als ethnisch-national einheitlich definiert. (Scherrer 1997, S. 45 f). Selbst wenn man Länder wie Deutschland und Frankreich dazuzählen würde (deren nationale Minderheiten klein sind), würde sich das Bild kaum verändern. Hinzu kommt, dass die ›Nation‹ in diesen Fällen auf mehrere Staaten verteilt ist bzw. erhebliche Teile außerhalb des Staatsgebiets leben. Die Gleichung ›Nation = Staat‹ geht fast nirgends auf.

In Afrika gelten drei (vier, wenn man Westsahara hinzuzählt) von 53 (54) Staaten als ethnisch relativ homogen – wobei einer von ihnen, Somalia, faktisch aufgehört hat zu bestehen. Der Anspruch ethnisch basierter Staatenbildung in Afrika ist schon deshalb irreal, weil die Zahl der Ethnien in Afrika auf zwischen 800 und 1200 geschätzt wird (Hameso 1997, S. 21). Auch ist die Vorstellung falsch, diese Ethnien hätten »für Jahrtausende« (ebd., S. 20) in klar umrissenen Gemeinschaften gelebt und ein bestimmtes Territorium besiedelt. Es war eine nachvollziehbare Entscheidung der afrikanischen Führer, die von den Kolonialmächten gezogenen Grenzen nach der Unabhängigkeit unverändert zu lassen, wie es eine Entschließung der Organisation Afrikanischer Einheit (OAU) von 1963 bestimmte, welche die Mitgliedsstaaten aufforderte, »die bei Erringung der nationalen Unabhängigkeit existierenden Grenzziehungen zu akzeptieren«. (Maré 1996, S. 308) Es gibt dort (wie im Rest der Welt) keine Alternative zum multi-ethnischen Staat.

Zwar ist richtig, dass die Grenzziehung der Kolonialmächte oft existierende Wirtschaftsräume und manchmal auch politische Räume zerrissen[31] und verfeindete Gruppen in einem Staat zusammen ge-

---

31 Ein – allerdings korrigiertes – Beispiel ist die auf der Kongo-Konferenz von 1884/85 gezogene »schräge Linie«, welche die Ostgrenze des »Kongo-Freistaats« von König Leopold II. bilden sollte: Diese »folgt einer geraden Linie von einem Schnittpunkt 30° östlicher Länge mit dem 1° 20' südlicher Breite bis zur Nordspitze des Tanganjika Sees« (zit. bei Strizek, 2006, S. 26). Die »schräge Linie« ging quer durch das etablierte Königreich von Ruanda. Diese Grenzziehung wurde erst später korrigiert – Bismarck hatte 1884 seinen Beamten bedeutet, »man solle ihn mit dem Zeug in Ruhe lassen« (zit. ebd.).

zwungen hat; daraus ist aber nicht die Hauptproblematik der afrikanischen Staatsbildung abzuleiten. So ist z.b. das westafrikanische Benin einer der afrikanischen Staaten, die keine gewaltsamen Konflikte erlebt haben – obwohl hier verfeindete Gruppen in ein politisches Gebilde gezwungen worden waren: das Kernland, der ehemalige Sklavenjäger und -händlerstaat Dahomey und seine ›Jagdgebiete‹ im Norden und Osten des Landes. Der Konflikt zwischen der <u>Ethnie der alten Sklavenjäger</u>, <u>den Fon</u>, und den übrigen Ethnien vor allem des Nordens ist virulent und spielt bei Wahlen eine wichtige Rolle – niemals würde ein Fon-Kandidat im Norden gewählt und umgekehrt.[32]

Wenn auch die Vorstellung, stabile Staaten könnten nur auf Grundlage einheitlicher ethnischer Zusammensetzung bestehen, auf europäischen Mythen beruht und für das multiethnische Afrika völlig ungeeignet ist, darf doch die in Afrika existierende ethnische Problematik nicht einfach ignoriert werden – weder handelt es sich nur um manipulativ benutzte Fiktionen noch um zu beseitigende primitive Relikte.

Unter Ethnologen und anderen mit der Problematik beschäftigten Wissenschaftlern besteht keine Einigkeit über das, was eine Ethnie (wahlweise »Stamm« oder »Ethnische Gruppe«)[33] ausmacht. Oft steht entweder ein »primordialistisches« oder im Gegensatz dazu ein »instrumentalistisches« (oder »kontruktivistisches«) Verständnis im Mittelpunkt, wobei die Primordialisten Ethnien als historisch und gesellschaftlich tief verankert ansehen, während die Instrumentalisten/Konstruktivisten/Situationisten Ethnizität als im Wesentlichen ›erfundene‹ und zu bestimmten Zwecken funktionalisierte Größe betrachten (Gorgendière 1996, S. 2/3). Bezüglich Afrika überwiegt heute die Ansicht, dass die bestehenden bzw. als solche handelnden

---

32 Die Fon werden in anderen Gruppen als »Les Abominables« (franz.: die Schrecklichen) betitelt – die politische Hauptstadt des Königreichs Dahomey war Abomey.

33 Entsprechend der in Deutschland üblichen Praxis, ein Problem durch ›politisch korrekte‹ Umbenennung zu ›lösen‹, wurde die Bezeichnung ›Stamm‹ wegen ihrer kolonialistischen Konnotation aufgegeben; in Afrika selbst wird aber im täglichen Sprachgebrauch von »tribe« oder »tribu« gesprochen: Gero Erdmann berichtet, wie bei Befragungen die ursprünglich ›vornehme‹ Umschreibung (Frage nach der Muttersprache) durch die direkte Frage: »What is your tribe« ersetzt wurde (Erdmann 2007. S. 16).

Ethnien relativ neuen Ursprungs sind und sich meistens in der Kolonialzeit herausgebildet haben. Carola Lentz, die in Deutschland wohl am besten ausgewiesene Forscherin auf diesem Gebiet, stellt dar, wie das Bedürfnis der Missionare und kolonialen Verwaltungen nach eindeutigen Zuordnungen und verwaltungsmäßigen Untergliederungen zur stammesmäßigen Organisation der Afrikaner geführt hat: »In den Augen der Kolonialbeamten gehörte jeder Afrikaner einem – und nur einem – »Stamm« an, der Abstammung, Sprache und Kultur teilte, sich deutlich von den Nachbarn unterschied, auf einem bestimmten Territorium lebte und von einem Ältestenrat oder Häuptling regiert wurde.« (Lentz 2002, S. 163) Bei Festlegung der gemeinsamen Sprachen spielten die Missionare eine wichtige Rolle: Diese wollten die Bibel übersetzen und mussten sich im Kontinuum der Dialekte auf einen festlegen, der dann als Stammessprache bezeichnet wurde. Das ist übrigens keine afrikanische Spezialität – auch bei der Entwicklung der deutschen Sprache spielte die Bibelübersetzung aus dem Lateinischen eine zentrale Rolle.

Das bedeutet nicht, dass Ethnien und ethnische Zuordnungen von den Kolonialverwaltungen aus dem Nichts geschaffen wurden. Sie basierten auf existierenden sprachlichen und kulturellen Gemeinsamkeiten, drückten oft auch soziale Gegebenheiten aus (z.B. die ökonomische Aktivität als Viehzüchter oder Ackerbauer). Coquery-Vidrovitch spricht vom »ethnischen Gefühl«: »Das sentiment ethnique bezieht sich auf eine kulturelle und sprachliche Gemeinschaft, die aus den System von Verwandtschaftsbeziehungen hervorgewachsen ist.« (1992, S. 76) Diese bildeten aber vor der Kolonialzeit nur in Ausnahmefällen politische Einheiten und waren flexibel und kontextabhängig. Die Identitäten wechselten, die Tatsache einer verwandten gemeinsamen Sprache (z.B. Yoruba) und die Ähnlichkeit von kulturellen und politischen Praktiken (Matrilinearität oder Patrilinearität, Heirats- und Erbregeln, Initiationsriten, die Existenz von Häuptlingen und deren Auswahl, usw.) waren für die politische Praxis nur selten relevant. Außerdem haben die Afrikaner bei der kolonialen ›Erfindung‹ von Stämmen aktiv mitgewirkt – da die Bildung und Abgrenzung ethnischer Gruppen flexibel und kontextabhängig war, konnten die Kolonisierten diese nutzen, um sich gegenüber den Kolonialherren möglichst effizient und durchsetzungsfähig zu positionieren: Auch wenn man vorher in nur lose verbundenen und verwandtschaftlich geprägten Siedlungen ohne übergeordnete (›staatliche‹) Strukturen gelebt hatte, war die Verhandlungsfähigkeit gegenüber der Kolonialverwaltung umso besser, je größer der ›Stamm‹ war, dem man angehörte.

Wie das konkret ablief und wie heute bestehende und politisch relevante ethnische Gruppen zustande kamen, ist in vielen Einzelfällen gut belegt. So z.B. die Entstehung des ›Stamms‹ der Kikuyu im heutigen Kenia, die bei den Auseinandersetzungen nach den Wahlen am Jahresende 2007 eine wichtige Rolle spielten – diese wurden vielfach als Kampf zwischen den mit dem alten Präsidenten Kibaki verbundenen Kikuyu einerseits und den mit dem Oppositionsführer Odinga verbundenen Luo andererseits dargestellt. Forschungen zufolge wurde die Ethnie der Kikuyu von Absolventen christlicher Missionsstationen »entdeckt« – es handelte sich um Bewohner der heutigen Zentralprovinzen Kenias, die in Familiengemeinschaften ohne übergreifende Autoritäten und ohne politisches Zusammengehörigkeitsgefühl lebten: »Wie alle afrikanischen Völker waren die Kikuyu unterschiedlicher Herkunft und Sprache, die vorkolonialen Grenzen waren durchlässig.« (Lonsdale 1996, S. 19) Sie definierten sich als wald-rodende Ackerbauern, als »Leute denen urbar gemachtes Land gehört« (agikuyu), die wissen, wie man Landbau betreibt. Aus den dabei erzielten Erfolgen, aus dem »Überfluss« an Nahrungsmitteln im jeweiligen Haushalt, speiste sich das Selbstbewusstsein sowohl von Männern wie von Frauen. Auch sprachliche Grenzen waren fließend, Kikuyu-Dialekte wurden auch von Menschen gesprochen, deren Abkömmlinge heute ›Kikuyuness‹ zurückweisen. Es gab gemeinsame Bräuche, wie z.B. die der Beschneidung (Männer wie Frauen) und Heiratsregeln. Der Abstammungsmythos, demzufolge Gott dem Ahnherrn der Kikuyu ein Weib gab (das Gründungspaar Gikuyu und Muumbi scheint dem Modell von Abraham und Sarah der Bibel nachempfunden)[34], stammt aus den 1920er Jahren. Die Vorstellung

---

34   Einer anderen Variante zufolge hat Gott das Elternpaar Gikuyu und Muumbi (Adam und Eva) geschaffen und es an einen Platz namens »Mukurwe wa Gathanga« gesetzt, der dem Garten Eden der Bibel nachempfunden ist (Ngugi 2007, S. 21).

der Zugehörigkeit zu einer politisch verstandenen ethnischen Gruppe stand zunächst im Widerspruch zum Grundverständnis der Kikuyu, deren Selbstbewusstsein sich aus der Fähigkeit des einzelnen Haushalts nährte, allein für sich und ein Netzwerk von Familienangehörigen und Abhängigen sorgen zu können: Der Stolz der Kikuyu bestand in ihrem auf Arbeit (d.h. dem Wald abgerungenen) gegründeten Reichtum – »reich zu sein, bedeutete Ehre und Erinnerung nach dem Tod, arm zu sein, hieß verachtet und vergessen zu werden«. (ebd., S. 20) Das »Making of the Kikuyu« war ein politisch bewusster Prozess des 20. Jahrhunderts, beeinflusst vom Christentum und gesteuert von politischen Kräften des Unabhängigkeitskampfes gegen den Landhunger und die Umsiedlungspolitik der Kolonialverwaltung und der weißen Siedler. Die Siedlungsgebiete der Kikuyu waren stärker als andere Regionen von der Landnahme durch weiße Siedler betroffen, was den Zusammenschluss und massiven Widerstand u.a. in den Mau-Mau-Kriegen der 1950er Jahre erklärt (Tetzlaff/Jakobeit 2005, S. 83 f).

Die Tatsache, dass dieser ›Stamm‹ als politisch handelnde Einheit von Angehörigen der gebildeten Oberschicht in der Auseinandersetzung mit den Weißen um Land ›erfunden‹ worden ist, ändert nichts an der Tatsache, dass die Kikuyu heute eine für Kenia eminent wichtige und durchsetzungsfähige Gruppe sind und dass eine Zugehörigkeit (oder Nicht-Zugehörigkeit) für die Betroffenen u. U. zur Frage von Leben und Tod werden kann.

Letzten Endes ist die Debatte zwischen ›primordialistischen‹ einerseits und ›konstruktivistischen/situationistischen‹ Ansätzen anderseits für das Verständnis aktueller Auseinandersetzungen wenig relevant. Ethnische Gruppen existieren und entfalten eine große politische Kraft sowohl nach innen wie nach außen. Die meisten Autoren halten heute die ethnische Zugehörigkeit für einen wichtigen, allerdings nicht ausschließlichen Faktor, der das politische Verhalten, insbesondere bei Wahlen, bestimmt. Diese »conventional wisdom« ist allerdings nicht unbestritten – Gero Erdmann z.B. weist darauf hin, dass vorliegende Untersuchungen keine eindeutige Beziehung zwischen Ethnizität und Parteienpräferenz in Afrika belegen, was aber mehr mit der Beweglichkeit des politischen Systems in Afrika zu tun haben dürfte. Er geht nicht auf den Zusammenhang zwischen Ethnizität und der Rolle der »big men« ein. Immerhin ist festzuhalten, dass »die Bedeutung der Ethnizität in Afrika je nach Land wechselt; es gibt kein allgemeines Muster bezüglich der Bedeutung von Ethnizität in Afrika.« (Erdmann 2007, S. 27) Befragungen zeigen, dass auf die Frage, welcher Gruppe man sich (innerhalb des jeweiligen Landes) zugehörig fühle, die Antworten je nach Land sehr unterschiedlich ausfallen: Im ethnisch relativ einheitlichen Botswana definierten sich über 90 % der Befragten ethnisch, während dies im multiethnischen Tansania nur 3 Prozent taten (andere Gruppen waren religiöser oder sozialer Natur) (ebd., S. 18).

Was macht eine ethnische Gruppe aus? In der Literatur finden sich unterschiedliche Bestimmungen, die sich folgendermaßen zusammenfassen lassen:

- Es handelt sich um eine größere Gruppe von Menschen, die sich selbst reproduziert;
- Sie haben einen gemeinsamen Namen (der oft ›Menschen‹ bedeutet, was impliziert, dass Menschsein anderen Gruppen nicht gleichermaßen zugestanden wird);
- Die Angehörigen haben eine gemeinsame Kultur, sprechen eine Sprache und folgen ähnlichen Regeln des Zusammenlebens und des Verhältnisses zur Umwelt;
- Es gibt einen Abstammungs- oder Gründungsmythos;
- Es herrscht ein Zusammengehörigkeitsgefühl, ein »Wir«-Bewusstsein;
- Es gibt ein Siedlungsgebiet, das auch imaginiert (Herkunft) sein kann;
- Oft stellt auch die gemeinsame Religion ein Kriterium dar.

(Vgl. Scherrer 1997, S. 25; Lentz 2002, S. 162; Schetter/Weissert 2008, S. 376)

Kernpunkt bei der Bestimmung der ethnischen Gruppe ist die Abgrenzung, es gibt »wir« und »die anderen«. Allerdings ist die Abgrenzung abhängig vom jeweiligen Kontext: ethnische Gruppenbildung zielt – wie jede Gruppenbildung – auf die Bündelung von Kräften zur Erreichung bestimmter, meist materieller, Ziele. So ging (und geht) es bei der Herausbildung der Kikuyu als Ethnie um die Verteidigung des Siedlungsgebiets gegen die von der Kolonialmacht bzw. Regierungen betriebene Land- und Siedlungspolitik. Der Zusammenschluss verstreut lebender Nachbarschaften zu einer politisch definierten Ethnie war funktional im Interesse der Mitglieder der Gruppe und entsprach den durch die Kolonialmacht gesetzten Strukturen.

Der situationistisch/konstruktivistische Ansatz – demzufolge viele der heute existierenden Ethnien in der Kolonialzeit »erfunden« wurden – hat vor allem dort Plausibilität, wo die vorkolonialen gesellschaftlichen Strukturen durch akephale Lebensformen gekennzeichnet waren, d.h. wo die Bevölkerung in losen, weitgehend autonom wirtschaftenden Nachbarschaften ohne Oberhaupt zusammen lebte[35]. Dies betraf mehr als die Hälfte der vorkolonialen Bevölkerung Afrikas[36] (Kapoya 1998, S. 61), die als »staatenlos« bezeichnet werden. Mit dem Einbruch des Kolonialismus mussten sich diese Nachbarschaften zu »Stämmen« zusammenschließen – nur so konnte man sich den neuen Herren gegenüber artikulieren und behaupten. Georg Elwert beschreibt dies an einem Beispiel: »In dem geographischen Gürtel gur-sprachiger Gruppen, der von Nord-Ghana bis Nordwest-Benin zieht, fühlen sich oft benachbarte Dörfer, Weiler oder Einzelgehöfte einander zugehörig, ähneln einander in Sprache und Brauchtum. An den Extremen eines solchen Kontinuums zusammengehöriger Gruppen aber versteht man sich kaum noch und fühlt sich nicht zusammengehörig. Wer dann als Ethnie zusammengefasst wurde, hing deutlich von dem Ort ab, an welchem die kolonialen Definitoren von »tribes« und »cantons« ihre Fragen stellten. Die Nachbarn rechts und links wurden von den Befragten als zugehörig bezeichnet, machten mit ihnen die Ethnie aus, auch wenn die je äußersten Nachbarn zu jeder Seite sich nicht so einander zuordnen würden.« (Elwert 1989, S. 29). Auch wenn vorher andere Zugehörigkeiten wichtiger waren

---

35   Andere Forscher ziehen den Begriff »segmentäre Gesellschaften« vor, weil dieser ausdrückt, dass die Gemeinschaften die kleinste mögliche gesellschaftliche Einheit sind, also nur noch in Individuen unterteilt werden können. (Wimmer 1996, S. 164)

36   Dagegen meint Oliver, dass »die meisten Afrikaner …in Staaten« gelebt hätten (1992, S. 145).

– zu sozio-professionellen Gruppen (Viehzüchter, Handwerker), zu Alters/Generationsgruppen, usw. –, rückte die ethnische Gruppe als der Kolonialmacht gegenüber politisch handlungsfähige Einheit in den Mittelpunkt.

Dies sollte jedoch nicht verabsolutiert werden, da in großflächig strukturierten kephalen Gesellschaften (Gesellschaften mit Oberhäuptern) politische Einheiten mit ethnischen Eigenschaften existiert hatten. Als Beispiel können die Königreiche im Gebiet des heutigen Ruanda und Burundi angeführt werden. Als – spät, erst Ende des 19. Jahrhunderts – die ersten Europäer in dieses Gebiet kamen, fanden sie straff organisierte feudale Königreiche mit differenzierten Herrschaftsformen vor. In dem dicht besiedelten Gebiet wurde eine intensive und effiziente Landwirtschaft betrieben. »Das hohe Niveau des Ruanda-Ackerbaus charakterisieren am besten: die Anwendung der im europäischen Osten unbekannten Düngung, die unbekannte Bewässerung und die Terrassenanlagen auf den steilen Berghängen«, schreibt ein Beobachter zu Beginn des 20. Jahrhunderts. (zit. bei Strelitz 2006, S. 40). Die mit religiösen Eigenschaften ausgestatteten Könige (Mwami) stützten sich auf eine rinderhaltende Adelsschicht (Tutsi oder Hima), denen die Ackerbau treibenden Hutu tributpflichtig waren. Anzumerken ist, dass der Konflikt zwischen Hutu und Tutsi Gruppen betrifft, für welche die oben angeführten Merkmale ethnischer Gruppen nicht zutreffen: Hutu wie Tutsi sprechen eine gemeinsame Sprache, haben gemeinsame Bräuche und Institutionen und teilten die gleichen religiösen Vorstellungen. Allerdings ist die Herkunft der beiden Gruppen nach wie vor ungeklärt: Die These der nilo-hamitischen Abstammung (Tutsi) bzw. Bantu-Abstammung (Hutu) steht der These einer einheitlichen Abstammung mit nachfolgender sozialer Differenzierung gegenüber (Asche 1995, S. 2). Zwar waren die Gruppen vorkolonialer Natur, wurden also nicht von den Kolonialherren ›erfunden‹. Die Europäer verstanden aber die differenzierten, mit Elementen von Kontrolle und Gegenmacht ausgestatteten gesellschaftlichen Beziehungen zwischen Hutus und Tutsis schlecht. Sie vereinfachten diese – unter dem Einfluss rassistischer Ansichten über die Herrenrassennatur der Tutsi – als Verhältnis von Herren und Knechten, eine Botschaft, die von den Tutsis gerne verinnerlicht wurde. Schon die bis 1916 herrschenden Deutschen unterstützten den Machtanspruch des Tutsi-Adels und schwächten die bestehenden Gegenmachtstrukturen der Hutu, was von den Belgiern in verschärfter Form fortgeführt wurde: Der langjährige katholische Bischof Léon Classe verankerte die These von der rassischen Höherwertigkeit des »hamitischen« Tutsi-Adels gegenüber der als minderwertig betrachteten Bevölkerungsmehrheit der Hutu in der Kolonialverwaltung. Noch in den 1950er Jahren waren alle einheimischen katholischen Priester Tutsi (Strizek 2006, S. 156 ff).

Im Bewusstsein der Tatsache, dass die Herausbildung von sich ethnisch definierenden Gruppen als zentralem politischem Bezugspunkt oft auf Mythen und Erfindungen beruht, manchmal sogar Ergebnis von Manipulationen bestimmter Führer ist, stellt sich doch die Frage nach dem Grund für die Wirkungsmächtigkeit von Ethnizität. Warum sind Zusammenschlüsse entlang angeblicher oder tatsächlicher ethnischer Linien so viel wirksamer als andere Gruppenbildungen (z.B. nach sozialen Kriterien), wenn es doch in Wirklichkeit um Ressourcen oder politischen Einfluss, also um soziale Inhalte, geht? Warum scheint heute, dass in Afrika (aber nicht nur dort) nichts funktioniert ohne Bezug auf ethnische Zugehörigkeiten, obwohl doch die historische Forschung zeigt, »dass ›Ethnie‹ nicht das selbstverständliche Grundmuster aller menschlichen Gesellschaften ist.« (Elwert 1989, S. 29) Worin liegt die besondere Bindungskraft ethnischer Prinzipien?

Ein wichtiger Aspekt ist die damit verbundene Überbrückung von sozialen Differenzen und Gegensätzen. Selbst wenn man von der Tatsache absieht, dass die gebildeten und damit identitätsstiftenden Gruppen in der Regel den reichen Oberschichten angehören – also ein Interesse an der Hintanstellung von ihre Position bedrohenden sozialen Gegensätzen haben –, ist die »Klassenüberbrückung« (Elwert 1989, S. 11) ein wichtiges Element, das den Zusammenhalt der Gruppe stärkt: Ob man der Arbeiterklasse oder einer anderen sich sozial definierenden Gruppe angehört und entsprechend handelt, ist eine sehr vage Angelegenheit und kann vom Individuum akzeptiert oder bestritten werden. Dagegen ist die Zugehörigkeit zu einer Ethnie vor allem im Konfliktfall schicksalhaft – selbst für Personen, die sich nicht ethnisch definieren, reicht es aus, dass ›die anderen‹ das tun. Dies beschreibt eine literarische Arbeit über den ruandischen Völkermord von 1994: Einer reichen Hutu-Familie, der während der Kolonialzeit deutlich gemacht wird, dass nur Tutsi etwas wert sind, gelingt es, sich durch geschickte Heiratspolitik ein Tutsi-Aussehen zu verschaffen. Am Beispiel einer alle äußeren Merkmale einer Tutsi aufweisenden jungen Frau aus dieser Familie wird gezeigt, dass sie – obwohl in Wirklichkeit Hutu – ihrer ›erworbenen‹ ethnischen Eigenschaft als Tutsi nicht entkommen kann.[37] Die Ethnie, hat sie sich erst einmal als organisatorische Einheit etabliert (sowohl nach innen wie nach außen), entfaltet eine enorme Bindungskraft, man kann ihr nicht entkommen. Im Konfliktfall sind Abspaltungen bzw. ›Desertionen‹ kaum möglich, der Gruppendruck ist unentrinnbar.

Hinzu kommt, darauf macht Elwert aufmerksam, eine familienähnliche Konstruktion der Ethnie: »Mit ›familienübergreifend und familienerfassend‹ ist die Ethnie einerseits vom Verwandtschaftsverband differenziert und andererseits wird implizit auf die Erblichkeit der Zuordnung hingewiesen, unabhängig davon, ob der Vererbende selbst durch Geburt oder durch Beitritt in die Ethnie aufgenommen wurde … Ein wichtiger Aspekt rückt damit in den Vordergrund: Ethnien organisieren Verwandtschaft. … Wer beitritt, erhält Verwandte, zumindest für seine Nachkommen. Die Bildung und Regelung von Mustern der Verwandtschaftsorganisation geschieht charakteristischerweise oft innerhalb der Ethnie und setzt sie von anderen Ethnien ab …« (Elwert 1989, S. 35). Die Ethnie repliziert die Familie auf erweiterter Stufenleiter. Und Familienbande sind – wie der Spruch: ›Blut ist dicker als Wasser‹ besagt – selbst in europäischen Gesellschaften wirkungsmächtig.[38] Innerhalb von Familien herrscht ein hoher Grad an sozialer Sicherheit, innerhalb der Familie betrügt man sich nicht, innerhalb der Familie ist man geschützt – muss sich aber in die Familienhierarchie einfügen. Umfassender Identitätsanspruch und straffe, nicht hinterfragbare Führungen machen einen guten Teil der Schlagkraft der ethnischen Gruppe aus. Es ist daher verständlich, dass z.B.

---

37   Gil Courtemanche, Ein Sonntag am Pool in Kigali, Frankfurt/M. 2005

38   »Familie, Verwandtschaft, Ethnizität, Sprache, …, sind die einflussreichsten Bildungsfaktoren im Leben«, referiert Hyden (2006, S. 186).

für die im südlichen Afrika verbreitete Wanderarbeit Ethnizität ein wichtiges Element zur Herstellung von Sicherheit in der Fremde darstellt. Die ethnische Gruppe ist stabiler als soziale Zusammenschlüsse zur Erreichung bestimmter Ziele, die an diese gebunden bleiben und die sich bei Misserfolgen auflösen können. Die im Rahmen sozialer Gruppen geschaffene Solidarität ist labil und widerrufbar, während sie in der familienähnlichen Ethnie quasi naturgewachsen erscheint. Auch wenn Ethnien anfangs nur ›erfunden‹ wurden, um bestimmte ökonomische Ziele zu erreichen, überdauern sie auch dann, wenn diese Ziele gegenstandslos geworden sind. Diese Bindungen sind umso wichtiger, je unsicherer die soziale Existenz wird.

Schließlich ist noch auf das Element der Anpassung zu verweisen. Ist Ethnizität erst einmal zum dominierenden Muster der politischen und sozialen Auseinandersetzungen geworden, entfaltet sich eine Dynamik, die auch anders organisierte Akteure erfasst: »Die Ausdehnung des Nationalismus und der Ethnizität als gesellschaftliche Organisationsprinzipien setzte sich auch dort fort, wo nicht die gleichen inneren Motive für eine solche Gesellschaftsorganisation vorhanden waren.« (Elwert 1989, S. 49) Dieser fatale Mechanismus funktioniert derzeit in allen Teilen der Welt; der Zusammenbruch Jugoslawiens und der Sowjetunion war ein wichtiger Faktor für das Wiederaufleben bzw. den weltweiten Siegeszug ethnischer und nationalistischer Organisationsprinzipien.[39] Dies spricht ein afrikanischer Autor deutlich aus, der beklagt, dass in Afrika die Ethnizität immer als Problem und niemals positiv, im Sinne der Identitätsbildung, betrachtet wurde: »In diesem Sinne sind die durch Ethnizität entfesselten Kräfte mächtig und sogar universal. So können aktuelle Entwicklungen wie in Ost-Europa (Zerfall Jugoslawiens, der Tschechoslowakei, der Sowjetunion wesentlich entlang ethnischer Linien) verstanden werden, ganz zu schweigen vom dauernden Kampf der Tamilen, Kashmiris, Ost-Timorer, Palästinenser und sogar in der ›freien Welt‹ (Baskenland,

---

39 Wie sehr ethnische (und andere ›natürliche‹) Kriterien soziale abgelöst haben zeigt die Berichterstattung über die Vorwahlen in den USA 2008: man erfuhr alles über die wahlpolitischen Neigungen der Schwarzen, der Latinos, der Asiaten, der Weißen, außerdem noch der Alten, Jungen, Frauen – die Zugehörigkeit zu sozialen Gruppen scheint keine Rolle mehr zu spielen.

Nord-Irland, Quebec).« (Hameso 1997, S. 107) Hinzufügen könnte man die von den USA/Nato geschaffenen Krisenherde im Kosovo, Afghanistan und Irak, wo die westliche Administration ebenfalls dem ›ethnischen‹ bzw. religiösen Schema folgt. Selbst in einer multi-kulturellen Stadt wie Bagdad sortieren sich die Gruppen heute ethnisch/religiös in von Mauern getrennten Stadtteilen.

Das macht verständlich, warum Ethnizität in Afrika so wichtig (geworden) ist:

- Der Prozess der Klassenbildung und der ökonomischen Differenzierung ist in Afrika (außer Südafrika) wenig fortgeschritten. Für die große Mehrheit der Bevölkerung ist eine kleinräumige, subsistenzorientierte und familienbasierte Produktionsweise prägend. Eine klassen- und schichtenübergreifende und auf Verwandtschaftsbeziehungen gegründete gesellschaftliche Organisation ist in der Produktionsweise verankert. Personalisierte Beziehungen der Reziprozität auch zwischen sozial unterschiedlichen Gruppen stehen im Mittelpunkt der gesellschaftlichen Strukturen. Die Ausdehnung des Familienprinzips auf größere soziale Einheiten – und darum handelt es sich bei Ethnien – ist nahe liegend.

- Der Bedeutungsgewinn von Ethnizität hängt auch mit der Erschütterung und der zunehmenden sozialen Unsicherheit im Zuge von Entwicklungsprozessen und ihrem Scheitern zusammen, vor allem mit der Schwäche des ›Entwicklungsstaats‹. »Je instabiler und ressourcenärmer der postkoloniale Staat wurde, desto wichtiger für die Bürger wurde eine zuverlässige Institution, die in Krisen- und Notzeiten Sicherheit und Solidarität zu gewährleisten schien – die Ethnie, von der man abzustammen meint und die zum Schutz und zur Solidarität moralisch verpflichtet war.« (Tetzlaff/Jakobeit 2004, S. 87)

- Schließlich darf auch der manipulative Anteil nicht unterschlagen werden. Terence Ranger hat an vielen Beispielen gezeigt, wie sowohl ›traditionelle‹ als auch ›moderne‹ Führer angebliche oder wirkliche »traditionelle Bräuche« instrumentalisierten, um die Kontrolle über die Bevölkerung zu behalten. Ältere gegenüber Jüngeren, Männer über Frauen, Alteingesessene gegenüber Zuwanderern: Die Beschwörung der Tradition ist ein bewährtes Mittel zur Aufrechterhaltung der Kontrolle in wirren Zeiten (Ranger 2005, S. 252 ff).

Obwohl Einigkeit darüber besteht, dass »das vorkoloniale Afrika nicht aus den gegenwärtig bekannten ethnischen Gruppen bestand«, und dass noch heute »Mobilität, überlappende Netzwerke, multiple Gruppenmitgliedschaften und kontextabhängige Grenzziehungen« prägender sind als ethnische Bewusstseinslagen, so haben »ethnische Gemeinschaftsideologien aber inzwischen in Afrika so stark Fuß gefasst«, dass sie den politischen Diskurs prägen (Lentz 2004, S. 161 f). Verteilungskämpfe laufen häufig entlang ethnischer und nicht entlang sozialer Linien, und Politik erscheint als Interessenausgleich zwischen Ethnien, allerdings meist im allgemein akzeptierten Rahmen der vom Kolonialsystem geerbten Nationalstaaten. Diese werden nur in wenigen Fällen – Stichwort Sezession – in Frage gestellt. Es wird häufig übersehen, dass in Europa zwischenstaatliche Kriege die Geburtshelfer der bestehenden ›überethnischen‹ ›Nationalstaaten‹, mit dem verbundenen Staats- und Nationalbewusstsein, waren (Wimmer, 1996, S. 399). Diesen Weg des ›nation-building‹ durch Kriegsführung gegen die Nachbarn sind die afrikanischen Staaten nicht gegangen, was angesichts der europäischen Erfahrungen nach 1990 keinesfalls selbstverständlich ist.

Politisierte ethnische Konflikte in Afrika sind nicht per se als schädlich zu betrachten, sie sind möglicherweise angesichts des niedrigen Stands der Produktivkraftentwicklung unvermeidlich. Verstanden werden muss zweierlei:

- Die existierenden Ethnizitäten sind keine Relikte der Vergangenheit, also antimodern, sondern moderne Reaktionen auf die Krisenhaftigkeit der Existenz in Afrika: »Das Zusammenwirken zwischen ökonomischem Niedergang und Staatsversagen, beides verschärft durch die Wirkungen der neo-liberalen Reformen, hat zu Konflikten, Unsicherheit und Misstrauen geführt, was als Reaktion zunehmendes individuelles und kollektives Verlassen auf klientelistische Netzwerke und die Solidarität ethnischer Gemeinschaften hervorgerufen hat.« (Berman 2004, S. 318)

- Ethnizität ist auch nicht bloß das Ergebnis manipulativer Strategien von Eliten, also eine Art »falsches Bewusstsein« (ebd., S. 319) zur Sicherung der Hegemonie herrschender Gruppen. Die ethnische Gruppe beruht auf dem Bedürfnis der Mitglieder nach Sicherheit durch Zusammengehörigkeit.

So sollte man die Modernität und Legitimität bestehender ethnischer Identitäten und Gemeinschaften akzeptieren, sie als »notwendige und dauerhafte Züge der sozio-kulturellen, ökonomischen und politischen Entwicklung« in Afrika ansehen (ebd.). Dafür, wie konkret damit umgegangen werden soll, gibt es allerdings keine Einheitslösung – zu unterschiedlich sind Ausformungen und Bedeutung von Ethnizität und verwandten Strukturen.

3.5 Die HIV/AIDS-Pandemie

Das Bild von Afrika, im europäischen Bewusstsein ein Kontinent der Krankheiten, wird seit Jahrzehnten durch die Ausbreitung der HIV/AIDS-Pandemie beeinflusst. UNAIDS zufolge lebten 2007 weltweit rund 33 Millionen von HIV infizierte Menschen, davon zwei Drittel, 22,5 Millionen, im Subsaharischen Afrika. Jährlich sterben 2,1 Millionen Menschen an der Infektion, davon drei Viertel Afrikaner. Die Zahl der Neuinfektionen wird auf jährlich 2,5 Millionen geschätzt, davon 68 Prozent in Afrika (UNAIDS 2008). Die Neuinfektionen gehen seit Ende der 1990er Jahre weltweit leicht zurück, sowohl als Folge natürlicher epidemischer Trends als auch im Ergebnis von Präventionsprogrammen. Das trifft auch – nach Ländern unterschiedlich – für Afrika zu. AIDS ist in Afrika trotzdem die bei weitem wichtigste Todesursache.

Die wirtschaftlichen und sozialen Auswirkungen von HIV/AIDS in Afrika können kaum überschätzt werden. Betroffen sind überproportional Städter und relativ gut ausgebildete Menschen im leistungsfähigen Alter; aber auch auf dem Land sind die Infektionsraten hoch. AIDS akzentuiert viele der Entwicklungsprobleme:

- Die Lebenserwartung in Afrika sinkt und ist heute mit 49 Jahren etwa 15 Jahre niedriger, als sie ohne die Pandemie wäre.
- Da der Engpass der Agrarproduktion die verfügbare Arbeits-

kraft ist, wird auch die landwirtschaftliche Produktion beeinträchtigt. Untersuchungen zeigen, dass die Getreideproduktion in von AIDS betroffenen Familien um bis zu 57 % sinkt und die Einkommen um bis zu 85 % (Goldberg 2003, S. 871 ff).

- Der kumulierte Wachstumsverlust wird von der Weltgesundheitsorganisation für das am meisten betroffene südliche Afrika auf Werte zwischen 12 und 35 Prozent des BSP geschätzt.

- Die Gesundheitssysteme kommen von zwei Seiten unter Druck: Die Zahl der Kranken steigt, während Ärzte und Krankenschwestern überproportional von AIDS betroffen sind.

- Da das Lehrpersonal besonders hohe Infektionsraten aufweist, müsste die Zahl der neu ausgebildeten Lehrkräfte zwischen 65 und 110 % (je nach Land) höher sein als gegenwärtig, um die Ausfälle auszugleichen.

- Von 314 Millionen afrikanischen Kindern unter 15 Jahren sind UNICEF zufolge mehr als 11 Millionen AIDS-Waisen. In Sambia sind fast ein Viertel aller Kinder Halb- oder Vollwaisen, jede vierte Familie sorgt für Waisenkinder.

- Da der Anteil infizierter Frauen (61 %) höher ist als der der Männer, besteht die Gefahr, dass in Zukunft vor allem Mütter sterben – der Tod der Mutter ist meist mit dem Zerfall der Kernfamilie verbunden, die Kinder stehen vor dem Nichts.

Warum HIV/AIDS gerade in Afrika so große Verwüstungen anrichtet, wird auf das Zusammenwirken verschiedener Faktoren zurückgeführt. So scheint inzwischen gesichert, dass der HIV-Virus (schon in den 1930er Jahren) in Zentralafrika von Affen auf Menschen übergesprungen ist. Der erste Fall wurde 1959 in Kinshasa nachgewiesen. Die Schwäche afrikanischer Verwaltungen, die Tabuisierung von Sexualität in Verbindung mit promiskuitiven Sozialpraktiken und die traditionelle Auffassung von Krankheit als durch übernatürliche Faktoren verursacht (Rosny 1994) haben dazu beigetragen, dass Aufklärungskampagnen spät starteten und Schwierigkeiten hatten, breite Bevölkerungsgruppen zu erreichen. Da aber gebildete städtische Gruppen überdurchschnittlich betroffen sind, kann mangelnde Aufklärung allein nicht die Ursache sein.

Eine Rolle dürfte spielen, dass für Männer die Zahl der Sexualpartnerinnen ein wichtiger Prestigefaktor ist, während Frauen nur die Geburt von Kindern Ansehen verschafft. Iliffe stellt einen direkten Zusammenhang zwischen afrikanischen Ehrenkodizes und der Ausbreitung der Seuche her: »Die afrikanische Aids-Epidemie muss im Kontext der Geschichte der Ehrbegriffe verstanden werden. …Die in Reaktion auf die Epidemie wirksamen Verhaltensänderungen stehen in direktem Konflikt zu den heroischen Traditionen von Männlichkeit und teilweise auch zu den weiblichen Tugenden von Fruchtbarkeit und Leidensstärke. Ein Grund, warum das Subsaharische Afrika zuerst von der AIDS Epidemie getroffen wurde war die Tatsache, dass die historische Kultur der Ehrbegriffe dort am stärksten überlebt hat und ihren selbstzerstörerischen Charakter am furchtbarsten entfalten konnte (Iliffe 2005, S. 360). Schließlich ist auch der allgemeine Gesundheits- und Ernährungszustand ein Faktor, der Infektionen begünstigt. Krankheiten wie Malaria und chronische Mangelernährung schwächen das Immunsystem und erhöhen die Anfälligkeit gegenüber dem HIV-Virus.

So wird die Wirkung von Aufklärungskampagnen durch den Einfluss sozialökonomischer Faktoren begrenzt. Die oben dargestellte Renaissance traditioneller und informeller Sozialnetze als Überlebensraum hat, wie Chabal/Daloz zeigen, auch die kulturelle Verankerung traditioneller Behandlungsmethoden und Erklärungsmuster für Krankheit und Tod gestärkt. Das ist der Grund, warum manche Afrikaner glauben, dass die Krankheit durch übernatürliche Faktoren verursacht werde und dass sie durch von feticheuren/witchdoctors verabreichte Beschwörungen und Pflanzenextrakte geheilt werden könne. Die ›traditionellen‹ Vorstellungen verbinden sich im durchchristianisierten südlichen Afrika harmonisch mit der von einigen Kirchen verbreiteten Auffassung, AIDS sei eine Strafe Gottes und Kondome würden nicht helfen. Auch die von den USA geförderten Kampagnen gegen Polygamie und Sex vor der Ehe gehen an den wirklichen Ursachen vorbei: Dies sind Verhaltensweisen, die die gesellschaftliche Stellung der Männer und damit den Zugang zu ökonomischen und sozialen Ressourcen beeinflussen und insofern eine gewisse Rationalität in einem durch Unsicherheit der Existenz geprägten Umfeld haben. Der Zusammenhang zwischen der Ausbreitung von HIV/AIDS und soziokulturellen Faktoren wird deutlich am Beispiel der Witwenheirat: In vielen afrikanischen Kulturen wurde die Witwe (und die Kinder) des verstorbenen Mannes dadurch sozial gesichert, dass ein Angehöriger des Mannes (zunächst der Bruder) verpflichtet war, diese zu heiraten. Es liegt auf der Hand, dass diese ehemals sinnvolle Praxis heute zur Verbreitung von HIV beiträgt. Hinzu kommt die bei einigen Gruppen übliche ›sexuelle Reinigung‹, wobei der Geist des Toten dadurch vertrieben wird, dass die Witwe mit einem Verwandten des Verstorbenen sexuellen Verkehr hat. Solche Praktiken sind hartnäckig, solange diese Art von Verbindung den Betroffenen eine gewisse soziale Sicherheit zu verschaffen scheint.

So plausibel diese Erklärungsmuster auch sein mögen, so zeigt doch der Blick auf die Verbreitung von HIV in Afrika, dass ihr Erkenntniswert begrenzt ist. Denn Afrika ist keineswegs als ganzes betroffen, die Unterschiede zwischen Ländern und Regionen sind enorm (Tab. 18).

Das arme, noch vor wenigen Jahren vom Bürgerkrieg zerrissene Sierra Leone ist ungleich weniger betroffen als das entwicklungspolitische ›Musterländle‹ Botswana oder das entwickelte Südafrika. Warum ist die Infektionsrate im armen Senegal (0,7 %) kaum höher als in den reichen USA (0,6 %)? Warum ist sie im Ursprungsland Kamerun um Dimensionen niedriger als im südlichen Afrika? Warum verzeichnet das Extrembeispiel für schlechte Regierungsführung, Zimbabwe, dem Bericht von UNAIDS/WHO zufolge bei der Bekämpfung der Seuche größere Erfolge als Botswana? (UNAIDS 2008, S. 6)

Ein wichtiges Element zur Erklärung dieser Unterschiede ist die Rolle der Arbeitsmigration: Die wichtigste Einkommensquelle der am meisten betroffenen Länder im südlichen Afrika war (und ist teilweise immer noch) die Arbeitsmigration in die Minenregionen. Das gilt mindestens für Südafrika, Botswana, Lesotho und Swasiland. Diese Migration war lange Zeit (in Südafrika bis in die 1980er Jahre) durch rechtliche Vorschriften und Praktiken geregelt, die den Arbeitern nur Zeitverträge gewährten, um den Unternehmen die Vorteile der Verbindung von Subsistenzwirtschaft und Lohnarbeit zu sichern. Die Männer gingen für einige Jahre in die Minenregionen und brachten von dort nicht nur Ersparnisse, sondern auch den HIV-Virus in ihre Heimat zurück. Erst in Verbindung mit diesem kolonialen und postkolonialen Reproduktionsmodell ergeben die übrigen Erklärungsfaktoren einen Sinn.

**Tab. 18: Infektionsrate in % der Erwachsenen
(15 bis 49 Jahre), 2007[40]**

	Infizierte in % der Erwachsenen
Afrika Südlich der Sahara, darunter:	5,0
Senegal (2005)	0,7
Sierra Leone (2005)	1,5
Kamerun (2004)	5,5
Uganda (2004/05)	7,1
Swasiland (2006/07)	25,9
Botswana (2004)	25,4
Südafrika (2005)	16,2
Sambia (2001/02)	15,6
Zimbabwe (2005/06)	18,1
Zum Vergleich:	
Nordamerika	0,6
West/Mitteleuropa	0,3
Ostasien	0,1
Lateinamerika	0,5
Welt	0,8

Quelle: UNAIDS, 2008

Der Verweis auf die Bedeutung sozialökonomischer und soziokultureller Faktoren bei der Verbreitung der Pandemie in Afrika hat weder

---

40 Basis sind repräsentative Stichproben der Gesamtbevölkerung. Zeitvergleiche sind schwierig, da die Methodik der Erfassung wechselt. Der jüngste UNAIDS-Bericht von Dezember 2007 hat die globalen Zahlen deutlich (um 6 Millionen) nach unten korrigiert, was aber mit Datenrevisionen, nicht mit Verbesserungen zusammenhängt (UNAIDS 2006). Immerhin werden in Kenia und Zimbabwe auf Verhaltensänderungen zurückzuführende Rückgänge der Neuinfektionen registriert, während im früheren Erfolgsfall Uganda die Infektionsrate nicht mehr sinkt (UNAIDS 2008, S. 17).

mit Verschwörungstheorien à la Segal noch mit der Leugnung oder Verharmlosung der sexuellen Übertragungswege wie bei Duesberg oder Mullis zu tun, die die Einnahme von Drogen, Unterernährung und die Behandlung mit antiretrivalen Medikamenten als Ursache benennen. Leider hatten solche Erklärungsmuster lange Zeit in Regierungskreisen Südafrikas Bedeutung, können allerdings heute (hoffentlich) als überwunden gelten. Allerdings scheinen sowohl der bisherige als auch der vermutlich zukünftige Präsident der RSA die Herausforderung der Pandemie nicht verstanden zu haben (Mangcu 2008, S. 49/153).

Heute sind auch in Afrika Erfolge bei der Senkung der Neuinfektionen zu verzeichnen, und die Seuche scheint ein gewisses »plateau« erreicht zu haben. Die lange Inkubationszeit der Krankheit bedeutet aber, dass die ökonomischen und sozialen Folgen erst jetzt zu wirken beginnen: »So schrecklich es ist, das schlimmste steht noch bevor.« (Tietze 2006, S. 32).

3.6 Überlebensraum oder Entwicklungshemmnis: Die afrikanische Landwirtschaft

Kernelement von Entwicklung im Sinne von Produktivkraftsteigerung ist struktureller Wandel, konkret: Übergang von arbeitsintensiver Agrarproduktion zu industrieller Verarbeitung. Da die Entwicklungsländer historisch Agrarländer waren, kann Entwicklung nur gelingen, wenn die Landwirtschaft ausreichend Mehrprodukt generiert, um die notwendigen industriellen Investitionen (einschließlich des Ausbaus der materiellen und sozialen Infrastruktur) zu finanzieren. Das heißt: »Der Transformationsprozess einer vorindustriellen Gesellschaft beruht notwendigerweise auf einer Produktivitätssteigerung der Landwirtschaft: Erst dann, wenn die Landwirtschaft dauerhaft Überschüsse erzielt – also mehr produziert, als zur Ernährung der Landbevölkerung selbst notwendig ist – und diese Überschüsse auch relativ kontinuierlich wachsen, kann eine wachsende nicht-landwirtschaftliche Bevölkerung ernährt werden.« (Hein 1998, S. 61) Das bedeutet nicht, dass die

Landwirtschaft als Melkkuh für industrielle und andere Investitionen betrachtet werden kann; entscheidend ist, dass landwirtschaftliches Wachstum dem industriellen Wachstum vorangehen muss, wie zuletzt in Asien zu beobachten war. Die landwirtschaftliche Produktivität und das landwirtschaftliche Mehrprodukt müssen steigen, damit industrielle Investitionen finanziert werden können (WDR 2008, S. 9). Entwicklung beginnt in der Landwirtschaft:»Schwarzafrika... würde sich rasch entwickeln, wenn es mit jener Agrarrevolution beginnen würde, die in Europa der industriellen Revolution um mehrere Jahrhunderte vorangegangen war.« (Dumont 1962, Klappentext)

Bezieht man diese Überlegungen auf den afrikanischen Kontinent, dann erklären sich viele entwicklungspolitische Fehlschläge. »In Afrika hängt das gesamtwirtschaftliche Wachstum entscheidend vom Erfolg der Landwirtschaft ab.« (UNCTAD 2000, S. 23) Dies nicht nur wegen der überragenden Bedeutung für den Arbeitsmarkt, sondern auch weil die fragile afrikanische Industrie zu einem erheblichen Ausmaß (zwischen einem und zwei Dritteln, UNCTAD 2000, S. 25) auf Agrarprodukten basiert. Entwicklung in Afrika ist nicht vorstellbar ohne einschneidende Veränderungen in der Landwirtschaft. Und diese hängen ganz entscheidend von dem Verhalten der Kleinbauern ab: »... Bauern halten den Schlüssel für Afrikas Zukunft.« (Hyden 2006, S. 141) Diese verhalten sich so rational und flexibel wie auf allen Kontinenten – es sind die u.a. vom Weltmarkt geschaffenen Rahmenbedingungen, die ›traditionelle‹ Strategien sinnvoll erscheinen lassen.

Zu keiner Zeit – bis heute – ist es gelungen, die afrikanische Landwirtschaft so zu verändern, dass sie in die Lage versetzt wäre, wesentlich mehr Menschen zu versorgen als die, die in ihr arbeiten. In der afrikanischen Landwirtschaft erzeugen 60 bis 70 % der Beschäftigten nur ca. 15 % des Sozialprodukts.[41] Der Kolonialismus hatte (mit Ausnahme Südafrikas) »keine strukturellen Veränderungen hervorgerufen, welche die kleinbäuerliche Landwirtschaft in moderne Formen der landwirtschaftlichen und industriellen Produktion hätten umwandeln können.« (Hyden 200, S. 139) Die Lage der afrikanischen

---

41   Die Angaben variieren beträchtlich – u.a. weil die Zuordnung unklar ist. Viele
     Kleinbauern beziehen einen großen Anteil ihrer Einkünfte aus nicht-landwirt-
     schaftlicher Tätigkeit, umgekehrt betreiben viele Städter Landwirtschaft.

Landwirtschaft nach dem zweiten Weltkrieg war verglichen mit anderen Entwicklungsregionen besonders ungünstig. Dies zeigt das Verhältnis zwischen landwirtschaftlicher und industrieller Produktivität (Tab. 19).

Tab. 19: Relation der Wertschöpfung in Industrie und Landwirtschaft je Beschäftigten

	1950-1960	1960-1970	1970-1980	1980-1990
Afrika	7,05	8,33	8,74	7,79
Asien	1,87	3,37	3,31	3,57
Lateinamerika	2,42	3,00	2,81	2,51

Quelle: UNCTAD 2000, S. 28

Die landwirtschaftliche Produktivität beträgt in Afrika nur etwa ein Achtel derjenigen der Industrie. Die Produktivitätslücke ist in Afrika zwei- bis dreifach so groß wie in den anderen Regionen des ›Südens‹. Den Rückstand der afrikanischen Landwirtschaft zum Zeitpunkt der Unabhängigkeit zeigt ein interregionaler Vergleich der landwirtschaftlichen Produktivität. Setzt man diese in Frankreich Ende der 1960er Jahre mit 100, dann lautete der Index für Lateinamerika 9,8, für Asien 4,8 und für Afrika 4,7. Der asiatische Wert ist vor allem wegen Indien so niedrig (3,9), was mit der ländlichen Überbevölkerung zusammenhängt.

Seither hat sich die Kluft zwischen Afrika einerseits und den übrigen Entwicklungsregionen andererseits weiter geöffnet. Die landwirtschaftliche Produktion pro Kopf stieg zwischen 1961 und 1999 in Asien um 80 %, in Lateinamerika um 25 % während sie in Afrika um 13 % sank (Hyden 2006, S. 148). Die Weltbank konstatiert zwar seit Mitte der 1990er Jahren auch in Afrika eine Zunahme der landwirtschaftlichen Produktivität. Über den Zeitraum 1960 bis 2004 hat es aber in der afrikanischen Landwirtschaft keinerlei Produktivitätsfortschritte gegeben. Zwischen 1980 und 2004 registriert die Weltbank in Afrika einen leichten Anstieg der Produktivität je landwirtschaftlich Beschäftigtem von jährlich 0,9 %, gegenüber China (3,1 %) und Lateinamerika (2,8 %) (WDR 2008, S. 73).

Im Zeitraum 2001/2003 belief sich die landwirtschaftliche Wertschöpfung je Arbeitskraft in ASS auf 325 US-Dollar. In Lateinamerika lag sie bei 2.856 $, in Südasien immerhin noch bei 393 $. In
den USA ist sie mit 32.216 $ hundert Mal höher (Tab. 20) (WDR
2008, S. 341). Das erklärt sich, wenn man Bestimmungsfaktoren
der Produktivität, d.h. den Produktionsmitteleinsatz, vergleicht. In
Afrika haben sich die Methoden der Bodenbearbeitung nur wenig
verändert – kein Pflug, kaum Tieranspannung, extensive Bodennut-
zung, wenig Einsatz von Agrarchemie, keine Mechanisierung, wenig
Tierdüngung.

**Tab. 20: Landwirtschaftliche Produktivität
und ihre Quellen (1994)***

	Afrika	Asien	Lateinamerika
Ertrag je Hektar (kg)	1.230	2.943	2.477
Ertrag pro Kopf (kg)	159	274	280
Beschäftigte je Hektar	5,9	1,3	24,8
Düngemittel je Hektar (kg)	19	126	63
Bewässertes Land (%)	6,6**	33,3	9,2
Traktoren je 1000 Hektar	290	804	1.165

*In Getreideeinheiten ** Die Weltbank beziffert den Anteil auf 4 %, minimal höher
als 1962 (WDR 2008, S. 70)   Quelle: UNCTAD 2000, S. 37

Die Ursachen der landwirtschaftlichen Stagnation in Afrika sind viel-
fältig. Zunächst ist an die ungünstigen natürlichen Bedingungen zu
erinnern: Nährstoffarme Böden, unregelmäßige Niederschläge und
die Belastung durch Krankheiten[42] machen die Landwirtschaft extrem
fragil (Hofmeier/Mehler 2005, S. 169). Dies muss bei Vergleichen in
Rechnung gestellt werden: Industrielle Landwirtschaft ist in vielen
Teilen Afrikas schon wegen der Fragilität der Böden ökologisch nicht
machbar (Chazan 1992, S. 263). Die auch in Afrika versuchten An-

---

42   In Teilen Afrikas verhindert die von der Tse-Tse Fliege verbreitete Schlafkrank-
     heit Viehhaltung.

sätze einer »Grüne Revolution« sind u.a. deshalb nicht weitergekommen: »Die Herausforderungen durch Klima, Bodenbeschaffenheit, Geologie, Geographie und Krankheiten und Schädlinge, die Vieh und Pflanzen befallen können, sind in Afrika weitaus größer als in vielen Regionen Asiens und Lateinamerikas.« (Hoering 2007, S. 33) Hervorzuheben sind die Diversität der Klimazonen und ökologischen Bedingungen, die ›große‹ Lösungen unmöglich machen. Dies sieht auch die Weltbank so, die feststellt, dass in Afrika –anders als im Rest der Welt – zwei Drittel der landwirtschaftlichen Bevölkerung in ungünstigen Gebieten leben, definiert als aride oder semi-aride Zonen und fehlendem Marktzugang (WDR 2008, S. 7).

Ausdruck der fragilen ökologischen Bedingungen ist die Tatsache, dass die für den Ackerbau nutzbare Fläche weniger als 10 Prozent der Gesamtfläche Afrikas beträgt. Derzeit werden nur 5,8 % der Fläche ackerbaulich genutzt, der Rest entfällt auf Naturweiden, Wüsten, Wald usw. (Mabe 2004, S. 342). Es wird angenommen, dass die Anbaufläche noch um ca. 50 % erweitert werden könnte, allerdings nur unter Einbeziehung schlechterer Böden (Rauch 1996, S. 40). Die FAO schätzt, dass die landwirtschaftliche Produktion bis 2030 durch Flächenausdehnung und durch Intensivierung um 75 % gesteigert werden könnte (Hoering 2007, S. 42), was kaum über dem Bevölkerungszuwachs liegt. Die Anbaumethoden sind extensiv, beruhen auf viel Arbeit und geringem Einsatz von technischen Mitteln. Vielfach dominiert Wanderfeldbau, d.h. es gibt einen Wechsel zwischen zwei/ drei Jahren der Nutzung und einer langjährigen Brache. Dies funktioniert aber nicht überall (mehr). Zwar ist Afrika insgesamt immer noch unterbevölkert: In ASS liegt die Bevölkerungsdichte bei etwa 35 Einwohnern pro Quadratkilometer, verglichen mit Indien (260) oder China (120). Es gibt aber auch in Afrika Länder mit Überbevölkerung wie z.B. Ruanda und Burundi. In vielen Gebieten, vor allem in der Nähe der rasch wachsenden städtischen Zentren, ist Land knapp geworden. Die Steigerung der Nahrungsmittelproduktion in Afrika (langfristige Wachstumsrate von ca. 2 %) kam bislang ausschließlich durch Flächenausdehnung zustande, ein Prozess, der Tragfähigkeitsprognosen zufolge bald an seine Grenzen stoßen wird (Rauch 1996, S. 42). Aktuell ist das verfügbare Ackerland aber mit 0,48 ha.

pro Kopf der ländlichen Bevölkerung noch reichlicher als in Ost- und Südasien (0,23 bzw. 0,27 ha) (WDR 2008, S. 93).

Dominierende Betriebsform ist der kleinbäuerliche Familienbetrieb. Zwar gibt es kommerzielle Großbetriebe, meist von weißen Farmern im südlichen Afrika betrieben. Staatsfarmen und Produktionsgenossenschaften sind im Zuge von Privatisierung und Strukturanpassung fast gänzlich verschwunden. Trotzdem ist ein großer Teil der Bauern in die Weltmarktproduktion, d.h. die Produktion von Exportprodukten, eingebunden. Stellt man in Rechnung, dass »die von Exportfrüchten in Anspruch genommene Fläche in Subsahara-Afrika nur einen bescheidenen Anteil der gesamten Ackerfläche (Tanzania: 15 %) ein(nimmt)« (Rauch 1996, S. 43) und dass der größte Teil der Exportfrüchte kleinbäuerlich angebaut wird, dann kann angenommen werden, dass der flächenmäßige Anteil großer landwirtschaftlicher Betriebe gering ist. Ausnahmen sind Südafrika, Zimbabwe und Namibia. Unbekannt ist die Zahl der kleinbäuerlichen Betriebe, die cash crops für den Weltmarkt produzieren. Hyden schätzt den Anteil der Cash-Crop-Erzeugung in den 1960er Jahren für Tansania auf 50 bis 70 % der Agrarproduktion. Es gibt auch reine Subsistenzbetriebe, deren Zahl und Anteil ebenfalls unbekannt sind. Sie dürften aber beträchtlich sein – es gibt Länder wie z.B. Sambia, wo dies auf die Mehrzahl der bäuerlichen Betriebe zutrifft. Wahrscheinlich ist aber richtig, dass die meisten Kleinbauern zumindest zeitweilig sowohl Nahrungsmittel für den Eigenbedarf als auch cash crops erzeugen (Hyden 2006, S. 143).

Obwohl zwei Drittel der aktiven Bevölkerung in der Landwirtschaft arbeiten, ist Arbeitskräftemangel ein Grund des langsamen Produktionswachstums. Da die kleinbäuerliche Produktion Regenfeldbau ist, ist der Arbeitskräftebedarf stark saisonal geprägt. In vielen Regionen drängen sich 70 Prozent der erforderlichen Feldarbeit in nur 4 Monaten des Jahres zusammen (UNCTAD 2000, S. 26). Die Produktion des kleinbäuerlichen Betriebs wird durch die Zahl der verfügbaren Familienarbeitskräfte bestimmt.

Mengenmäßig dürfte die Produktion für den Familienbedarf (einschließlich des lokalen Austausches), d.h. die Subsistenzwirtschaft, überwiegen. Einem im Jahre 2002 in Sambia durchgeführten Haushaltssurvey zufolge stammen gut 50 Prozent der Einkommen der Landbevölkerung aus der Subsistenzproduktion (sind also nicht-monetär), nur 10 Prozent kommen aus der Vermarktung landwirtschaftlicher Produkte. Der Rest stammt aus diversen nicht-landwirtschaftlichen Aktivitäten wie Wanderarbeit in den Minen, Transportdienste, Holzkohle-Produktion, usw. Dies bestätigen Untersuchungen aus den 1990er Jahren, die den Anteil der nichtlandwirtschaftlichen Einkommen der Bauern auf 40, andere sogar auf 60 bis 80 Prozent beziffern. Umgekehrt sind immer mehr Städter, betroffen von Massenentlassungen im formellen Sektor, Personalabbau im öffentlichen Dienst und Jugendarbeitslosigkeit, dazu übergegangen, Nahrungsmittel anzubauen: »Urbane Landwirtschaft ist verbreitet; Bewohner städtischer Regionen sorgen dafür, dass sie in der Nähe ein Stück Land haben, auf dem sie Gemüse anbauen können.« (Hyden 2006, S. 151) Eine Haushaltsuntersuchung in Bangui, Hauptstadt der ZAR, aus den 1990er Jahren zeigt, dass ein großer Teil der Haushaltseinkommen der Städter aus landwirtschaftlicher Subsistenzproduktion stammt. Obwohl die Erzeugung von Exportprodukten wie Kaffee, Kakao, Baumwolle usw. bis zum Beginn des aktuellen Rohstoffbooms stagniert oder abgenommen hatte, kombinieren die kleinbäuerlichen Betriebe wie in der Kolonialzeit die Erzeugung von cash crops mit Subsistenzproduktion. Angesichts der Risiken aus natürlichen Produktionsbedingungen, sozialen Verhältnissen (Krankheit und Tod) und Marktbedingungen (Preisschwankungen bei Nahrungsmitteln und cash crops), fahren die Betriebe Risikominimierungsstrategien, d.h. sie versuchen, die Einkommensquellen zu diversifizieren. »Generell gilt die Regel: Je spezialisierter, umso riskanter.« (Rauch 1996, S. 48) Die Diversifizierung der Einkommensquellen senkt zwar die Produktivität, ist aber angesichts der unsicheren klimatischen und wirtschaftlichen Verhältnisse rational. »Was die Ökonomie der Armen in der ›bäuerlichen Produktionsweise‹ charakterisiert, ist nicht die Sicherheit, sondern der täglich neue Kampf um die Sicherheit.« (Hauck 2001, S. 212) Dass unter diesen Bedingungen Strategien, die den afrikanischen Bauer als profitmaximierenden Unternehmer sehen, nur scheitern können, ist offensichtlich. Dies impliziert eine Risikobereitschaft, die sich der durchschnittliche afrikanische Agrarproduzent, der seine Familie ernähren muss, schlicht nicht leisten kann. In einer Situation, in der ein unternehmerischer Fehlschlag das nackte Überleben gefährdet, ist die einzig rationale Strategie die Risikominimierung durch Streuung der Einkommensquellen (Elwert 1983, S. 132 ff).

Elemente der vorkolonialen Produktionsweise konnten sich konservieren, weil es in Afrika noch wenig – wenn auch zunehmend – Privateigentum an landwirtschaftlichen Flächen gibt. Teilweise gesetzlich abgesichert, teilweise spontan dominieren ›traditionelle‹ (»customary«) Rechte an Grund und Boden. Obwohl es eine große Vielfalt von Regeln gibt, die das Verhältnis zwischen Mensch und Boden bestimmen, ist durchgängiges Prinzip eine religiös gefärbte Vorstellung vom Boden als Lebensquelle. Er wird von der jeweiligen Gemeinschaft treuhänderisch verwaltet, die lediglich Nutzungsrechte vergeben kann. Im Prinzip hat jedes Mitglied der jeweiligen Gemeinschaft Zugangsrechte nach Maßgabe der Fähigkeit, das Land zu nutzen. Die Ausübung der Landrechte folgt verwandtschaftlichen Prinzipien: »Das Band, welches den Menschen mit der Erde verknüpft, ist dasselbe welches ihn an seine Eltern bindet.« (Verdier, zit. Kirk 1999, S. 177) In der Regel ist das Zugangsrecht zum Land verbunden mit der Zughörigkeit zu Gruppen, die durch verwandtschaftliche Beziehungen verbunden sind (»extended family«). Die jeweiligen Formen der Zugangsregelung, der Vererbung, der unterschiedlichen Nutzungsmöglichkeiten von Land[43], sind lokal unterschiedlich: »Afrikanisches Bodenrecht ist durch seine Lokalität gekennzeichnet.« (Kirk 1999, S. 183) Die komplizierten und dem Außenstehenden oft nicht bekannten ›traditionellen‹ Bodenrechtsregeln wurden durch den Einbruch kolonialer Einflüsse und des Instituts des Privateigentums – heute die in Städten und Ballungsräumen dominierende Rechtsform – weiter verkompliziert. Noch undurchsichtiger wurden die Verhältnisse durch die Einrichtung von Staatsfarmen und Genossenschaften, die zwar inzwischen wieder weitgehend verschwunden sind, deren Land aber weiter existiert. Eine Falluntersuchung in Benin in Dörfern nahe großer Verbindungswege zeigte, dass die ›Alten‹ attrak-

---

43   So ist in einigen Regionen der Anbau von Bäumen untersagt, weil dies Eigentumsrechte begründet.

tive Grundstücke an Städter verkauft und sich den Ertrag angeeignet hatten. Bei Reisen in Afrika kann man ungenutztes Land sehen, das durch Schilder als Privatbesitz reicher Städter ausgewiesen ist. Es gibt private Eigentumstitel, die aber unter Berufung auf das traditionelle Bodenrecht bestritten werden können. Die Unsicherheit des Landzugangs gilt auch als Grund der niedrigen landwirtschaftlichen Produktivität – in Boden wird nicht investiert, solange die Rechtslage unklar ist. Vor diesem Hintergrund wurde lange Jahre versucht, private Eigentumsrechte an Grund und Boden zu etablieren. Inzwischen wird meist eingeräumt, dass diese Vorhaben nicht nur gescheitert sind, sondern dass sie zudem die Verhältnisse weiter verkompliziert haben (Hoering 2007, S. 90). »Registrierung von Land schafft wachsende Unsicherheit für schwächere Bevölkerungsgruppen: sie aktiviert nicht den Landmarkt, es sei denn für Bodenspekulation; ... sie verbessert nicht den Zugang von Kleinbauern zu Kredit; außerdem zeigt sich kein signifikanter Zusammenhang zwischen Landtiteln und höheren landwirtschaftlichen Erträgen.« (Havnevik, zit. Hoering 2007, S. 91) Im Bereich des Bodenrechts gilt verstärkt, was für das gesamte afrikanische Rechtssystem typisch ist: Rechtspluralismus, d.h. »eine Person (ist) an einem bestimmten Ort zu einer bestimmten Zeit mehr als einem Rechtssystem unterworfen. In Afrika ist rechtlicher Pluralismus in der Regel eine Folge verschiedener, parallel bestehender Normensysteme.« (Mensa-Bonsu 2007, S. 284) Überflüssig zu erwähnen, dass die Normen selten schriftlich fixiert sind.

Neben der Tatsache, dass ein großer Teil der landwirtschaftlichen Produktion nicht vermarktet wird, ist festzuhalten, dass in vielen Regionen die Grundnahrungsmittel (»staple food«) aus nur lokal handelbaren Produkten bestehen. Für diese »non-tradables« gibt es nur lokale, keine nationalen oder internationalen Märkte und Preise. Dazu gehören klassische Wurzeln wie Maniok oder Yams, aber auch weißer Mais, der in vielen afrikanischen Ländern Grundnahrungsmittel ist.[44]

Die Notwendigkeit, die Produktivität der afrikanischen Landwirtschaft zu erhöhen, um Mittel zur Finanzierung des entwicklungspoli-

---

44 Ein ehemaliger sambischer Landwirtschaftsminister hat den Spitznamen »Mr. Yellow Maize«, weil er den Bauern Produktion und Konsum des international handelbaren gelben Maises empfohlen hatte.

tisch notwendigen Strukturwandels freizumachen, ohne die Versorgung der Bevölkerung mit Nahrungsmitteln zu gefährden, stand im Mittelpunkt der Entwicklungsplanungen nach der Unabhängigkeit. Dabei gab es zunächst zwei, teilweise gleichzeitig verfolgte, Ansätze: Einmal die Modernisierung der kleinbäuerlichen Produktion im Rahmen von integrierten ländlichen Entwicklungsprojekten, die Beratung, Versorgung mit landwirtschaftlichen Inputs und Unterstützung bei der Vermarktung kombinierten. Ein zweiter Ansatz versuchte, den Aufbau von landwirtschaftlichen Großbetrieben, teilweise durch Produktionsgenossenschaften und/oder Staatsfarmen, zu fördern. Beide Ansätze haben nicht funktioniert, wobei auf die unterschiedlich gelagerten Gründe hier nicht eingegangen werden kann. UNCTAD: »Beide Ansätze versuchten, die Unterkapitalisierung und die strukturellen Engpässe der afrikanischen Landwirtschaft zu überwinden; sie wiesen jedoch ernste Mängel bei Planung und Umsetzung auf.« (2000, S. 43)

Es war aber keine Zeit, um diese Mängel zu beheben: Mit dem ab 1977 einsetzenden erneuten Verfall der Preise für cash crops und dem Ausbruch der Schuldenkrise fehlten die Mittel zur Fortführung dieser Versuche. In den SAPs, die den verschuldeten afrikanischen Regierungen von den IFI angedient wurden und die sie nach dem Motto ›friss oder stirb‹ übernehmen mussten, wurde ein völlig neuer Ansatz gefahren. Dessen Eckpunkte waren:

- ›Getting the prices right‹, d.h. Anbindung der Produzentenpreise an die Weltmarktpreise;
- Abbau von Subventionen für landwirtschaftliche Inputs und Kredite;
- Auflösung bzw. Abbau der staatlichen Beratungs- und Vermarktungsinstitutionen und Übertragung an private Akteure.

Fast alle diese Reformen beruhten auf falschen Voraussetzungen, schwächten die Märkte für Agrarprodukte, trugen zum Rückgang der landwirtschaftlichen Produktion und Produktivität bei und veranlassten die Bauern zum Rückzug in Selbstversorgung und Informalität. Dies ist nachweisbar u.a. bei den Preisreformen, welche die Produzentenpreise näher an die Weltmarktpreise bringen sollten. Während die ›Macher‹ dieser Reformen behaupteten, die Produzentenpreise der Bauern durch Reduktion der staatlichen Abschöpfungen steigern zu wollen, trat in Wirklichkeit das Gegenteil ein. Untersuchungen für wichtige Exportprodukte zeigen, dass die Produzentenpreise vor allem in jenen Ländern besonders stark sanken, welche die Reformen konsequent durchführten. In der Folge ging vielfach die Produktion von cash crops zurück, weil es für die Bauern rentabler war, lokale Nahrungsmittel anzubauen. Die lokalen Preise dieser ›non-tradables‹ waren im Zuge steigender Nachfrage angestiegen.

Teilweise katastrophale Folgen hatte die Abschaffung der Subventionen für landwirtschaftliche Inputs – die Bauern wurden auf den Markt verwiesen. Da aber der größte Teil der Produktion der Eigenversorgung diente, verfügten sie nicht über genug Geld, um Saatgut, Düngemittel und Insektizide zu kaufen[45]. Dank der Zerschlagung staatlicher Entwicklungsbanken und Kreditvermittlungen konnten die Bauern auch nicht mehr an Kredite gelangen, die ihnen über den Erntezyklus hinweggeholfen hätten. Die Ideologen des ›Washington Consensus‹ hatten übersehen, dass die Masse der afrikanischen Kleinbauern wenig in die Geldwirtschaft integriert war. Der erschwerte Zugang zu landwirtschaftlichen Inputs führte zu sinkenden Erträgen und zu einem weiteren Anstieg des Anteils der Subsistenzproduktion – für die Bauern war dies ein Programm zur Desintegration der ländlichen Märkte.

Die Auflösung der staatlichen Vermarktungsorganisationen, die den kleinbäuerlichen Produzenten von cash crops eine gewisse Preis- und Absatzsicherheit verschafft, für die Bereitstellung von Inputs auf Kredit gesorgt und die Vermarktung (inklusive Qualitätskontrolle) organisiert hatten, führte zu teilweise dramatischen Einbrüchen. Zwar ist richtig, dass die staatlichen »Stabilisierungskassen« oft der Bereicherung der politischen Klasse dienten und dass private Unternehmen viele dieser Funktionen besser ausführen könnten; tatsächlich aber

---

45 Eine in Sambia vom Verfasser 2005 durchgeführte exemplarische Kalkulation am Beispiel kleinbäuerlicher Maisproduktion ergab, dass die mit den verfügbaren Familienarbeitskräften bei durchschnittlichen Witterungsverhältnissen erzeugte Menge zwar ausreicht, um den Bedarf der Familie zu decken, nicht aber, um durch Verkauf von Überschüssen die notwendigen Inputs bezahlen zu können.

gab es diese privaten Unternehmen nicht bzw. sie hatten keine Erfahrungen auf diesem Gebiet. Auch organisierten die privaten Aufkäufer oft lokale Monopole bzw. sprachen die Preise untereinander ab, so dass die Bauern nun schlechter gestellt waren als zuvor. Vielfach kam es zu Qualitätsmängeln, da die privaten Aufkäufer nicht die notwendigen Produktkenntnisse hatten. Die marktradikalen Reformen vergrößerten im Ergebnis die Risiken der kleinbäuerlichen Produzenten, was diese mit dem weiteren Rückzug aus der Geldwirtschaft und dem Ausbau der Subsistenzproduktion beantworteten. Inzwischen räumt auch die Weltbank, die den Rückzug des Staates aus der Landwirtschaft selbst per Kreditkonditionalität erzwungen hatte, ein, dass dieser Rückzug »überhastet« gewesen sei, dass »einige Länder trotz eines schlechten Geschäftsumfeldes voreilig Reformen durchführten, was den privaten Sektor davon abhielt, die Lücke zu füllen, die durch den Rückzug der staatlichen und halbstaatlichen Unternehmen entstand« (World Bank 2005, S. 55; Hoering 2007, S. 34). Hinzu kam eine drastische Kürzung der öffentlichen Mittel und der Entwicklungshilfe im Landwirtschaftsbereich – der Anteil der Landwirtschaft an den Weltbankkrediten sank von 30 % Anfang der 1980er Jahre auf 7,9 % im Jahre 2002 (Hoering 2007, S. 35).

Inzwischen weiß man, dass die marktradikalen Reformen der Strukturanpassungsprogramme ein Fehlschlag waren. Aufschlussreich ist der von der UNCTAD durchgeführte Vergleich zwischen Ländern, die die Reformen konsequent umgesetzt, und solchen, die dies nicht oder nur teilweise getan haben (Tab. 21).

Die Länder, welche die Auflagen der SAPs am besten befolgten (»good compliance«), haben sowohl bei der Produktion als auch bei den Exporten schlechter abgeschnitten als die weniger reformeifrigen Staaten (»weak« bzw. »poor compliance«). Auffallend die Spalte für die Exporte – die reformschwachen Länder, die in den 1970er Jahren, also vor den Reformen, ungünstiger dastanden als die reformbereiten, wiesen nach den Reformen bessere Ergebnisse auf als die Strukturanpasser. Noch deutlicher ist der negative Einfluss der Reformen, wenn man die Länder mit besonders niedriger Bevölkerungsdichte ausklammert, die nur in den Gruppen der schwachen Reformer und Reformverweigerer zu finden sind.

Tab. 21: Landwirtschaftliche Entwicklung nach Reformbereitschaft (Veränderung in %)

	Landw. Produktion		Landw. Exporte		Nahrungsmittel-produktion	
	1970-80	1985-95	1970-80	1985-95	1970-80	1985-95
Gute Reformer	1,0	2,2	- 2,0	1,0	1,0	1,9
Schwache Reformer	1,6	2,7	-3,3	3,4	1,7	2,6
Reform-verweigerer	1,8	2,6	-4,9	2,3	1,9	2,7

Quelle: UNCTAD 2000, S. 63

In diesem Zusammenhang darf nicht unterschlagen werden, dass die in den IFI bestimmenden OECD-Länder den Afrikanern landwirtschaftlichen Subventionsabbau aufnötigten, während sie ihre eigene Landwirtschaft Jahr für Jahr mit Milliarden überschütten. Angaben der OECD zufolge unterstützten die Regierungen 2006 ihre Landwirtschaft mit 372 Milliarden Dollar. Das ist ein Drittel der landwirtschaftlichen Wertschöpfung aller Entwicklungsländer (1.137 Mrd. $) und das Vierfache der landwirtschaftlichen Wertschöpfung Afrikas (94 Mrd. $). (OECD 2007, WDR 2007, S. 348 ff). Schwerwiegender als die damit verbundene Verzerrung der Konkurrenzverhältnisse zuungunsten der afrikanischen Landwirtschaft sind die politischen Folgen: Die Streichung der Subventionen für ländliche Inputs hat in vielen Ländern die Ernährungslage drastisch verschlechtert und den Staat in den Augen der Bauern desavouiert.

Warum haben diese Maßnahmen nur in der afrikanischen Landwirtschaft so katastrophale Folgen gehabt, während andere Entwicklungsregionen weniger berührt wurden? Zwei Aspekte sind zu berücksichtigen:

- Nur in Afrika wurde die Strukturanpassungspolitik mit Konsequenz durchgeführt, Ausdruck der Schwäche und Abhängigkeit der afrikanischen Staaten. Asien, insbesondere China, hat sich dem zu keiner Zeit unterworfen.

- Wichtiger sind die institutionellen Bedingungen der afrikanischen Landwirtschaft, d.h. die Dominanz der kleinbäuerlichen Subsistenzproduktion, die so in keinem anderen Teil der
  Welt gegeben ist. Die marktradikalen Konzepte hatten übersehen, dass die afrikanische Landwirtschaft nur teilweise in die
  moderne Geldwirtschaft integriert ist.

Es ist eine der Ironien der auf dem ›Washington Consensus‹ basierenden Reformen, dass sie genau das Gegenteil von dem bewirkt
haben, was angestrebt war: Man wollte die afrikanischen Bauern zu
marktorientierten Unternehmern machen; stattdessen wurden sie gezwungen, sich aus den Märkten zurückzuziehen und mehr Sicherheit
produzierende ›traditionelle‹ Strategien der Diversifizierung und Risikominimierung zu fahren.

Durchschlagende Lösungskonzepte für die Schwäche der afrikanischen Landwirtschaft sind allerdings nicht in Sicht. Einerseits führt
kein Weg an einer Steigerung der Produktivität der afrikanischen
Landwirtschaft vorbei.[46] Dies wird unter allen Bedingungen zu einer
Abnahme der Zahl der landwirtschaftlichen Arbeitsplätze führen.
»Über 500 Millionen Kleinbetriebe! Wenn ein großer Teil davon verschwinden würde – woher sollen die neuen Arbeitsplätze kommen?«,
fragt Hoering zu Recht und stellt fest: »Es ist illusorisch, die Masse der
Kleinbauern »wettbewerbsfähig« machen zu wollen, um in der modernen agroindustriellen Globalisierung oder auch nur in der »Super-
markt-Revolution« mithalten zu können.« Auf der anderen Seite aber
ist die Erhaltung der gegenwärtigen, subsistenzorientierten Landwirtschaft weder ökologisch noch ökonomisch realistisch. Sicherlich ist,
wie Deborah Bryceson ausführt, »die Subsistenzproduktion, die oft
von ihren Kritikern als Zeichen für Rückständigkeit gesehen wird,
…in Wahrheit die stärkste Trumpfkarte der Bauern. Bei schlechten
Absatzmöglichkeiten oder stark schwankenden Preisen hat sie eine
wichtige Abfederungsfunktion, die das Überleben der Bauern unter

---

46 Hoering, der die Subsistenzorientierung der afrikanischen Landwirtschaft
    für eine Chance hält, räumt ein: »Unstrittig ist, dass Afrikas Landwirtschaft
    und insbesondere die bäuerliche Landwirtschaft neue, umfassende Konzepte
    braucht, um Produktivität und Produktion zu steigern und die Nutzung der
    Ressourcen Land, Wasser und Arbeitskraft zu verbessern.« (S. 137/138)

widrigen Umständen ermöglicht.« (zit. Hoering 2007, S. 149 ff) Aber eben nicht mehr! Man sollte nicht übersehen, dass die kleinbäuerliche, subsistenzökonomisch ausgerichtete Landwirtschaft ein zunehmend fragiler werdender Überlebensraum ist. Im Zuge knapper werdenden Bodens und steigenden Bevölkerungsdrucks wird er seine Funktion als Überlebensraum immer mehr einbüßen.

Wenig zukunftsträchtig erscheinen die erneuten Anläufe zu einer »grünen Revolution«, die »eine am Weltmarkt ausgerichtete agroindustrielle Landwirtschaft« propagieren. Der relative Erfolg dieser Ansätze in Asien und Lateinamerika basierte auf der dort gegebenen Möglichkeit, wenige, ertragreiche Sorten mit hohem Einsatz von technischen Mitteln und Kapital anzubauen (Herre 2008, S. 200). Dies ist in Afrika aus sozialen (Kleinbauern, kein Privateigentum an Grund und Boden) und ökologischen Gründen nicht möglich: »Die afrikanische Landwirtschaft ist wesentlich ausdifferenzierter als die asiatische. Es gibt stärkere Unterschiede in Afrika: Beim Land, beim Boden, den natürlichen Ressourcen und klimatischen Bedingungen. ...Mehr als 95 Prozent der afrikanischen Landwirtschaft sind niederschlagsabhängig.« (Bage 2008, S. 194).

Andererseits erscheinen Ansätze, die auf »standortgerechten, nachhaltigen Landbau und kleinbäuerliche Landwirtschaft« setzen (Herre 208, S. 200) angesichts der ökologischen und sozialen Situation zwar realistischer, dürften aber unter entwicklungspolitischen Gesichtspunkten nicht ausreichend sein. Die Produktivität der Landwirtschaft wird nur dann nachhaltig steigen, wenn die rasch wachsende Zahl junger Menschen produktive Arbeitsplätze außerhalb der Agrarproduktion findet. Eine isolierte Landwirtschaftsstrategie führt daher nicht weiter. Notwendig ist eine integrierte Strategie des wirtschaftlichen Strukturwandels, die landwirtschaftliche Reformen mit dem Aufbau einer arbeitsintensiven verarbeitenden Wirtschaft verknüpft. Der Einsatz verbesserter Produktionsmethoden in der Landwirtschaft muss mit der Schaffung von Arbeitsplätzen an anderer Stelle verbunden werden.

Die kurz skizzierte Reformdiskussion, selbst die neueren Beiträge der Weltbank im WDR 2008 oder die kritische Arbeit von Hoering, ignorieren eine grundlegend neue Gegebenheit: Die Umkehrung des Trends der Agrarpreise. Der rückläufige Preistrend scheint gebrochen, auch bei vielen traditionellen afrikanischen Agrarprodukten werden inzwischen Allzeithochs verzeichnet.[47] Da angesichts der weltweiten Nachfrageverhältnisse (einschließlich Biotreibstoffe) einerseits und knapper werdender landwirtschaftlicher Ressourcen andererseits (Meadows 2007, S. 57 ff) nicht damit zu rechnen ist, dass es wieder zu einer Niedrigpreisphase kommen wird, ist zu fragen, ob höhere Preise zu einer Überwindung der Schwäche der afrikanischen Landwirtschaft beitragen können.

Bis zuletzt wurden die niedrigen Preise für Agrarprodukte als wichtiger Grund für den Niedergang der afrikanischen Landwirtschaft genannt: »...Das Problem mit den Weltmarktpreisen für die ländlichen Produzenten Afrikas ...ist nicht, dass die Preise schwanken, sondern dass sie stabil niedrig sind«, schreibt Hyden (2006, S. 149). Auch Hoering spricht davon, dass die Kleinbauern »durch den dramatischen Rückgang der Preise für traditionelle Exportprodukte an den Rand des Ruins getrieben« würden (2007, S. 112). Der in den letzten Jahren zu beobachtende deutliche Anstieg der Agrarpreise[48] müsste also eigentlich von den Entwicklungspolitikern und den afrikanischen Bauern begrüßt werden. Dass dem nicht so ist, zeigen die Alarmrufe von Entwicklungshilfeorganisationen, die die Ernährungssituation bedroht sehen, und auch die sich seit dem Jahreswechsel 2007/2008 häufenden Proteste gegen steigende Nahrungsmittelpreise in vielen afrikanischen Ländern.

Die Antwort scheint also nicht so einfach zu sein, wie auf den ersten Blick zu vermuten wäre. Zunächst ist daran zu erinnern, dass der Agrarkontinent Afrika Nettoimporteur von Agrarprodukten, vor allem von Nahrungsmitteln, ist. Ein Viertel der Nahrungsmittel werden importiert (Hoering 2007, S. 37). Der WDR 2008 sagt für das Subsaharische Afrika einen deutlich steigenden Importbedarf voraus – wobei dies auch mit der über Nahrungsmittelhilfe stimulierten Veränderung der Konsumgewohnheiten in Richtung auf Getreide zusammenhängt:

---

47 Obwohl diese in realer Kaufkraft oft noch unter dem Stand bei der Unabhängigkeit liegen.

48 OECD/FAO halten zwar die im Frühjahr 2008 verzeichneten Preissprünge für temporär, rechnen aber damit, dass die Agrarpreise 2008/2017 deutlich über dem Niveau des Zeitraums 1998/2007 liegen werden (OECD/FAO 2008).

Ironischerweise sind die Industrieländer Getreideexporteure, die agrarischen Entwicklungsländer dagegen Nettoimporteure (WDR 2008, S. 86). Gesamtwirtschaftlich ist weiterhin relevant, dass Afrika fast alle Düngemittel importieren muss, deren Preise sich im Zuge der Verteuerung von Energierohstoffen vervielfacht haben (Weltbank 2008b). Außerdem leiden speziell die afrikanischen Agrarproduzenten infolge der großen Entfernungen unter massiv steigenden Transportkosten. Angesichts der auf LKW, Pickups und Taxis beruhenden Transportsysteme wirken sich die höheren Treibstoffpreise bei miserablen Straßenverhältnissen oft prohibitiv aus. Es muss also berücksichtigt werden, dass den höheren agrarischen Absatzpreisen rapide gestiegene Preise für landwirtschaftliche Inputs und Transport gegenüberstehen. Um von den günstigeren Absatzbedingungen profitieren zu können, müssen kostspielige Investitionen getätigt werden, eine für den sicherheitsorientierten Produzenten riskante Angelegenheit.

Um einigermaßen begründete Hypothesen zu den mittelfristigen Wirkungen höherer Agrarpreise (einschließlich Nahrungsmittel) formulieren zu können, müssen wir von der Struktur der afrikanischen Landwirtschaft und den dadurch bedingten Verhaltensweisen der Produzenten ausgehen. Diese sind aber nicht so einheitlich, wie es der oben verwendete Terminus »kleinbäuerlich« suggeriert.

Die erwähnten Proteste und Unruhen brachen zunächst in den Städten aus – die verarmten städtischen Schichten sind die ersten Opfer der höheren Nahrungsmittelpreise. Soweit wie möglich werden diese verstärkt zur Eigenproduktion überzugehen, was den Landdruck um die Städte herum erhöhen dürfte.

Verlierer der Entwicklung sind auch jene Subsistenzbauern, die – u.a. mangels Arbeitskräften – am Rande des Existenzminimums produzieren. Viele ländliche Haushalte müssen selbst dann Nahrungsmittel kaufen, wenn sie insgesamt genug erzeugen, um den Jahresbedarf zu decken. Nach der Ernte, wenn die Preise niedrig sind, muss verkauft werden, um den Bargeldbedarf zu decken bzw. um Schulden zu bezahlen, die man in der ›hungry season‹ gemacht hatte. Lebenswichtige Güter wie Salz, Seife, Speiseöl müssen auch jene Haushalte kaufen, die sich fast ausschließlich von selbst angebautem ›staple food‹ wie Mais, Maniok, Yams, Bohnen usw. ernähren. Für den Schulbesuch der Kinder und für Medikamente und medizinische Versorgung ist ebenfalls Geld nötig. In der ›hungry season‹, also dann wenn die Preise hoch sind, müssen Nahrungsmittel gekauft werden, was oft nur auf Kredit möglich ist. Billig verkaufen, teuer kaufen, das ist der »Teufelskreis der bäuerlichen Verschuldung«, in den die Geldwirtschaft den afrikanischen Bauern gestürzt hat (Coquery-Vidrovitch 1992, S. 157). Besonders betroffen sind jene Bauern, deren Produktion zur Deckung des familiären Nahrungsmittelbedarfs nicht ausreicht, die ›untermarginal‹ produzieren, immer zukaufen müssen und nur dank diverser Nebenbeschäftigungen überleben: Für sie erhöhen sich die Kosten, ohne dass ihre Einkommen steigen. Die Gruppe der ›marginalen‹ und der ›untermarginalen‹ Produzenten ist nicht in der Lage, auf höhere Agrarpreise ›marktmäßig‹ durch Ausdehnung der Produktion zu reagieren, auch wenn noch ausreichend Land zur Verfügung steht. Es fehlen Arbeitskräfte; der Einsatz von Produktionsmitteln ist wegen fehlender finanzieller Reserven nicht möglich bzw. zu riskant. Der Übergang zu ökologisch angepassten und tendenziell ertragreicheren Produktionsmethoden ohne den Einsatz von Chemie und ›moderner‹ Technologie – was Hoering u.a als Ausweg sehen (Hoering 2006, Herre 2008, S. 200) – ist oft arbeitsintensiv und daher für diese Kategorie von Subsistenzbauern kein gangbarer Weg. Sie dürften sich angesichts der mit steigenden Lebenshaltungskosten verbundenen Unsicherheit eher veranlasst sehen, außerhalb der Landwirtschaft zusätzliche Verdienstmöglichkeiten zu suchen: »Arme Bauern minimieren eher Risiken, als dass sie Erträge zu maximieren versuchen.« (Bage 2008, S. 191)

Dagegen könnten jene Bauern, die über ausreichende Arbeitskräfte verfügen und die neben Nahrungsmitteln auch cash crops anbauen bzw. anbauen könnten, unter bestimmten Bedingungen von den Preiserhöhungen profitieren. Dies wird allerdings nicht dazu führen, dass diese Betriebe – wie von den Agrarreformern der Weltbank empfohlen – die Subsistenzproduktion aufgeben. Denn Ernährungssicherung, nicht Profitmaximierung, ist nach wie vor die betrieblich dominierende Logik.[49] Auch ist die Stärkung der leistungsfähigeren

---

49 Wahrscheinlich wird das zu mehr Arbeitsdruck auf die Frauen führen, die in diesem Betriebstyp oft für die Erzeugung von Nahrungsmitteln zuständig sind.

Betriebe kein Selbstläufer. Auch für die besser situierten Kleinbauern ist der Zugang zu landwirtschaftlichen Inputs, zu Krediten und zu Märkten schwierig und teuer. Mancher mag wegen der hohen Input- und Transportkosten vor einer Steigerung der Produktion wegen der damit verbundenen Risiken zurückschrecken.

So ist wahrscheinlich, dass dauerhaft höhere Preise für Agrarprodukte – und zwar sowohl für Nahrungsmittel wie für cash crops – den Differenzierungsprozess innerhalb der großen und vielfältigen Gruppe subsistenzorientierter Kleinbauern weiter vorantreiben wird. Während die Lage der ›marginal‹ bzw. ›submarginal‹ wirtschaftenden Bauern prekärer wird – möglicherweise werden sie als Saisonarbeiter Verdienstmöglichkeiten bei ihren cash crops produzierenden Nachbarn finden –, dürfte sich die Situation der leistungsfähigeren Betriebe (bei günstigen institutionellen Rahmenbedingungen) tendenziell stabilisieren. Allerdings ist nicht damit zu rechnen, dass dies zu einer raschen Produktions- und Produktivitätssteigerung der Landwirtschaft führt. Denn auch die besser gestellten Betriebe werden ihre Risikominimierungsstrategien nicht von heute auf morgen aufgeben und riskante Investitionen zur Steigerung von Produktion und Produktivität tätigen, selbst wenn diese über Kredite finanziert werden könnten.

Immerhin dürften die mit höheren Absatzpreisen verbundenen höheren Einkünfte mittelfristig sowohl die ländlichen Märkte stärken als auch den Erwerb und Einsatz notwendiger landwirtschaftlicher Inputs vergrößern, mit positiven Wirkungen für die Produktivität. Nicht zu unterschätzen ist auch der Effekt einer besseren Ernährungs- und Gesundheitssituation für die Produktivität. Dabei wird vorausgesetzt, dass höhere Preise sowohl für cash crops als auch für lokale Nahrungsmittel bei den Erzeugern auch ankommen. Wichtig ist also die Organisation des Handels, die Verhinderung von lokalen Händlermonopolen und die Existenz bzw. Verbesserung von physischen Marktzugängen – eine exorbitante Steigerung der Transportkosten als Folge hoher Treibstoffpreise könnte positive Effekte zunichte machen.

Dieser Prozess könnte in jenen Ländern positive Wirkungen auf die gesellschaftliche Entwicklung haben, in denen kleinbäuerliche Erzeugung und Export von cash crops eine bedeutende Rolle spielen. Denn

anders als bei mineralischen Rohstoffen sind die Produktions- und Zir-
kulationsketten von für den Weltmarkt produzierten Agrarprodukten in
die Gesamtökonomie integriert, es gibt also positive Multiplikatorwir-
kungen. Deren Umfang hängt entscheidend von der Qualität des institutionellen Umfelds ab. Dies betrifft zuallererst die Durchsetzungsfähigkeit der bäuerlichen Organisationen. Bei vielen Produkten sind Teile
der Wertschöpfungskette, oft Einkauf und Vertrieb, gemeinschaftlich
organisiert. In Bereichen wie Baumwolle, Palmöl und Kautschuk gibt
es gut funktionierende bäuerliche Strukturen, die auch einen gewissen
Einfluss auf die Preisbildung haben (Peltzer 2007b). Weiterhin muss es
funktionierende Märkte geben, da sowohl Aufkauf und Transport der
Produkte als auch der Verkauf von Inputs von privaten Händlern organisiert werden.[50] Es muss ein funktionierendes Zusammenspiel mit
Exportunternehmen bzw. Produzenten von Inputs geben, die nicht
selten Filialen von TNK sind. Auch wenn als Folge der SAPs inzwischen viele Funktionen der Wertschöpfungskette in privaten Händen
liegen, so spielen im Bereich der Beratung und des ländlichen Kreditwesens weiterhin staatliche Strukturen die Hauptrolle.

Inzwischen hat sogar die Weltbank eingesehen, dass funktionierende Märkte nicht weniger, sondern mehr und bessere staatliche
Regulierung, d.h. die »sichtbare Hand des Staates« (WDR 2008,
S. 2) benötigen.[51] Die mit zunehmender Landknappheit steigenden
Anforderungen an ökologisch nachhaltige Produktionsmethoden
und die differenzierter werdenden Qualitätsanforderungen seitens
der Verbraucherländer (einschließlich der Verbreitung von Öko- und

---

50   Nicht selten spielen bestimmte ethnische Gruppen wie Libanesen, Inder usw.
      eine dominierende Rolle.

51   Diese Erfahrung hat zuerst England gemacht, wie Karl Polanyi gezeigt hat: »…
      so führte die Einrichtung freier Märkte keineswegs zur Abschaffung von Kon-
      trollen, Reglementierungen und Interventionen, sondern vielmehr zu deren
      enormer Ausweitung. Administratoren mussten ständig darauf achten, dass das
      System frei funktionieren konnte. So kam es, dass sogar jenen, die sich nichts
      sehnlicher wünschten, als den Staat von allen möglichen unnötigen Aufgaben
      zu befreien, und deren ureigenste Philosophie die Einschränkung der staatli-
      chen Tätigkeit forderte, nichts anderes übrig blieb, als eben diesen Staat mit
      neuen Vollmachten, Organen und Instrumenten, die für die Durchsetzung des
      Laissez-faire erforderlich waren, auszustatten.« (Polanyi 1944/1978, S. 194/195)

Sozialstandards) erfordern ein dichtes und differenziertes staatliches Regelwerk. So übersieht Hoering, dass die steigenden Anforderungen europäischer Supermarktketten an Liefermenge, Zuverlässigkeit und Qualität von Agrarprodukten »gerade auch Kleinbauern große Chancen bieten« (Peltzer 2007b), wenn sie zur Verbesserung des institutionellen Umfelds der afrikanischen Landwirtschaft genutzt werden können. Wenn die »kapitalistische Inwertsetzung« der bislang untergenutzten landwirtschaftlichen Ressourcen Afrikas gelingen soll (Hoering 2006, S. 139), dann kann das nur mit und nicht gegen die existierenden Strukturen erfolgen. Eine Industrialisierung der afrikanischen Landwirtschaft, wie sie Hoering als Ergebnis der Strategie der TNK und der IFI befürchtet – bezeichnenderweise unter Rückgriff auf Beispiele aus Asien und Lateinamerika –, erscheint in Afrika kaum durchführbar.[52]

»Bäuerinnen und Bauern benötigen Landsicherheit und Wasserversorgung, sie benötigen Saatgut, Dünger und Schädlingsbekämpfungsmethoden. Sie brauchen Geld für Investitionen in die Landwirtschaft, für Schulgebühren und Konsumgüter, sie benötigen Beratung, Infrastruktur und Absatzmöglichkeiten.« (ebd. S. 138) Dies stellt große Anforderungen sowohl an die existierenden Organisationsstrukturen der Kleinbauern als auch an die Handlungsfähigkeit afrikanischer Geschäftsleute und last but not least an die Handlungsfähigkeit der staatlichen Verwaltungen. Die TNK können weder Landsicherheit herstellen noch Strukturen unterhalten, die die Kleinbauern erreichen – diese sind zur Erschließung der afrikanischen Ressourcen auf die Funktionsfähigkeit endogener afrikanischer Strukturen angewiesen. Die Erzeugung von Kaffee, Kakao und Baumwolle erfolgt nicht auf ›Produktionsinseln‹ wie die Ausbeutung von Mineralien, sie ist eingebettet in die afrikanische Ökonomie und Gesellschaft. Ob die afrikanische Landwirtschaft die Chance dauerhaft höherer Agrarpreise nutzen kann, hängt entscheidend davon ab, ob das institutionelle Umfeld, d.h. die Selbstorganisationen der Bauern, die privaten Akteure und die staatlichen Agrarverwaltungen entsprechend reagieren. Geschieht

---

52 Bezeichnend ist, dass die Industrialisierung der Landwirtschaft in Südafrika und teilweise auch in Südrhodesien/Zimbabwe nur durch Einsatz offener Gewalt gelungen ist.

das nicht, so ist durchaus möglich, dass die oben angedeuteten ›perversen‹ Reaktionen überwiegen: Höhere Preise für Nahrungsmittel und landwirtschaftliche Inputs vergrößern die Existenzunsicherheit der Kleinbauern und veranlassen sie, vermehrt Einkommensquellen außerhalb der Agrarproduktion zu suchen.

Als mögliche Wirkungen dauerhaft höherer Agrar- und Nahrungsmittelpreise können folgende Punkte zusammengefasst werden:

- Eine zunehmend prekäre Lage der ›marginalen‹ Subsistenzbauern und der städtischen informellen Produzenten;
- Leistungsfähigere Bauern (bessere Böden, Wasser, mehr Arbeitskräfte), die cash crops mit Subsistenzproduktion kombinieren, dürften per saldo besser abschneiden, wenn auch die Auswirkungen der energiepreisbedingten Kostensteigerungen bei Transport und Inputs nicht übersehen werden dürfen;
- Ob auf den Export von cash crops spezialisierte Volkswirtschaften per saldo gewinnen, ist ungewiss. Zwar werden die Exporteinnahmen wegen der höheren Absatzpreise steigen; andererseits erhöhen sich aber auch die Kosten der Nahrungsmittelimporte. Speziell für erdölimportierende Agrarländer steigt die Energierechnung.

Auch wenn anzunehmen ist, dass dauerhaft höhere Preise für Agrarprodukte mittelfristig einer Mehrheit der afrikanischen Bauern zugute kommen könnten, so ist dies doch keine Automatik. Verschiedene Rahmenbedingungen, die nur staatlich hergestellt werden können, müssen gegeben sein:

- Stabile und alternative Beschäftigungsmöglichkeiten für die in ihrer Existenz gefährdeten ›marginal‹ produzierenden Subsistenzbauern;
- Investitionen in ländliche Infrastrukturen, Ausbau des ländlichen Kreditwesens und ein verbesserter physischer Marktzugang zur Senkung der Transportkosten;
- Verhinderung lokaler Händlermonopole, die die Preise für landwirtschaftliche Inputs hochtreiben und die Absatzpreise drücken;
- Ausbau der in der Vergangenheit vernachlässigten ländlichen Beratungs- und Informationsdienste;

- Verbesserung des institutionellen Umfelds für organisatorische Zusammenschlüsse der Bauern.

3.7 Die Ökonomie der Unordnung – Formalität und Informalität

Unter dem Druck der Strukturanpassungspolitik der 1980er und 1990er Jahre und angesichts schwankender, insgesamt niedriger Absatzpreise für Agrarprodukte erlebte die in Afrika immer wichtige informelle Wirtschaft eine Renaissance. Damit handelten die wirtschaftlichen Akteure durchaus rational. Erstes Ziel der Wirtschaftstätigkeit ist nicht der Gewinn, wie die Neoliberalen meinen, sondern das Überleben. Das aber ist für die Masse der Afrikaner immer noch eine Tagesfrage und unter den Bedingungen der Fragilität der afrikanischen Ökonomie – wie gezeigt – zentrales Wirtschaftsmotiv. In welchem Maße die Krise und die SAPs der 1980er und 1990er Jahre den formellen Sektor geschwächt und den informellen Sektor revitalisiert haben, zeigt exemplarisch das Beispiel des vergleichsweise hoch entwickelten Kenia: Der Anteil des formellen Sektors an der nichtlandwirtschaftlichen Beschäftigung sank von 77 % (1990) auf 30 % (2000), und zwar sowohl durch den Rückgang im öffentlichen Bereich (von 30 auf 11 %) als auch in der formellen Privatwirtschaft (von 36,5 auf 17 %) (UNCTAD 2007, S. 48).

Als informeller Sektor wird jener Teil der Wirtschaft bezeichnet, »der sich den formal-rechtlichen Bestimmungen der betreffenden Gesellschaft in erheblichem Umfang entzieht; in den Entwicklungsländern gehören dazu weite Bereiche der städtischen Dienstleistungen und der Kleinproduktion, aber auch die kleinbäuerliche Subsistenzwirtschaft ...« (Hein 1998, S. 75). Der Teil der Wirtschaft, in dem regelmäßig Steuern bezahlt werden, in dem zumindest Kernelemente der jeweiligen Sozialgesetzgebung gelten und wo im großen und ganzen Verträge eingehalten werden – also der formelle Sektor –, beschränkt sich in Afrika auf den Staat und auf mittlere und große Unternehmen. Zum informellen Sektor werden die gesamte kleinbäuerliche Landwirtschaft und 70 bis 80 Prozent der urbanen Beschäftigung gezählt – insgesamt dürften mehr als drei Viertel der aktiven Bevölkerung Afrikas im informellen Sektor arbeiten.

Daher ist fraglich, ob die Unterscheidung zwischen formellem und informellem Sektor in Afrika viel erklärt. Wenn die übergroße Mehrheit der Produzenten dort arbeitet, wo die »formell-rechtlichen Bestimmungen der Gesellschaft« nicht gelten, dann sind dies eben keine die Gesellschaft bestimmenden Regeln. Es kann aber nicht angenommen werden, dass eine Gesellschaft ohne Regeln funktioniert: Im informellen Sektor, also dort wo fast alle arbeiten, gelten nur andere als die »formell-rechtlichen«. Auch die afrikanische Wirtschaft ist arbeitsteilig organisiert, d.h. sie kann nur funktionieren, wenn die Wirtschaftsakteure kooperieren und ihre Produkte und Leistungen austauschen. Auch die moderne bäuerliche Subsistenzwirtschaft[53] ist nicht autark, sondern ist – in zunehmendem Maße – auf Austausch angewiesen, benötigt also Geld. Diese Kooperations- und Austauschbeziehungen aber werden nach anderen als den »formell-rechtlichen« Regeln abgewickelt. »Africa works« (Afrika funktioniert) ist der Titel einer viel diskutierten Veröffentlichung, die zu klären sucht, nach welchen Regeln afrikanische Politik, Wirtschaft und Gesellschaft funktionieren. Den Autoren zufolge handelt es sich um eine »politische Ökonomie der Unordnung«, wobei Unordnung nicht Irrationalität meint: Es meint lediglich, dass die geschriebenen Regeln nicht – bzw. nur manchmal – gelten, dass eine andere Art von Rationalität herrscht, als wir sie gewohnt sind (Chabal/Daloz 1999). Ein Beispiel sind die oft unverständlich hohen Aufwendungen, die bei Beerdigungen, Hochzeiten und ähnlichen ›Zeremonien‹ getrieben werden – einer Redensart zufolge wird bei Krankheit eines Familienangehörigen nicht Geld für Arzt und Medikamente ausgegeben, sondern es wird für die Beerdigung gespart. Die Ausgaben bei solchen Gelegenheiten sind aber weder Verschwendung noch irrational, es handelt sich um Investitionen in soziale Beziehungen, ohne welche die Familie im Krisenfall schutzlos wäre.

---

53 Coquery-Vidrovitch macht darauf aufmerksam, dass Subsistenzlandwirtschaft auch historisch nichts mit Autarkie zu tun hat: Schon immer ging diese mit regelmäßigem lokalem Austausch und selbst mit einer gewissen Beteiligung am Fernhandel einher (Coquery-Vidrovitch 1969/2007, S. 55).

Obwohl die konkreten informellen Regeln je nach Lokalität, Gruppenzugehörigkeit, Ethnie, usw. diversifiziert sind, machen Chabal/Daloz darauf aufmerksam, dass »in einer Welt der Unordnung vertikale und personalisierte Beziehungen innerhalb der Institutionen honoriert werden.« (1999, S. xix). Anders ausgedrückt: Basis von Politik und Wirtschaft sind gruppeninterne persönliche Beziehungen. Hyden nennt das – nicht besonders glücklich – »economy of affection« (Ökonomie der Zuneigung): »Kernprinzipien sind a) es ist wichtiger, wen man kennt, als was man kennt, b) Verteilung persönlichen Reichtums ist rentabler als Investitionen, und c) jemandem heute zu helfen, zahlt sich morgen aus. Dies ist der Kern der informellen politischen Ökonomie die ich ›Ökonomie der Zuneigung‹ nenne« (Hyden 2006, S. 72).[54]

Es geht aber nicht um Zuneigung oder Gefühle: Es geht darum, dass die Regeln und Motive, nach denen der jeweilige Partner handelt, bekannt sein müssen und dass es gegenseitige Verpflichtungen gibt. Nur wenn man weiß, nach welchen Normen und Regeln der Partner agiert, kann man ihm vertrauen. Da das Regelwerk und die moralischen Normen aber lokal, ethnisch, religiös, schichtspezifisch usw. fragmentiert sind – es fehlt ein im Rahmen der Gesellschaft (der ›Nation‹) allgemein akzeptiertes Regelwerk –, erklärt sich das verbreitete Misstrauen, das alle Europäer, die Afrika kennen, so frappiert. Da die staatlich kodifizierten Regeln und Organisationen als illegitim gelten, aufgezwungen sind und nicht selten im Widerspruch zu Traditionen stehen, wird nach eigenen Regeln gehandelt. Das Problem ist, dass diese differenziert sind, d.h. nur in einer bestimmten verwandtschaftlich, sozial, religiös, lokal usw. definierten Gruppe gelten, während andere Gruppen andere Regeln haben (»Rechtspluralismus«). Geschäfte zwischen den Angehörigen verschiedener Gruppen sind da-

---

54 Hauck übersetzt »affection« mit »Gefühlsbindung«, was den von Hyden benutzten Ausdruck nicht glücklicher macht (Hauck 2001, S. 208). Seine inhaltliche Kritik an Hyden ist m. E. aber unberechtigt – denn Hyden behauptet weder einen Rückzug in die Subsistenzwirtschaft (ebd. S. 213), noch leugnet er die Bedeutung der Geldwirtschaft (ebd. S. 212), noch schildert er jene als Idylle (ebd., S. 211). Was die Gesellschaft nach Hyden zusammenhält ist eine Logik, »die auf direkte, face-to-face Reziprozität« bei der Erledigung von Geschäften (Hyden 2006, S. 72) basiert.

her kompliziert – kennen doch die involvierten Geschäftspartner die Motive, Wertvorstellungen und Regeln nicht, denen der jeweils andere folgt. Daher zieht man in Afrika immer Geschäfte mit Personen vor, die den gleichen Gruppen angehören – wobei die Basis dieser Gruppen sehr unterschiedlich sein kann: Zugehörigkeit zur gleichen Verwandtschaftsgruppe – vielfach versuchen Afrikaner bei ersten Kontakten herauszufinden, ob sie gemeinsame Verwandte haben –, zur gleichen Kirche, Besuch der gleichen Schule/Universität usw. Ein Unternehmer wird vorzugsweise Personen aus Gruppen beschäftigen, denen er selbst angehört, auch wenn diese weniger qualifiziert sind als andere. Nur denen kann er trauen. Bevor er sein Geschäft so ausdehnt, dass er ›Fremde‹ einstellen muss, wird er lieber auf Expansion verzichten.

Zu betonen ist, dass die Gruppe nicht ethnisch oder verwandtschaftlich definiert sein muss. Die Annahme, in Afrika bestimmten Verwandtschaft und Ethnizität/Stammeszugehörigkeit das wirtschaftliche und politische Handeln, ist eine unzulässige Verallgemeinerung. Es scheint im Gegenteil, dass die Bindungskraft der Verwandtschaft außerhalb der Kernfamilie an Bedeutung verloren hat. Eine Studie für Sambia Anfang der 2000er Jahre zeigt, dass bedürftig gewordene Familienmitglieder immer weniger auf die Unterstützung von entfernteren Verwandten zählen können. Es ist daher umso wichtiger, andere Gruppenbeziehungen wie Kirchenzugehörigkeit, Berufsgruppen usw. zu aktivieren. Dies wird auch von Hyden unterstrichen: »… die Suche nach Hilfe wird zur Notwendigkeit. Traditionelle soziale Netzwerke sind zusammengebrochen bzw. sind, selbst wenn sie mobilisiert werden können, oft nicht mehr ausreichend. Neue Beziehungen müssen aufgebaut werden …Kurz, das Dilemma der meisten afrikanischen Haushalte ist die Tatsache, dass die alten Beziehungen (relations of affection), die auf verwandtschaftlichen oder anderen lokalen Sozialstrukturen beruhen, oft nicht mehr stark genug sind, um die mit der Marktgesellschaft verbundenen Herausforderungen zu bewältigen und die mit der verschlechterten Gesundheit, insbesondere den Folgen von HIV/AIDS, verbundenen steigenden Kosten zu decken.« (Hyden 2006, S. 202) Der entlassene Beamte oder Arbeiter des formellen Sektors oder der von Preisverfall betroffene Cash-Crop-Produzent, der versucht, die Unterstützung der ›extended family‹ zu aktivieren, stellt fest, dass sowohl deren Fähigkeit als auch deren Bereitschaft zu gegenseitiger Hilfe abgenommen hat; er muss versuchen, Beziehungen im Rahmen anderer Gruppenzugehörigkeiten zu aktivieren, was zusätzliche ›Investitionen‹ erfordert und zudem nicht unbedingt erfolgreich sein muss. Zu durch den Marktprozess verursachten Unsicherheiten kommt die durch die Erschütterung und Überlastung traditioneller verwandtschaftlicher Strukturen bedingte Unsicherheit.

Müssen im wirtschaftlichen und politischen Leben Beziehungen zu Angehörigen ›fremder‹ Gruppen eingegangen werden, wie es in der modernen Ökonomie und Politik unumgänglich ist, dann ist die Herstellung persönlicher Bindungen wichtig. Große Organisationen, die nach abstrakten Regeln funktionieren, haben es in Afrika schwer: »Small is beautiful« in Afrika, fasst Hyden zusammen (2006, S. 159). Für einen Beamten ist es schwierig, seine Aufgaben ›ohne Ansehen der Person‹ zu erfüllen – er lebt in einem Geflecht von persönlichen Abhängigkeiten, das er bei Strafe der gesellschaftlichen Isolierung nicht ignorieren kann. Mitglieder von Gruppen, denen er angehört, würden es nicht verstehen, wenn ihnen ›Fremde‹ vorgezogen würden; sie würden das negativ sanktionieren, was den ›pflichtbewussten‹ Beamten der Gefahr aussetzt, im Krisenfall ohne den Schutz der Gemeinschaft dazustehen. Indem er Angehörigen ›seiner‹ Gruppen (das ist, wie gesagt, nicht bloß die ›extended family‹) einen Gefallen tut, verpflichtet er diese zu Gegenleistungen. Es handelt sich bei diesen Beziehungen immer um Reziprozität, nicht um Zuneigung. Diese Reziprozität muss nicht quantitativ und in einem bestimmten Zeitraum ausgeglichen sein; die Gewährung von Leistungen ist aber unabdingbar, um im Notfall Gegenleistungen erhalten zu können. Unter den modernen Bedingungen der Geldwirtschaft entartet dieses System leicht zu Korruption, die in Teilen Afrikas endemisch scheint.

Deshalb sind von den IFI verlangte und geförderte Modernisierungen der öffentlichen Verwaltung so oft gescheitert. Unserem europäischen Verständnis nach sind leistungsgerechte Bezahlung, Aufstiegsprinzipien und regelorientiertes Handeln Bedingungen der Effizienz. Mehr ›sein‹ (d.h. eine höhere Position haben, mehr Geld verdienen) als bestimmte andere, kann aber ein Verstoß gegen informelle Regeln sein und das fragile Geflecht von sozialen Beziehungen gefährden. Die den mit Afrika vertrauten Europäern bekannte Schwierigkeit für manche Afrikaner, persönliche Erfolge zu haben und diese auch zu zeigen, hängt mit diesem fragilen Gleichgewicht zusammen – der rasche Aufstieg einer Person wird von den Gemeinschaften, denen diese Person angehört, nur dann akzeptiert, wenn die Interessen der anderen Gruppenmitglieder berücksichtigt und die Erträge des Aufstiegs geteilt werden. Die Steigerung des individuellen Einkommens durch Leistung nützt dem Betreffenden materiell nur wenig, da mit seinem Wohlstand auch Zahl und Ansprüche der von ihm zu Unterstützenden wachsen. »Der reiche Mann ist wie ein Teich, zu dem alle Vögel der Welt kommen, um zu trinken« besagt ein Sprichwort aus der Côte d'Ivoire (Iliffe 1983, S. 20). Aber es kommt seinem Ansehen zugute, was z.B. einer angestrebten politischen Karriere nützen kann.

Es liegt auf der Hand, dass dieses komplizierte, auf Gruppenzugehörigkeiten und persönliche (»face-to-face«) Beziehungen der Reziprozität basierende Regelwerk mit einer modernen, marktwirtschaftlich-kapitalistisch verfassten Wirtschaft nicht kompatibel ist. Dort herrschen unpersönliche Regeln und Vorschriften, die individuellen Erfolg und Gewinnstreben honorieren: »Der Mensch ist auf das Erwerben als Zweck seines Lebens, nicht mehr das Erwerben auf den Menschen als Mittel zum Zweck der Befriedigung seiner materiellen Lebensbedürfnisse bezogen.« So beschreibt Max Weber (1905/2005, S. 41) den »Geist des Kapitalismus«, in dem individueller Erfolg, individuelles Sparen und investive Verwendung gesellschaftlich positiv besetzt sind und honoriert werden. Hinzu kommt: Der »moderne rationale Betriebskapitalismus bedarf, wie der berechenbaren technischen Arbeitsmittel, so auch des berechenbaren Rechts und der Verwaltung nach formalen Regeln, ohne welche zwar Abenteurer und spekulativer Händlerkapitalismus und alle möglichen Arten von politisch bedingtem Kapitalismus, aber kein rationaler privatwirtschaftlicher Betrieb mit stehendem Kapital und sicherer Kalkulation möglich ist.« (ebd., S. 18) Die nach Max Weber für das Funktionieren des Kapitalismus zentralen Prinzipien: individuelles Gewinnstreben, Akkumulation von Reichtum und berechenbares Recht stehen in Gegensatz zu den das wirtschaftliche und gesellschaftliche Leben in Afrika regelnden Grundsätzen.

Nun ist es weder wünschenswert noch möglich, die Afrikaner zur Übernahme dieses »Geistes« in Reinkultur zu veranlassen. Wie die asiatischen Beispiele erfolgreicher wirtschaftlicher Entwicklung zeigen, gibt es durchaus Spielräume, um traditionell gewachsene Wertvorstellungen mit den Anforderungen des weltmarktgetriebenen Kapitalismus zu vereinen. Gleichwohl müssen die gesellschaftlichen Regeln den Bedürfnissen einer extrem arbeitsteilig organisierten Wirtschaft angepasst werden – was u.a. beinhaltet, dass eine Gesellschaft (= ›Nation‹) gemeinsam Regeln entwickelt und die offiziellen, formalen Institutionen zumindest grundsätzlich von allen Akteuren als legitim anerkannt und akzeptiert werden. In einer durch Großorganisationen und differenzierte Arbeitsteilung gekennzeichneten Ökonomie ist es unabdingbar, dass die Akteure – ohne Ansehen der Person – nach diesen Regeln handeln.

Dass dies in Afrika kompliziert ist, hat wenig mit der Romantik der kleinen Gruppe zu tun. Die Gemeinschaften sind keine Kuschelecken, in denen sich jeder wohl fühlen kann – sie sind vielfach extrem hierarchisch organisiert, wenden repressive Methoden an und schließen jene aus, die Gruppennormen verletzen bzw. im Geflecht der Reziprozität nichts zu bieten haben. Auch die vorkoloniale Dorfgemeinschaft war durch soziale Ungleichheit gekennzeichnet (Coquery-Vidrovitch 1992, S. 150). Ungehorsam gegenüber Autoritäten ist nicht geraten: »In Gemeinschaften, in denen nur die lokalen Verhältnisse vertraut sind, gibt es eine natürliche Tendenz, nach jener Sicherheit zu streben, welche darin liegt, die Herausforderung lokaler hierarchischer Strukturen und Hegemonialverhältnisse zu vermeiden.« (Hyden 2006, S. 159) Unter Bedingungen der eindringenden Monetärwirtschaft rückt das Geld in den Mittelpunkt der Beziehungen, verflicht sich Reziprozität mit Korruption. Auch können die Beziehungen zwischen den Gruppen extrem gewalttätig werden, wie der Fall Ruanda gezeigt hat. Die Gruppe als Schutzraum ist exklusiv gegenüber den Angehörigen anderer Gruppen. Man schließt sich Gruppen an und unterwirft sich ihren Normen nicht aus »affection«, Zuneigung: Man braucht sie als Netz sozialer Sicherheit, als Überlebensgarantie in Krisensituationen, es sind Überlebensräume in einer unsicheren Welt. Will man die damit verbundene Fragmentierung der Gesellschaft überwinden und gesamtgesellschaftlich gültigen und formalisierten Institutionen zum Durchbruch verhelfen – und nur so kann Entwicklung gelingen –, dann muss man Überlebenssicherheit im Rahmen der formellen Institutionen schaffen.

Die katastrophale Wirkung der Strukturanpassungspolitik in Afrika ist denn auch weniger auf dem Gebiet der Ökonomie im engen Sinne als in den gesellschaftlichen Beziehungen zu sehen. Die oft repressive, hierarchisch strukturierte und exklusive Gruppe und das mit der Notwendigkeit, so vielen Gruppen wie möglich anzugehören, verbundene Verhalten wird nicht aus »Zuneigung« zu dieser aufrecht erhalten. Im Mittelpunkt steht der Schutz, den solche Angehörigkeiten im krisenhaften Umfeld des afrikanischen Lebens gewähren. Die Strukturanpassungspolitik nach der Logik des ›Washington Consensus‹ folgte dagegen dem Prinzip des angelsächsisch geprägten individuellen Kapitalismus, demzufolge jeder für sich selbst zu sorgen habe: Die modernen ›wohlfahrtsstaatlichen‹ Einrichtungen, die die Menschen vor den Unwägbarkeiten des ungeregelten Weltmarkts schützen bzw. dessen Wirkungen sie abmildern sollten, wurden zerschlagen und aufgelöst, ohne dass rationell organisierter Ersatz zur Verfügung stand. Die Gehälter der Beamten blieben aus, die Schulabgänger fanden keine Arbeitsplätze mehr, die Produzenten von cash crops wussten nicht mehr, ob und zu welchem Preis sie verkaufen konnten, die Beschäftigten der Staatsbetriebe wurden ›freigesetzt‹ und ihnen wurde – wie den arbeitslosen Schulabgängern – geraten, sich als Unternehmer selbständig zu machen. Die mit dem modernen Staat verbundenen und eine gewisse soziale Sicherheit bietenden Strukturen verschwanden; die ohnehin fragile Legitimationsbasis des modernen Staates und seiner Einrichtungen wurde beschädigt oder zerstört. Der Beamte oder Rentner, der nun monate-, oft jahrelang auf sein Gehalt oder seine schmale Rente warten musste, war auf Gedeih und Verderb auf die Solidarität seiner Familie, seines Dorfes, seiner Kirche usw. angewiesen. Die Strukturanpassung in Afrika war ein Programm zur Entwertung und Delegitimierung moderner formeller gesellschaftlicher Einrichtungen und zur Rehabilitierung der traditionellen oder modernen, endogenen »political economy of disorder«, kurz: ein im schlechtesten Sinn des Wortes antikapitalistisches Programm. Der mit Problemen verbundene, korruptionsbehaftete, langsame und fehlerhafte Modernisierungsprozess Afrikas wurde gestoppt und zerschlagen, ohne dass Alternativen angeboten wurden.

Daher kann nicht überraschen, dass es in der Folge einen allgemeinen Rückfall in Informalität, in Tribalismus, in Hexen- und Fetischglauben, in Korruption und Unberechenbarkeit gab. Der zerstörerische Effekt der neoliberalen Strukturanpassung hat Afrika um Jahrzehnte zurückgeworfen. Sie hat Strukturen und Einrichtungen mit dem Argument zerstört, dass diese schlecht funktionierten, sie hat aber nichts Neues an ihre Stelle setzen können. Sie ähnelt damit den Wirkungen des Kolonialismus, der in Afrika ebenfalls nur destruktiv gewirkt hatte. Chabal/Daloz sprechen von einer »Re-Traditionalisierung« Afrikas: »Zwar ist das international sichtbarste Anzeichen dieser ›Re-Traditionalisierung‹ die Wiederbelebung der Ethnizität und der damit verbundenen ›tribalen‹ Politik und Gewalt; daneben gibt es aber andere wichtige Erscheinungen. Dazu gehören die anhaltenden Unterschiede im Selbstbewusstsein zwischen Afrikanern und Europäern, die wachsende Bedeutung afrikanischer Religionen, die wichtige Rolle des Hexenglaubens, das Aufleben von Kriminalität und die zunehmende Anwendung extremer und oft ritualisierter Gewalt bei Störungen der öffentlichen Ordnung.« (S. 45) Keines der behandelten Phänomene wie der Aufschwung kriegerischer Konflikte und die Schwierigkeiten bei der Bekämpfung von HIV/AIDS können ohne diese Renaissance der ›Tradition‹ verstanden werden. Außerdem wurde mit der Delegitimierung der modernen Institutionen im Innern auch die Fähigkeit der afrikanischen Staaten beeinträchtigt, sich produktiv mit den Institutionen des eindringenden kapitalistischen Weltmarkts auseinanderzusetzen. Die UNCTAD bilanziert die Ergebnisse von 15 Jahren Strukturanpassung in folgenden vorsichtigen Worten: »Der Pfad, der von der Strukturanpassung zum wirtschaftlichen Erfolg führt, ist bestenfalls unwegsam, schlimmstenfalls eine Sackgasse« (»dead end«) (2000, S. VII).

3.8 Max Weber in Afrika: »Bad Governance«, Neopatrimonialismus und Ökonomie

Die Entwicklungspolitik der Industrieländer, euphemistisch als Entwicklungszusammenarbeit (EZ) bezeichnet, besteht nur zum Teil – und zwar zum weniger wichtigen – aus Entwicklungsfinanzierung. Tatsächlich wurden und werden mit der EZ politische Konzepte transferiert. Je ärmer und abhängiger die Entwicklungsländer sind, desto weniger können sie die als Beratung und ›Politikdialog‹ angebotene Einflussnahme ablehnen, da diese meist mit finanziellen Sanktionen bewehrt ist. International ist Entwicklungspolitik erst seit dem Ende des Kolonialismus ein eigenständiges Politikfeld. Ursachenerklärungen für ›Unterentwicklung‹ und entwicklungspolitische Konzeptionen sind dabei eng verflochten, was sachgerechte Analysen aus zwei Gründen erschwert: Nicht die Betroffenen sondern die Industrieländer bestimmen in der Entwicklungsforschung; und Entwicklungspolitik dient den Eigeninteressen der Geberländer: »Entwicklungspolitik war und ist eine von übergeordneten Zielen abhängige Interessenpolitik.« (Nuscheler, 2006, S. 78)

Ein Blick auf die politikrelevanten Paradigmen der letzten 50 Jahre zeigt drei große Erklärungsmuster und Politikansätze:

* Unterentwicklung ist Folge von Kapitalmangel (Modernisierung: 1960er und 1970er Jahre);
* Unterentwicklung ist Ergebnis der durch Staatsinterventionismus verursachten Verzerrungen der Markt- und Preismechanismen (Strukturanpassungspolitik: 1980er und 1990er Jahre);
* Unterentwicklung ist Folge von Staatsversagen (Regierungsführung: Gegenwart).

Der entwicklungspolitische Paradigmenwechsel speist sich aus Veränderungen in den Industrieländern, darunter dem Siegeszug des ›Washington Consensus‹ über das keynesianisch geprägte Politikmodell. Entwicklungspolitische Konzepte werden im ›Norden‹ gemacht und reflektieren nur am Rande die Realität der armen Länder. Nur so erklärt sich, dass allen armen Kontinenten und Ländern zur gleichen Zeit die gleichen Rezepte verschrieben werden, obwohl die Ursachen von Entwicklungsblockaden historisch und regional unterschiedlich sind. Nach dem Motto »one-size-fits-all« wird davon ausgegangen, dass das, was in Asien passt, auch in Lateinamerika und Afrika helfen wird.

Derzeit gilt ›schlechte Regierungsführung‹ (bad governance) als Hauptursache von Entwicklungsblockaden. Damit haben die entwicklungspolitischen Agenturen – unter Meinungsführerschaft der Weltbank – den zweiten Paradigmenwechsel vollzogen. Die Abkehr von der marktradikalen Strukturanpassungspolitik hatte sich schon im Weltentwicklungsbericht von 1997 (»The state in a changing world«) angekündigt. Bis dahin herrschte die Ansicht vor, dass der Staat sich am besten aus der Entwicklung heraushalten solle, dass Privatisierung, Deregulierung und Öffnung der Märkte die entscheidenden Schritte seien. Dies würde von sich aus Wirtschaftswachstum und – mittels »trickle down« zu den Armen – auch die Beseitigung der Armut bringen. Seit Ende der 1990er Jahre ist man von dieser offensichtlich falschen Ansicht abgekommen. Staat ist wieder angesagt: »Das Staatsversagen ist Dreh- und Angelpunkt zur Erklärung von Entwicklungskrisen.« (Nuscheler 2006, S. 406) Die ineffizienten und korrupten Regierungen der Entwicklungsländer seien die Verursacher von Entwicklungsblockaden. Jeffrey Sachs, Direktor des UN-Millennium-Projekts und Berater von Kofi Annan, ist sicher: »Wachstum in Afrika ist machbar«, die afrikanischen Regierungen müssten nur richtige Politik machen (zit. Englebert 2000, S. 55.).

Ohne dies hier diskutieren zu können, soll zunächst gefragt werden, ob »bad governance« den besonderen afrikanischen Entwicklungsrückstand erklären kann. Ist die Regierungsführung in Afrika generell schlechter als in Asien und Lateinamerika? Kriterien zur Beurteilung von ›governance‹ sind Rechtssicherheit, Rechenschaftspflichtigkeit der Machteliten, Korruptionsanfälligkeit, Effizienz der Verwaltung (Nuscheler 2006, S. 405). Der von der Weltbank entwickelte »Worldwide Governance Indicator« (WGI) erfasst 6 Dimensionen von Regierungsführung und stellt auf dieser Grundlage eine Rangskala aller Länder der Welt auf: Voice and Accountability (Rechenschaftspflichtigkeit), Political Stability and Absence of Violence, Government Effectiveness, Regulatory Quality, Rule of Law, Control of Corruption. Der einflussreiche »Bertelsmann Transformations-In-

dex« klassifiziert die Entwicklungs- und Transformationsländer nach
›Fortschritten‹ auf dem Weg zu »Demokratie und Marktwirtschaft«
einerseits (Status-Index) und der Qualität der politischen Steuerungs-
leistungen (Management Index) auf der anderen Seite. Grundlage der
Indizes sind »Experteneinschätzungen«.

Auch wenn die Bewertungen ideologisch gefärbt sind und den neoliberalen mainstream widerspiegeln, gehen doch viele Elemente ein,
die für Entwicklung wichtig sind. Politische Stabilität, Abwesenheit
von innergesellschaftlicher Gewalt, Rechtssicherheit, politische Steuerungsfähigkeit und Intensität der Korruption sind zweifelsohne Faktoren, die Einfluss auf die Entwicklung eines Landes haben. Aber sind
sie auch entscheidend? Sieht man sich die Rangskala der Länder an,
so zeigt sich, dass die meisten afrikanischen Länder relativ niedrige
Positionen einnehmen. Allerdings ist auch in Afrika die Bandbrei-
te z.b. beim Indikator der WGI für Government Effectiveness groß
(möglich sind Werte zwischen +2,5 und -2,5): Die Skala reicht von
Südafrika (+0,78) bis Somalia (-2,19). (Zum Vergleich: Spitzenreiter
Dänemark +2,29; Deutschland +1,52) (Kaufmann/Kray/Mastruzzi
2007). Der Management-Index von Bertelsmann, der nur Entwick-
lungs- und Transformationsländer untersucht, zählt immerhin zwölf
afrikanische Länder zu jenen mit »erfolgreichem Management« – das
bitterarme Mali liegt deutlich vor Indien. China zählt zu den Ländern
mit mäßigem Erfolg und wird nur wenig besser bewertet als die ka-
tastrophische Zentralafrikanische Republik (Bertelsmann 2005). Auch
wechselt die Bewertung der Länder oft. Die Côte d'Ivoire wurde vom
WGI für Government Effectiveness noch 1996 mit +0,08 relativ gut
bewertet (2006: -1,42), besser als heute China: -0,01 (2006). Ursache
ist der Ende der 1990er Jahre ausgebrochene Bürgerkrieg. Bei einer
Analyse der verfügbaren Indikatoren für Regierungsführung schnei-
det Afrika jedenfalls nicht so schlecht ab, dass man den Entwicklungsrückstand gegenüber anderen Regionen der Peripherie damit
erklären könnte. Der oben zitierte Jeffrey Sachs jedenfalls meint: »...
die jüngste Lieblingserklärung für Afrikas schwaches wirtschaftliches
Wachstum ist die Behauptung, dass Afrika einzigartig schlecht regiert
wird (...); aber diese Erklärung ist einfach falsch...« (Sachs 2004,
S. 11)

Die viel beachteten Indikatoren für Regierungsführung[55] reflektieren definitionsgemäß eher aktuelle politische Ereignisse und Stimmungen als strukturelle Bedingungen. Sie beschreiben Phänomene, können diese aber nicht erklären. Die Behauptung, der Entwicklungsrückstand Afrikas sei auf die dort besonders verbreitete schlechte Regierungsführung zurückzuführen, ist zwar nicht völlig falsch, aber eindimensional und verleitet zu unzutreffenden Schuldzuweisungen und oberflächlichen Handlungsempfehlungen. Sie fördert Haltungen, die der jeweiligen Regierung (und letzten Endes Personen) einseitig die Verantwortung für Fehlentwicklungen zuschieben und die Wechselwirkung zwischen äußeren und inneren Faktoren vernachlässigen: Die Regierenden müssten lediglich besser regieren! So wird die Verbreitung von »one-size-fits-all« Rezepten befördert. Natürlich ist Mitverantwortung der Entwicklungsagenturen kein Thema, obwohl viele der ›schlechten Politiken‹ der Vergangenheit auf ihre ›Empfehlungen‹ zurückgehen. Die UNCTAD macht auf diesen Zusammenhang bezüglich der (teilweise verfehlten) Entwicklungspolitik der Vergangenheit aufmerksam: »Man sollte hinzufügen, dass diese Politiken das damalige entwicklungspolitische Paradigma widerspiegelten und sogar von den multilateralen Finanzinstitutionen unterstützt worden waren.« (UNCTAD 2007, S. 39) Die Ergebnisse von 15 Jahren Strukturanpassungspolitik werden heute auch in der Weltbank kritisch gesehen (Falk 2008b). Aber als Verursacher von Fehlentwicklungen wird die Bank niemals genannt.

Die Feststellung, dass wir es in Afrika oft mit ›schlechter Regierungsführung‹ zu tun haben, hilft nicht weiter: Die zu beantwortende Frage ist jene nach den Ursachen der geringen Regierungseffizienz, der mangelnden Rechtssicherheit, der hohen Korruptionsintensität, usw. Warum ›versagt‹ der Staat in Afrika, warum ist die Steuerungskapazität afrikanischer Regierungen so gering? Und warum gibt es trotz ähnlich ›schlechter Regierungsführung‹ in anderen Regionen größere entwicklungspolitische Fortschritte?

Derzeit dominiert ein Erklärungsmuster, demzufolge die Ursache

---

55 Wichtig ist auch der von »Transparency International«, einer Nicht-Regierungsorganisation deutschen Ursprungs, berechnete Corruption Perception Index.

des Staatsversagens der Typ staatlicher Herrschaft ist: »Eine zentrale Ursache der gegenwärtigen Misere in afrikanischen Ländern ist die strukturelle und personelle Schwäche des neopatrimonialen Staates, der nur unter Mühen – wenn überhaupt – die notwendige Transformation zum rationalen bürokratischen Anstaltsstaat bewerkstelligen kann.« (Tetzlaff/Jakobeit 2005, S. 128) Dies ist gegenwärtig ›mainstream‹ bei der Erklärung des afrikanischen Entwicklungsrückstands. Vielfach berühren neuere Arbeiten über Afrika ökonomische Aspekte kaum noch, sondern konzentrieren sich auf die politische Ebene.

Der Begriff Neopatrimonialismus geht auf Max Webers Gegenüberstellung von bürokratischer im Gegensatz zu patriarchalischer und patrimonialer Herrschaft zurück. Letztere ist gekennzeichnet durch Traditionsgebundenheit und Willkür des Herrschers und seiner Beamten. Private und amtliche Sphäre vermischen sich. Dagegen ist die bürokratische Herrschaft durch »berechenbare Regeln« (Weber 1913/1964, S. 718) und die Trennung zwischen privaten und öffentlichen Angelegenheiten gekennzeichnet, die Verwaltung handelt ›ohne Ansehen der Person‹. Dies ist ein der modernen afrikanischen Gesellschaft, in der persönliche Beziehungen im Mittelpunkt stehen, fremdes Prinzip. Weber behauptet, dass der Kapitalismus, insbesondere der industrielle Kapitalismus, sich unter Bedingungen patrimonialer Herrschaft nur schwer entwickeln kann: »Traditionsgebundenheit sowohl wie Willkür berührt nun insbesondere die Entwicklungschancen des Kapitalismus sehr tief.« (S. 817) Der »industrielle Kapitalismus«, je kapitalintensiver desto stärker, »muß auf die Stetigkeit, Sicherheit und Sachlichkeit des Funktionierens der Rechtsordnung, auf den rationalen, prinzipiell berechenbaren Charakter der Rechtsfindung und Verwaltung zählen können.« (S. 818)

So ist das Konzept des Neopatrimonialismus scheinbar ein fruchtbarer Ansatz, der die Widerständigkeit der afrikanischen Wirtschaft und Gesellschaft gegen den modernen Kapitalismus erklären kann. Auch die im »neo« enthaltene Aussage, dass persönliche Macht in einem System formalisierter rechtlicher Regeln ausgeübt wird, beschreibt die Situation gut (Erdmann/Engel 2006, S. 6): Diese Regeln sind oft nichts anderes als die Grundlage für Willkür und nicht erdacht, damit sie befolgt werden. Neopatrimonialismus ist eine Verschmelzung zwischen patrimonialen (d.h. persönlichen) und bürokratischen Herrschaftsformen: »Elemente patrimonialer und legal-rational-bürokratischer Herrschaft durchdringen sich«, mit dem Ergebnis, dass das Verhalten und die Rolle staatlicher Einrichtungen unkalkulierbar werden (Erdmann/Engel 2006, S. 18/19). Im Kern geht es darum, dass die Ausübung der politischen Herrschaft – und das gilt für Militärdiktaturen, Einparteiensysteme und Mehrparteiendemokratien gleichermaßen – der Wirtschaft nicht jene Sicherheit und Berechenbarkeit bietet, die in arbeitsteiligen und auf Austausch beruhenden Ökonomien unabdingbar ist. Trotz ihrer Fragwürdigkeit im Einzelnen wird dies durch einen Teil der oben erwähnten Governance-Indikatoren ausgedrückt und es kommt daher nicht von ungefähr, dass afrikanische Länder dabei oft schlecht abschneiden.

Trotzdem lässt das Konzept des Neopatrimonialismus viele Fragen offen:

- Die beschriebenen Phänomene gibt es nicht nur in Afrika. Offensichtlich ist Entwicklung auch unter neopatrimonialer Herrschaft möglich, wie Mkandawire (2001, S. 299) in seinem Frontalangriff auf die verbreitete Kritik am afrikanischen Staat einwendet.

- Warum scheinen solche Systeme ausgerechnet in Afrika so verbreitet?

- Wenn neopatrimoniale Herrschaft Unsicherheit in die Austauschbeziehungen bringt, wie reagieren die wirtschaftlichen Akteure darauf und wodurch ist ihre Reaktionsweise bestimmt?

- ›Nationale‹ politische Herrschaft ist nicht zu trennen von internationalen Einflüssen. Während die Souveränität der meist kleinen afrikanischen Länder durch Konditionalitäten und Auflagen eingeschränkt wird, ist das für große Länder wie China und Indien fast bedeutungslos. Der Grad der Autonomie der Herrschaft nach außen ist höchst unterschiedlich.

Insofern tut das Neopatrimonialismuskonzept eigentlich nichts anders, als die Schwäche der afrikanischen Staaten auf einen Begriff zu bringen, was aber die Wechselwirkung mit den ökonomischen Prozessen nicht erklärt. Der Verweis auf Max Weber, der den rationalen

Staat als Voraussetzung des industriellen Kapitalismus begreift, kann nicht als ausreichende Begründung für die Schwierigkeiten (kapitalistischer) Entwicklung in Afrika akzeptiert werden. Ob der ›neopatrimoniale‹ Staat Entwicklung verhindert, d.h. wie er ökonomisch wirkt, kann ohne eine Analyse der Produktionsweise, in welche er eingebettet ist, nicht geklärt werden. Wer den neopatrimonialen Staat zum zentralen afrikanischen Entwicklungshemmnis erklärt, unterstellt letzten Endes einen logisch abgeleiteten, von Weber idealtypisch entwickelten ›rationalen‹ Kapitalismus. Diesen ›logischen‹ Kapitalismus aber hat es – selbst in den europäischen Ländern – niemals gegeben. Der ›neopatrimonialistische‹ Erklärungsansatz für Entwicklungsblockaden hängt solange ›in der Luft‹, wie die Wechselwirkung mit der real-existierenden Produktionsweise und deren Funktionslogik nicht einbezogen werden. Man kann das angebliche oder tatsächliche Versagen der afrikanischen Staaten als Entwicklungsstaaten nicht einseitig auf strukturelle Schwächen des Staates, d.h. seinen »neopatrimonialistischen Charakter«, zurückführen, solange man das ›Staatsversagen‹ nicht in Beziehung setzt zur Funktionsweise der Ökonomie, die vom »Entwicklungsstaat« entwickelt werden soll. Soweit ist Mkandawires Kritik am Neopatrimonialismuskonzept m. E. zuzustimmen: »In seinem Bestreben, alles zu erklären, erklärt das Konzept im Ergebnis nichts, außer dass kapitalistische Beziehungen in ihrer (von Max Weber, J.G.) idealisierten Form in Afrika eben nicht bestimmend sind.« (2001, S. 299) Mkandawire und mit ihm die Autoren des UNCTAD-Reports (UNCTAD 2007), die die Unfähigkeit von Afrikas Staaten als »Entwicklungsstaaten« bestreiten und entwicklungspolitische Misserfolge nicht mit ›Staatsversagen‹ sondern mit Irrtümern der Akteure und Weltmarkteinflüssen erklären, übersehen, dass diese Kritik auch auf sie selbst zutrifft: Denn die strukturelle Fähigkeit oder Unfähigkeit der afrikanischen Staaten als »Entwicklungsstaaten« kann nur konstatiert werden, wenn die Produktionsweise, in welcher diese operieren, einbezogen wird. Das aber tun weder das Neopatrimonialismuskonzept, das die strukturelle Unfähigkeit der afrikanischen Staaten behauptet, noch seine Kritiker, die mehr »policy space« (UNCTAD 2007) für den angeblich steuerungsfähigen afrikanischen Entwicklungsstaat fordern. Die Steuerungskapazität des afrikanischen Staates kann nur beurteilt werden, wenn klar ist, wie die im Entwicklungsprozess zu steuernde Ökonomie funktioniert. Zwar besteht weitgehend Einmütigkeit darüber, dass wir es in Afrika nicht mit funktionierenden kapitalistischen Marktbeziehungen zu tun haben, weder in ihrer »idealisierten« noch in einer anderen Form. Was aber macht die moderne afrikanische Ökonomie aus? Dies soll im letzten Teil diskutiert werden.

4. Kapitalismus in Afrika

Bisher wurde gezeigt, wie niedrig der Entwicklungsstand Afrikas im internationalen Vergleich und wie marginalisiert seine Ökonomie (mit Ausnahme des Bergbaus) in der Weltwirtschaft ist (2) und es wurden historische und aktuelle Faktoren diskutiert, die dies erklären könnten (3). Es blieb aber unklar, mit welcher Art ökonomischer Verhältnisse wir es dort eigentlich zu tun haben, d.h. wie die moderne afrikanische Ökonomie funktioniert. Dies muss aber geklärt werden, sowohl um die tieferen Ursachen der entwicklungspolitischen Misserfolge verstehen als auch um alternative Entwicklungswege diskutieren zu können. Es sei »mit wissenschaftlicher Strenge die ökonomische Basis dieser Gesellschaften (zu) analysieren ..., weil ›die soziale Struktur (...) eng von den spezifischen ökonomischen Verhältnissen abhängt, die aus der Kontrolle über die Ressourcen entspringen‹«, referiert Godelier die Ansicht von Anthropologen, die selbst Beiträge zum Verständnis der ökonomischen Funktionsweise afrikanischer Gesellschaften geleistet haben (1973, S. 45/46).

Was dabei herauskommt, wenn man Entwicklungspolitik betreibt, ohne die ökonomische und damit auch soziale Struktur der zu entwickelnden Gesellschaften in Rechnung zu stellen, haben die Ergebnisse der Strukturanpassungspolitik in Afrika gezeigt. Es waren im Kern zwei Missverständnisse, ein allgemeines und ein spezielles, die zu den Misserfolgen der afrikanischen SAPs geführt haben:

- Auf das allgemeine wurde bereits hingewiesen: Märkte benötigen einen staatlich gesetzten und garantierten institutionellen Rahmen: Je freier die Märkte, desto wichtiger ist das regulatorische Umfeld. Wie Polanyi am Beispiel des 19. Jahrhunderts gezeigt hat, »führte die Errichtung freier Märkte keineswegs zur Abschaffung von Kontrollen, Reglementierungen und Interventionen, sondern vielmehr zu deren enormer Ausweitung.« (Polanyi 1944/1968, S. 194) Freie Märkte funktionieren nur im Rahmen effizienter staatlicher Verwaltungen, das hatten die Strukturanpasser übersehen.[56] Nicht nur dass der Versuch der SAPs, die Marktdynamik zu entfesseln, angesichts der schwachen Regulierungskapazität afrikanischer Verwaltungen zum Scheitern verurteilt war; in der ideologisch geprägten Auffassung, Markt und Staat seien Gegensätze, propagierten die SAPs den ›schlanken Staat‹, was den ohnehin fragilen institutionellen Grundlagen der Märkte den Rest gab.

- Das spezielle Missverständnis wird durch die Parole »getting the prices right« charakterisiert: Es wurde der »homo oeconomicus africanus« unterstellt, d.h. es wurde angenommen, dass der Preismechanismus – verstanden als überhistorisches Prinzip – in Afrika auf die gleiche Weise wirkt wie in den USA oder in Europa. Die bäuerliche Produktionslogik aber besteht nicht in Profitmaximierung, sondern in der Erhaltung der familiären Produktionseinheit (Coquery-Vidrovitch 1992, S. 148). »Richtige«, d.h. freie Preise bedeuten unter den Bedingungen der vermachteten Weltwirtschaft für die kleinbäuerlichen Produzenten vergrößerte Unsicherheit und veranlassen diese, verstärkt Risikominimierungsstrategien zu fahren.

Im Ergebnis haben die SAPs das Gegenteil von dem bewirkt, was entwicklungspolitisch beabsichtigt war: Sie haben die bestehenden fragilen Ansätze marktwirtschaftlicher und kapitalistischer Verhältnisse beschädigt, statt sie zu stärken. »Diese Programme, mit ihrem Schwerpunkt auf Auslandskapital und Privatisierungen (…) haben eher das heimische Kapital marginalisiert, statt nationale Produktionskapazitäten aufzubauen oder das heimische Unternehmertum zu stärken.« (UNCTAD 2007, S. 82)

Ausgehend von der methodisch grundlegenden Erkenntnis, dass

---

56 Das gilt auch für die entwickelten Industrieländer: Man stelle sich den ›freien‹ deutschen Nahrungsmittelmarkt ohne entsprechende Gesetzgebung und – einigermaßen zuverlässige – Aufsichtsorgane vor: Wir würden noch heute mit Frostschutzmitteln veredelten Wein zum Gammelfleisch genießen.

»die Produktionsweise des materiellen Lebens den sozialen, politischen und geistigen Lebensprozeß überhaupt (bedingt)« (Marx
1859/1972, S. 9) soll im folgenden versucht werden, die Produktion
des materiellen Lebens und die Verhältnisse, welche die Menschen
dabei untereinander eingehen, in den Mittelpunkt der Analyse zu stellen – auch wenn mit Godelier zu betonen ist, dass nicht die Bedeutung
und »relative Autonomie« aller gesellschaftlichen Institutionen, also
der juristischen, politischen, religiösen usw. Strukturen und Instanzen,
in Abrede gestellt werden darf (Godelier 1973, S. 35). Vor allem in
der neueren Literatur über Afrika fällt auf, dass die ökonomischen
Verhältnisse allenfalls marginal thematisiert oder völlig ignoriert werden.[57] Um Entwicklungsstrategien diskutieren zu können, müssen wir
die Funktionsweise der afrikanischen Ökonomien untersuchen: Mit
welcher Produktionsweise bzw. mit welcher »ökonomischen Gesellschaftsformation« haben wir es aktuell in Afrika zu tun, wie funktionieren die afrikanischen Ökonomien? Bei dieser Fragestellung folgen
wir wiederum Godelier, der betont, dass »eine Produktionsweise nicht
im voraus mit Hilfe einiger Grundzüge definiert werden (kann), die in
der Regel aus der Gestaltung der konkreten Elemente des Arbeits-
prozesses gewonnen werden, und ein Marxist darf nicht vorschnell
urteilen weder über die Beschaffenheit noch über die Anzahl der verschiedenen Produktionsweisen, die sich im Laufe der Geschichte zu
entwickeln vermochten und die, als einzelne oder kombiniert, innerhalb einer konkreten Gesellschaft anzutreffen sind.« (ebd. S. 34)

4.1 Die afrikanische Produktionsweise

Ein Verständnis der gegenwärtigen ökonomischen Basis und der
Funktionsweise der in Afrika vorherrschenden ökonomischen Gesellschaftsformation muss diese in ihrem historischen Kontext untersuchen. Auch wenn Kolonialismus und moderner globalisierter Kapi-

---

57 In Ansprengers »Geschichte Afrikas« (2007) kommen ökonomische Verhält-
    nisse überhaupt nicht vor; das Lehrbuch von Tetzlaff/Jakobeit (2005) widmet
    der afrikanischen Ökonomie gerade mal 20 Seiten.

talismus wichtige (externe) Einflussfaktoren darstellen, so ist deren Wirkung doch nur in ihrer ›Verarbeitung‹ (»Artikulation«) durch die Produktionsweise zu verstehen, auf die sie einwirken. »Heute bestehen vielfältige Züge der präkolonialen afrikanischen Politik weiter, mehr oder weniger eingebunden in den modernen Staat und die moderne Gesellschaft, wenn auch zu weiten Teilen in deformierter oder entarteter Weise.« (Coquery-Vidrovitch 1992, S. 68)

Selbst in entwickelten Industrieländern, in denen sich kapitalistische Produktionsverhältnisse schon vor Jahrhunderten herausgebildet haben, kommt eine aktuelle Analyse nicht ohne die Einbeziehung der historischen Vorläufer aus. Die Besonderheiten des deutschen Kapitalismus im Unterschied zum Kapitalismus der USA sind ohne die Kleinstaaterei des 19. Jahrhunderts, ohne das Bündnis von ›Weizen und Stahl‹ (Conert 1998, S. 241), ohne die mittelalterlichen Zunftverfassungen usw. nicht zu verstehen. Im Fall Afrikas ist der historische Blick ungleich wichtiger. Hier wurde gewaltsam von außen in gesellschaftliche und wirtschaftliche Strukturen eingegriffen. Es wurde (und wird) versucht, neue und fremde wirtschaftliche und gesellschaftliche Elemente zu implantieren, allerdings ohne die bestehenden völlig ablösen zu wollen. Wie bei der Untersuchung des Kolonialismus in Afrika gezeigt wurde, war es bewusstes Ziel, Elemente der vorgefundenen Produktionsweise zu erhalten und zu nutzen. Hinzu kommt, dass die direkten Eingriffe nur einen historisch kurzen Zeitraum umfassten. Die vorkoloniale Produktionsweise, die durch den kolonial-kapitalistischen Einbruch verändert wurde, war noch vor kaum hundert Jahren prägend – wenn sie überhaupt je überwunden wurde. Selbst wenn es zu einer erfolgreichen flächendeckenden Einführung der kapitalistischen Produktionsverhältnisse in Afrika gekommen wäre, müssten die Merkmale der überwundenen Gesellschaft – viel mehr als jene des Feudalismus in Deutschland – noch überall sichtbar sein. Tatsächlich aber hat sich – wie weiter unten gezeigt werden wird – der Kapitalismus in Afrika sehr schwer getan. Chazan stellt fest: »Es ist viel Altes im Neuen, und obwohl die gesellschaftlichen Grundlagen des afrikanischen Lebens verändert wurden, bleiben die kapitalistischen Wurzeln der Veränderungen zerbrechlich.« (1992, S. 74) Das »Alte« muss verstanden werden, um das »Neue« einordnen zu können.

Obwohl dem wohl jeder zustimmen würde, machen sich nur wenige die Mühe, dieses »Alte« begrifflich zu fassen: Was war das für eine Produktionsweise, in die der kapitalistische Kolonialismus (oder kolonialistische Kapitalismus) vor nicht viel mehr als hundert Jahren einbrach? Die begriffliche Leerstelle ist umso auffallender, als es viele gute, meist ethnologisch orientierte, Einzelfalluntersuchungen gibt, welche die afrikanische Geschichte auch hinsichtlich der Art und Weise der ökonomischen Reproduktion beschreiben (Godelier 1973, S. 45). Es wird aber selten versucht, diese auf den Begriff zu bringen, d.h. verallgemeinernde Schlussfolgerungen zu ziehen. Sie präkolonial, vorkapitalistisch oder traditionell zu nennen, sagt inhaltlich wenig aus.

Klar ist, dass es sich um keine der ›klassischen‹ vorkapitalistischen »Grundformationen« (Tökei 1969, S. 6) (also: Urgesellschaft, Sklavenhaltergesellschaft, Feudalismus) handelte, obwohl einzelne Elemente von allen an verschiedenen Orten eine Rolle gespielt haben (und noch spielen). Der einzige dem Autor bekannte Versuch, den Charakter der vorkolonialen Produktionsweise in Afrika begrifflich zu fassen, ist die vor allem in Frankreich in den 1960er und 1970er Jahren geführte Debatte über die »afrikanische Produktionsweise« (»mode de production africain«). Im deutschen Sprachraum wurde diese Debatte – bzw. eine bestimmte Position dazu[58] – durch das zweibändige Werk »Schwarzafrika« von Jean Suret-Canale (1966) bekannt. Ausgehend von der Diskussion über die »asiatische Produktionsweise«, die zeigt, dass Marx die oben skizzierte ›logische‹ Abfolge der Gesellschaftsformationen und Produktionsweisen keineswegs als erschöpfend betrachtet hatte[59], und der Tatsache, dass wesentliche Elemente der asiatischen Produktionsweise (nämlich der Despotismus und die Organisation großer Arbeiten wie Bewässerungssysteme [Babylon], militärische An-

---

58   »Die vorherrschende Produktionsweise der entwickeltsten Gebiete des vor-
     kolonialen Schwarzafrika kann etwa derjenigen entsprechen, die von Marx
     als ›asiatische Produktionsweise‹ bezeichnet wurde ...« (Suret-Canale 1966,
     S. 108).

59   Eine Darstellung der marxistischen Debatte über die von Marx in den »Grund-
     rissen« entwickelte Bestimmung der asiatischen Produktionsweise findet sich
     bei Tökei (1969).

lagen [China] oder Machtsymbole [(Pyramiden] durch zentralisierte
Staaten) in Afrika fehlten, wurde von Catherine Coquery-Vidrovitch
der Begriff der »afrikanischen Produktionsweise« geprägt. Dabei ist
der regionale Bezug nicht entscheidend, wie es ja die »asiatische Produktionsweise« auch außerhalb Asiens gegeben hat.[60] Im Kern geht
es darum zu verstehen, was die sich in Form von dörflich-patriarchalischer Familienarbeit reproduzierenden lokalen Gemeinschaften, die
auf Subsistenz gerichtet waren und kaum Mehrprodukt erzeugten,
mit den großen afrikanischen Imperien verband, die auf militärisch
organisiertem Raub und der Kontrolle des Fernhandels basierten.
»Die Besonderheit der afrikanischen Produktionsweise würde also auf
der Verbindung (combinaison) zwischen einer gemeinschaftlich-patri-
archalischen Wirtschaft einerseits und der Kontrolle des Fernhandels
durch eine Oberschicht andererseits beruhen.« (Coquery-Vidrovitch
1969/2007, S. 73)[61]

Zum Verständnis sollen kurz drei Kernelemente dieser Definition
referiert werden, wobei Coquery-Vidrovitch eingeräumt hatte, dass
erheblicher Forschungsbedarf besteht.

- Die dörflich-gemeinschaftliche Produktion beruhte auf der Be-
  arbeitung des reichlich vorhandenen Bodens mit rudimentären
  Produktionsmitteln (Hacke, Pflanzstock, Feuer), einer wenig
  entwickelten internen Arbeitsteilung/Handwerk und der Aneignung des geringen Mehrprodukts innerhalb des Familien-
  verbands. Diese Subsistenzökonomie war nicht herrschafts-
  frei, es gab die strikte Hierarchie der Alten über die Jungen,
  der Männer über die Frauen. Die Aufteilung der Arbeit und
  die Verteilung der Produkte wurde durch Verwandtschafts-

---

60 Godelier zählt die Gesellschaft der Inka zum Typ der asiatischen Produktions-
    weise (1973, S. 94)

61 Hauck scheint die Kombination der beiden Elemente ›dörflich-patriarcha-
    lische Subsistenzwirtschaft‹ und ›Fernhandel‹ im Begriff der »afrikanischen
    Produktionsweise« zu übersehen wenn er behauptet, es ginge dabei um »die
    Symbiose von Kaufleuten und Kriegsherrschaft« (Hauck 2001, S. 57). Inhalt-
    lich beschreibt er aber genau jene Elemente, die im Kern die afrikanische Pro-
    duktionsweise ausmachen: keine interne Aneignung von Mehrprodukt durch
    die Aristokratie, Finanzierung von staatlicher Herrschaft durch Raub und
    Fernhandel (S. 17, S. 55).

verhältnisse bestimmt (Godelier 1990, S. 29). Die dörfliche
Produktionsgemeinschaft kann als »Gerontokratie« (Coquery-
Vidrovitch 1992, S. 69) bezeichnet werden. Die ökonomischen
Prinzipien sind »Gleichgewicht« (équilibre) und »Sicherheit«
(sécurité) (S. 150). Diese dörfliche Ökonomie dominierte in
ganz Afrika, bestimmt durch ähnliche natürliche Bedingungen:
»Die traditionelle Agrarwirtschaft entsprach den relativ stabilen
Beziehungen zwischen ungünstigen Bodenverhältnissen, geringer Bevölkerungsdichte und durch Verwandtschaft bestimmten
sozialen Verhältnissen.« (S. 148) Die Dorfgemeinschaften waren nicht selbstgenügsam, sie tauschten mit Nachbargemein-
schaften Produkte aus, es gab Heiratsbeziehungen, die auch als
Austausch von Arbeitskräften gesehen werden können (S. 70).
Hinzu kommt, wie Godelier gezeigt hat, die Einbettung der ökonomischen Funktionen in ideologisch (religiös) geprägte soziale
Beziehungen. In der afrikanischen Produktionsweise bestimmt
der soziale, politische und geistige Lebensprozess, also das was
bei Marx als Überbau bezeichnet wird, die Produktionsverhältnisse. Dies zeigt die Bedeutung der Verwandtschaftsbeziehungen für die Verteilung der Arbeit und der Arbeitsprodukte;
über Erzeugung und Tausch von Gütern wird entschieden »an
Orten und in Institutionen, die die Verwandtschaftsverhält-
nisse, die religiösen Praktiken und die politischen Verhältnisse
tragen.« (Godelier 1990, S. 29) Produktion war keine rein ökonomische Kategorie: »Die marxistischen Anthropologen haben klar gezeigt, wie sehr in den afrikanischen Gesellschaften
die Produktion ins Ensemble des sozialen und religiösen Lebens integriert war.« (Coquery-Vidrovitch 1997, S. 70 ff)

• In großen Teilen Afrikas gab es, neben ›staatenlosen‹ segmentären Gesellschaften, zentralisierte Staatsgebilde, beherrscht
durch aristokratische Herrscherklassen. Deren Basis war aber
nur in Ausnahmenfällen die Abschöpfung des in der Landwirtschaft erzeugten Mehrprodukts; dieses war gering und unsicher.
Die Aristokratie konnte das entscheidende Produktionsmittel,
den Boden, nicht kontrollieren. Ihre ökonomische Grundlage
war – neben der mit Familienangehörigen und Sklaven betrie-

benen Land- und Viehwirtschaft – die Kontrolle des Fernhandels. Die Macht der großen afrikanischen Reiche beruhte »auf der Kontrolle des Handels mit wertvollen Gütern, Gold, Elfenbein, Fellen, etc. zwischen den Stämmen und Regionen durch Aristokraten« (Coquery-Vidrovitch 1969/2007, S. 59). Der Fernhandel ist hoch profitabel, weil er den Austausch zwischen Regionen mit unterschiedlichen natürlichen Produktionsbedingungen vermittelt, der Profit also auf der Unvergleichbarkeit und dem fehlenden Wissen über die jeweiligen örtlichen Produktionsbedingungen und Preise beruht. Die Differenz der Preise könnte man – in Aufnahme eines oft überstrapazierten Begriffs – als Renten bezeichnen. Hinzu kommen monopolistische Strukturen des Handels, die vor dem Hintergrund monopolisierten Wissens relativ leicht herstellbar sind. Als Beispiel kann der arabische Fernhandel mit Mali im 14. Jahrhundert dienen: Die arabischen Händler verkauften in Mali Salz, das sie in der Westsahara für 6 Gramm Gold je Kamellast gekauft hatten, für 400 bis 500 Gramm (Hauck 2001, S. 63/64). Darauf erhob der Hof eine Steuer (angeblich ein Achtel bis ein Zehntel des Endpreises). Im Gegenzug garantierte er die Sicherheit der Handelswege und Handelsmonopole, wozu er eine Verwaltung und vor allem eine Militärmacht unterhielt. Diese ermöglichte ihm Raubzüge gegen Nachbarn und in Gebiete, die von segmentären Gesellschaften bewohnt waren – Raub und Handel gingen zusammen.

- Wie waren nun dörfliche Subsistenzwirtschaft und Fernhandel verbunden? In der Literatur wird etwas unklar von einer »combinaison« (Verbindung) oder einer »juxtaposition« (Nebeneinander) gesprochen, ohne dass näher auf die Existenz oder Abwesenheit von verbindenden Elementen eingegangen wird, die aber existiert haben dürften. So wurden die im Fernhandel getauschten Güter (z.B. Gold, Elfenbein) ›produziert‹ – es ist oft beschrieben worden, wie der Tausch Salz gegen Gold als »stiller Tausch« mit äußeren Gemeinschaften, die das Gold ›sammelten‹, vonstatten ging (Coquery-Vidrovitch 1969/2007, S. 72). Auch wurden im Fernhandel Produkte

wie Kolanüsse oder Häute ausgetauscht. Die von der Zentral-
macht benötigten Soldaten waren in der Regel keine Sklaven,
sondern junge Männer aus den dörflichen Gemeinschaften
(»Bauern-Soldaten«), die mit Beuteanteilen entlohnt wurden
(Coquery-Vidrovitch 1992, S. 78). Die Produktionssysteme
der ›gerontokratischen‹ Dorfgemeinschaft einerseits und der
aristokratischen Handels/Raubstaaten andererseits waren
also miteinander verbunden, allerdings nicht durch Ausbeu-
tungsbeziehungen. Denn während die Macht der Herrscher
auf dem Kommando über Menschen beruhte, konnten diese
sich angesichts des reichlich vorhandenen Bodens drückender
Herrschaft leicht durch Abwanderung entziehen.

Zusammenfassend: »In Schwarzafrika beutete der Herrscher weniger seine eigenen Untertanen als die Nachbarvölker aus; der größte
Teil des Überschusses (surplus) kam kaum aus Abgaben, die sicherlich
eher einen symbolischen als realen Wert hatten ...Der Herrscher hing
nicht von der Landwirtschaft der von ihm beherrschten Dorfgemeinschaften ab...« (Coquery-Vidrovitch 1992, S. 7).

4.2 Kolonialwaren und Subsistenzproduktion:
Landluft macht frei

Der Kontakt mit dem sich kapitalistisch entwickelnden Europa passte
zunächst recht gut zu dieser Produktionsweise: Die existierenden oder
sich zum Zweck des Handels mit Europa bildenden afrikanischen
Staaten konnten ihre militärische Kraft zur Beschaffung jener ›Ware‹
nutzen, die von den Europäern nachgefragt wurde: Sklaven. Auch andere begehrte Dinge wie Gold und Elfenbein waren im Rahmen der
bestehenden Produktionsweise zu beschaffen. Nach dem Niedergang
des atlantischen Sklavenhandels aber gingen die Europäer dazu über,
den Afrikanern die Kontrolle des Fernhandels streitig zu machen, was
ab Mitte des 19. Jahrhunderts zum Zerfall bzw. zur Zerstörung der
afrikanischen Staaten führte.

Die Veränderung der Funktion und schließlich die Zerstörung der afrikanischen Staaten durch die Europäer bewirkte – vor allem im Kontext des Sklavenhandels – große Zerstörungen und Migrationsbewegungen, ließ aber die dörflich-patriarchalische Subsistenzwirtschaft zunächst im Kern unverändert. Diese wurde erst mit der Entwicklung der kolonialen Produktionsweise, insbesondere der Produktion von agrarischen Exportprodukten (cash crops), verändert. Die Kolonialwirtschaft wurde nach einem Ausdruck von Coquery-Vidrovitch, mehr oder weniger gewaltsam, den »existierenden autochthonen Gesellschaften aufgepfropft (»greffé«).« (1992, S. 111) Der Ausdruck ›aufpfropfen‹ suggeriert, dass die Wurzeln der bäuerlichen Produktions- und Lebensweise unverändert blieben, nun aber andere ›Früchte‹ produzierten. »Das System der Subsistenzwirtschaft scheint sogar manchmal fast unverändert bis in unsere Tage zu überleben.« (S. 146)

Dabei gab es regional unterschiedliche Entwicklungen. Im südlichen Afrika eigneten sich weiße Siedler die besten Böden an und verwandelten die afrikanischen Bauern in Halb-Proletarier. Wo Umsiedlungen, Wanderarbeit und weiße Farmwirtschaft die koloniale Ökonomie prägten, kam es zu einer Umwälzung der Produktionsweise und der Herausbildung von spezifischen kapitalistischen Verhältnissen – spezifisch in dem Sinne, dass die Subsistenzwirtschaft neben der Lohnarbeit in rudimentärer Form erhalten blieb. Dies betraf aber nur einen kleinen Teil Afrikas, die spätere Republik Südafrika und einige Randgebiete. Im größten Teil Afrikas erfolgte die Einbindung in die kapitalistische Kolonialwirtschaft über die kleinbäuerliche Erzeugung landwirtschaftlicher Exportprodukte, Produkte, die in Afrika vorher nicht bekannt waren. Das trat allerdings erst dann in den Vordergrund, als die durch Sammelwirtschaft zu erlangenden Tauschwaren (Elfenbein, Kautschuk, Gold, etc.) nicht mehr ausreichten.[62]

Man könnte – in Anlehnung an das zur Beschreibung der (vorkolonialen) afrikanischen Produktionsweise benutzte Wort – von einer »juxtaposition« von zwei im Kern unverbundenen Teilsystemen sprechen: Einer modernen kapitalistischen ›Rohstoffökonomie‹, als Exportwirtschaft, und einer nach dem Muster der vorkolonialen

---

62 Neben Elfenbein war Naturkautschuk ein von Europäern begehrtes Handelsprodukt – bis der Kautschukboom 1907/08 zusammenbrach. Joseph Conrads »Herz der Finsternis«, schildert die Kolonialwirtschaft in ihrer Sammelphase.

patriarchalischen Dorfgemeinschaften funktionierenden Subsistenzökonomie. Die manchmal als ›dualistisch‹ bezeichnete koloniale
Produktionsweise beschreibt ungefähr die Stellung der Förderung mineralischer Rohstoffe in der afrikanischen Ökonomie, nicht aber die
Produktion von cash crops, die ein wesentliches, wenn nicht sogar das
wichtigste Element der afrikanischen Landwirtschaft in der späteren
Kolonialzeit war. Es ist festzuhalten, dass die Erzeugung von cash
crops überwiegend nichtkapitalistisch erfolgte[63], die Grundlagen der
dörflichen Organisation der Produktion bestehen blieben. Coquery-
Vidrovitch begründet die Stabilität der Dorfgemeinschaft mit den »re-
tardierenden Elementen« Technik und Eigentumsverhältnisse, welche
die Kolonialwirtschaft kaum verändert habe (1992, S. 146).

Bemerkenswert ist, dass jene Subsistenzwirtschaften, die in vorkolonialer Zeit wegen ihrer rudimentären Technik kaum Mehrprodukt erzeugten, im Rahmen der kolonialen Produktionsweise einen
beträchtlichen Überschuss generierten. Denn nach wie vor deckte die
dörfliche Produktion den Nahrungsmittelbedarf; die Erzeugung von
cash crops beanspruchte zusätzliche Produktionskapazitäten. Im Zuge
der Integration in die koloniale Wirtschaft ist es zu einer deutlichen
Produktivitätssteigerung gekommen. Einflussfaktoren waren einmal
die Ausbreitung von Maniok und Mais als Grundnahrungsmittel, deren Anbau weniger Arbeit beansprucht. Obwohl von den Portugiesen
bereits im 16. Jahrhundert eingeführt, wurden die neuen Sorten erst
am Beginn des 20. Jahrhunderts allgemein (Coquery-Vidrovitch 1992,
S. 20). Außerdem wurden beim Anbau von cash crops bestimmte Inputs wie Düngemittel und Schädlingsbekämpfungsmittel eingesetzt.
Davon profitierte in gewissem Umfang auch die Nahrungsmittelproduktion. Schließlich veränderte sich die geschlechtsspezifische Arbeitsteilung; in den meisten Regionen führten die Frauen den Haupt-
teil der Feldarbeit aus. Begrenzte technische Neuerungen, vor allem
die Einführung neuer Sorten, bewirkten eine deutliche Steigerung der
landwirtschaftlichen Produktivität.

Auch wenn die Kolonialmächte vielfach versuchten, die Bauern

---

63   Die von Sender/Smith aufgestellte Behauptung, es handele sich bei der klein-
     bäuerlichen Weltmarktproduktion um Elemente eines kapitalistischen Arbeits-
     marktes, erscheint unbegründet. (Sender/Smith 1986, S. 66)

zum Anbau von cash crops zu zwingen, so überwog doch der indirekte Druck: Der Zwang zu Abgaben in Bargeld (Kopf- und Hüttensteuer) sollte die Bauern zum Anbau der Kolonialprodukte veranlassen. Der Anbau von cash crops ermöglichte aber über die Geldwirtschaft auch den Zugang zu begehrten europäischen Produkten. Als es in den 1920er und 1930er Jahren zu einer Ausbreitung der Cash-Crop-Erzeugung kam, zeigte sich, dass so Reichtum akkumuliert werden konnte. Stellenweise, z.b. in Ghana und in der Côte d'Ivoire, entstanden afrikanische Pflanzungen, die in gewissem Umfang Lohnarbeit anwendeten. Diese Entwicklung wurde aber dort, wo sie in Konkurrenz mit weißen Farmern stand, von den Kolonialbehörden unterbunden.

Die Ansätze einer afrikanischen kommerziellen Landwirtschaft blieben vor allem deshalb stecken, weil bei einer systematischen (nicht nur saisonalen) Anwendung von Lohnarbeit die Löhne zu hoch gewesen wären. Schon die von den Königen von Dahomey nach Verbot des Sklavenhandels auf Empfehlung der Europäer begonnene plantagenmäßige Produktion von Palmöl war nur mit Hilfe von Sklavenarbeit rentabel. Für die Bauern war die ›traditionelle‹ Subsistenzwirtschaft attraktiver als die Arbeit für Hungerlöhne auf den Plantagen. Die Einführung kapitalistischer Produktionsmethoden rechnete sich auf einem ›konkurrenzfähigen‹ Lohnniveau schlichtweg nicht. Sowohl die Kolonialmächte, deren vorrangiges Interesse billige Kolonialprodukte waren, als auch die Bauern, die so eine gewisse Verhandlungsmacht behielten, waren an der Erhaltung der kleinbäuerlichen Subsistenzwirtschaft interessiert. Unter Bedingungen freien Bodens waren einer Strategie des Lohndrucks Grenzen gesetzt.[64] Selbst in den Minen sorgten die Kolonialmächte dafür, dass der Bedarf an Arbeitskräften durch Wanderarbeiter mit Zeitverträgen gedeckt und die Reproduktion der Familien über die Subsistenzlandwirtschaft gesichert wurden. Auf dieser Grundlage – wobei die Verfügbarkeit des Bodens der Hauptfaktor war – blieb die Kolonialwirtschaft nicht-kapitalistisch. Die damit verbundene Abwesenheit von freier Lohnarbeit stand einer kapitalistischen Entwicklung unter kolonialen Verhältnisse im Wege.

---

64 Nur wo – wie in Südafrika – die Bauern gewaltsam vom Land vertrieben wurden, gelang der Aufbau einer kapitalistischen Landwirtschaft.

Die familiäre Subsistenzlandwirtschaft, die Grundlage der afrikanischen Ökonomie, blieb also erhalten, produzierte nach der »gref-
fage«, der »Aufpropfung« des »westlichen Modells« durch die Kolonialmächte lediglich zusätzliche ›Früchte‹. Trotzdem veränderte sich
die kleinbäuerliche Produktions- und Lebensweise. Die Kolonisa-
toren bedienten sich afrikanischer Institutionen, statteten diese aber
mit neuen Funktionen aus. Die ›traditionellen‹ Autoritäten erhielten
neue Aufgaben, Machtmittel und Einnahmequellen, was das bestehende Machtgleichgewicht veränderte. Auf die veränderte familiäre
Arbeitsteilung infolge der Ausbreitung von cash crops wurde bereits
hingewiesen. Die Einführung von Missionsschulen, das Christentum
und die Wanderarbeit veränderten die sozialen Beziehungen innerhalb der dörflichen Produktionsgemeinschaften. Obwohl die kleinbäuerliche Subsistenzwirtschaft in gewissem Sinne bis heute die ökonomische Grundlage der modernen afrikanischen Produktionsweise
geblieben ist, haben sich ihre Strukturen und Funktionen verändert.

Als die meisten afrikanischen Staaten in der ersten Hälfte der
1960er Jahre die Unabhängigkeit erlangten, fanden sie eine Ökonomie vor, die zwar über die Produktion von mineralischen und agrarischen Rohstoffen in die Weltwirtschaft integriert war, selbst aber
kaum kapitalistische Züge hatte. Gleichwohl muss zwischen der in
die ländlichen ökonomischen und gesellschaftlichen Strukturen eingebetteten Produktion von cash crops einerseits und dem nur über
Wanderarbeit mit der übrigen Ökonomie verbundenen Bergbau andererseits unterschieden werden. Die Zusammenfassung dieser beiden Produktionssysteme als »Rentenökonomie« (économie rentière)
(Carneiro 2008, S. 5) führt nicht weiter.[65] Wenn auch die im Bergbau
erzielten Profite zum Teil Rentencharakter hatten, so gilt das nicht für
die Produktion von cash crops: Hier sind die Produktionskosten der
entscheidende Faktor der Bestimmung von Preisen und Profiten. Dass
den Produzenten, die keinen Zugang zu den Absatzmärkten haben,

---

65   Auch Tetzlaff/Jakobeit sprechen von »Rentenökonomien«, einmal im Zusam-
     menhang mit Entwicklungshilfe (ebd. S. 132), das andere Mal mit minerali-
     schen Rohstoffen (S. 253), ohne zu definieren, was damit gemeint ist. Hier
     wird nur dann von ›Renten‹ gesprochen, wenn es sich um Einkommen aus der
     Monopolisierung von natürlichen Produktionsbedingungen handelt.

durch monopolistische Strukturen des Zirkulationsprozesses das in der Produktion erzeugte Mehrprodukt weitgehend abgeknöpft wurde, steht auf einem anderen Blatt. Gemeinsam ist beiden Rohstoffarten ökonomisch nur die Außenorientierung – es handelt sich um mit den Binnenmärkten nicht verbundene Exportproduktion. Von »Renten-ökonomien« kann man nur sprechen, wo die »unearned windfall pro-fits« (Carneiro 2008, S. 33) dominieren, was bedeutet, dass »wenige Personen an der Hervorbringung der besagten Rente (Reichtum) be-teiligt sind und der größte Teil der involvierten Personen sich allein mit der Verteilung bzw. dem Verbrauch befassen (…) In diesem Sinne ist eine Rentenökonomie eine Wirtschaft, bei der die Erzeugung des Reichtums in den Händen eines kleinen Teils der Gesellschaft kon-zentriert ist.« (Carneiro 2008, S. 43) Trotz dieser zutreffenden Defini-tion erklärt Carneiro – und mit ihm andere – die afrikanischen Öko-nomien pauschal zu Rentenökonomien, obwohl die oben genannten Bedingungen nur von den kleineren Ölländern wie Äquatorialguinea erfüllt werden. In den Ländern, die von Agrarexporten abhängen, ist ein großer Teil der Bevölkerung (die cash crops erzeugenden Klein-bauern) an der Produktion des Reichtums beteiligt; auch der Berg-bau (ausgenommen Rohölförderung) benötigte zumindest anfangs in großem Umfang Arbeitskräfte, wie weiter unten am südafrikanischen Beispiel gezeigt wird[66]. Weder die koloniale Politik der Kombination von Cash-Crop-Produktion und Wanderarbeit mit Subsistenzwirt-schaft noch die nachkoloniale Strategie der Produktivkraftentwicklung durch ›moderne‹ Plantagenwirtschaft und Industrie kann im Rahmen des Konzepts der »Rentenökonomie« verstanden werden, in der de-finitionsgemäß Produktionskosten und der Stand der Produktivkräfte für die Profite keine oder nur eine marginale Rolle spielen.

Obwohl richtig ist, dass die Staatseinnahmen und damit die Exis-tenz der Regierungen wesentlich auf der Exportproduktion (nicht auf »Renten«) basierte, ist festzuhalten, dass dadurch keineswegs eine »Zwangsehe« zwischen dem nachkolonialen Staat und der Export-produktion geschlossen wurde, wie Carneiro behauptet: »Die post-

---

66 In den sambischen Kupferminen und den verbundenen Bereichen arbeiteten zeitweilig bis zu 15 Prozent der aktiven Bevölkerung Sambias, also nicht »peu de personnes«.

koloniale Phase hat diese Logik fortgesetzt, auf der Basis der ererbten Produktionsgrundlagen, der ungleichen Spezialisierung, des Typs
und der Form der Weltmarktintegration.« Die nachkolonialen Regierungen haben große Anstrengungen unternommen, um die ererbten
Strukturen zu verändern. Dass dabei Fehler gemacht wurden, steht
auf einem anderen Blatt: Die nachkolonialen Staaten waren »Entwicklungsstaaten« in dem Sinne, dass sie ihre Ressourcen einsetzten, um
die Produktivkräfte zu entwickeln und die Schwächen der kolonialen
Produktionsweise zu überwinden. »Dieses Verständnis lässt Raum für
Fehlschläge infolge externer Faktoren, Fehlkalkulationen und einfaches Pech«, meint Mkandawire (2001, S. 229), womit er allerdings
die krassen und teuren entwicklungspolitischen Fehlorientierungen
und deren oft katastrophalen gesellschaftlichen Folgen verniedlicht.

Die nachkolonialen Regierungen besaßen bei der Unabhängigkeit
Handlungsspielräume, um die einseitige Weltmarktabhängigkeit zu
verringern, die hemmende Enge der inneren Märkte durch Kooperationen zu überwinden und eigenständige Entwicklungspfade einzuschlagen. Sie konnten sich auf eine im Befreiungskampf gewonnene
Legitimität stützen und verfügten wegen der anfangs noch relativ hohen Weltmarktpreise und der starken Stellung Afrikas bei agrarischen
Rohstoffen über ökonomische Ressourcen. Zwar werden bei den
verbreiteten Vergleichen der Pro-Kopf-Einkommen zwischen afrikanischen und asiatischen Ländern in den 1950er und 1960er Jahren
die strukturellen Nachteile Afrikas bei der Faktorausstattung (Bildung,
Industrie) übersehen, sie zeigen aber den ökonomischen Spielraum
Afrikas. Obwohl zwischen Staaten mit kapitalistischer Orientierung
einerseits (wie Côte d'Ivoire, Kenia, Nigeria) und mit irgendwie sozialistischen Orientierungen andererseits (Tansania, Sambia, Ghana,
usw.) unterschieden werden kann, versuchten doch alle, Produktion
und Produktivität der Landwirtschaft durch die Einführung von modernen Produktionsmethoden und Plantagenwirtschaft (sei es auf
privater, sei es auf staatlicher oder genossenschaftlicher Basis) zu erhöhen und Industrialisierungsprogramme aufzulegen. Im Bergbau
wurde versucht, durch Verstaatlichung und/oder die gerechtere Verteilung der Gewinne und Kontrolle der Gewinntransfers, den nationalen Anteil an den Erträgen zu steigern. In allen Varianten spielten

der Staat bzw. staatliche Fördereinrichtungen eine zentrale Rolle, was angesichts der vom Kolonialismus ererbten gesellschaftlichen Strukturen nicht überrascht. Dieser hatte die Entstehung eines afrikanischen Privatkapitalismus behindert.

Gewöhnlich werden die ehrgeizigen staatlichen Entwicklungsprogramme nicht nur als gescheitert – dazu gehört im Nachhinein kein großer Scharfsinn –, sondern auch als im Ansatz verfehlt dargestellt. Dass dies in dieser pauschalen Form nicht richtig ist kann an konkreten Einzelfällen gezeigt werden. So war der Industrialisierungsversuch in Kamerun mit seiner Orientierung auf die industrielle Verarbeitung einheimischer Rohstoffe und die Bedienung regionaler Märkte sowie die angestrebte »Public-Private-Partnership«[67] bei der Finanzierung und beim Management ein realistischer Ansatz. Auch der Vorwurf, man habe dies bewusst auf Kosten der Landwirtschaft getan, ist nur teilweise begründet. Der Akzent lag auf der Förderung der Plantagenwirtschaft, während die bedeutendere kleinbäuerliche Produktion durch niedrige Abgabepreise geschröpft wurde. Angesichts der unzureichenden Kapazität und Kompetenz der staatlichen Strukturen, der Korruptionsanfälligkeit sowohl der kameruner wie der europäischen Seite, der Abhängigkeit der europäischen Technologien von europäischen Fachkräften, waren viele der industriellen Investitionen (nicht alle!) ein teurer Fehlschlag. Aber unabhängig von der Frage, ob die kameruner (und andere afrikanische) Eliten in der Lage gewesen wären, nach Zahlung des Lehrgelds aus den Fehlern zu lernen und diese zu korrigieren: Dazu war keine Zeit mehr. Der Rohstoffboom kam vor Ende der 1970er Jahre zu einem abrupten Ende Die kapitalistische Weltwirtschaftskrise beendete die afrikanischen Modernisierungsexperimente durch sinkende Rohstoffeinnahmen und steigende Zinsen. Der Versuch der Regierungen – darunter derjenigen Kameruns –, die finanzielle ›Durststrecke‹ durch kurzfristige Kredite zu überbrücken, führte in die Schuldenkrise und damit in die Abhängigkeit von den IFI. Diese richtige Beobachtung sollte aber nicht dazu missbraucht werden, die entwicklungspolitischen Fehlleistungen der

---

67   Dies war das Ziel des staatlichen Förderfonds »Société Nationale des Investissements« (SNI), der die Hauptrolle im »geplanten Liberalismus« Kameruns spielen sollte.

eigentlich ›wohlmeinenden‹ afrikanischen Führer zu beschönigen und deren Scheitern als unglückliche Folge externer Faktoren zu entschuldigen (UNCTAD 2007, S. 39). Die UNCTAD behauptet: »Die ISI-Ökonomien (Importsubstitution) kollabierten, weil es nicht gelang, die Wirtschaftspolitik an eine Reihe von externen Ereignissen nach 1973 anzupassen ...« (2007, S. 85). Selbst wenn das richtig wäre – es stimmt nicht für die Landwirtschaft –, entschuldigt es gar nichts: Eine nationale Wirtschaftspolitik, die externe Entwicklungen ausblendet, ist ebenso verfehlt wie eine, die nur die Außenwirtschaft im Blick hat.

Die IFI, denen die afrikanischen Länder nach Ausbruch der Schuldenkrise zum Opfer fielen, machten sich in ihrem ideologischen Überschwang – endlich gab es Länder, in denen sie die unausgegorenen Konzepte der freien Marktwirtschaft ausprobieren konnten – nicht die Mühe, die Spreu vom Weizen der bisherigen Entwicklungsstrategien zu trennen, d.h. im Einzelfall zu analysieren, was funktioniert bzw. nicht funktioniert hatte, und aus den Fehlern zu lernen. Ein Paradigmenwechsel musste her! Im Ergebnis führte dies zur Zerstörung sowohl verfehlter als auch ausbaubarer Entwicklungsansätze. Die oben beschriebenen ›Muttermale‹ der afrikanischen Produktionsweise und ihrer kolonialen Deformationen, das große Gewicht der Subsistenzwirtschaft, die Orientierung auf den Fernhandel bzw. den Export von Rohstoffen und die Legitimationsschwäche/Regulierungsunfähigkeit staatlicher Einrichtungen sowohl nach innen wie nach außen, traten wieder stärker hervor. Es begannen zwei ›verlorene‹ Entwicklungsdekaden. Erst seit die IFI begriffen haben, dass die »sichtbare Hand des Staates« (WDR 2008) gebraucht wird, seit ernsthaft begonnen wurde, Schulden zu streichen, und seit die Talfahrt der Rohstoffpreise zu einem Ende gekommen ist, sind realistische Entwicklungsansätze wieder diskutabel. Diese müssen die spezifische, nicht-kapitalistische Produktionsweise zum Ausgangspunkt nehmen, gleichzeitig aber auch die Weltmarktabhängigkeit der afrikanischen Ökonomien in Rechnung stellen.

4.3 Die politische Ökonomie des Überlebens

Wollen wir die heute in Afrika herrschende Produktionsweise charakterisieren, dann erscheinen zunächst nur negative Aussagen möglich.
Einerseits kann trotz des Gewichts der Subsistenzwirtschaft nicht von
einem wie auch immer modifizierten Weiterbestehen der vorkolonialen Produktionsweise gesprochen werden. Denn die Subsistenzwirtschaft ist mit Marktproduktion (cash crops) bzw. mit Elementen
von Lohnarbeit verbunden. Die dörflich-patriarchalischen Verhältnisse der Kontrolle der Ressourcen und der Aneignung des Mehrprodukts haben sich aufgelöst. Aber obwohl der afrikanische Bauer in
den globalen kapitalistischen Ausbeutungszusammenhang eingeord-
net ist, kann nicht davon gesprochen werden, »dass die bäuerlichen
Gesellschaften und Mentalitäten ... durch das kapitalistische System
zerstört worden sind, nicht nur weil sie für dieses aus Kostengründen
funktional sind sondern auch wegen ihrer gewaltigen Widerstands-
kraft ...« (Coquery-Vidrovitch 1992, S. 145/46).

Aber auch die Definition der modernen afrikanischen Ökonomie als ›dual‹ wird der afrikanischen Realität nicht gerecht. Zu sehr
sind der moderne kapitalistische Sektor (Bergbau und verbundene
Elemente, kommerzielle Landwirtschaft) einerseits und die sich traditioneller Produktionsmethoden bedienende dörfliche Subsistenzwirtschaft andererseits miteinander verbunden und aufeinander angewiesen.

Man könnte darauf aufmerksam machen, dass der moderne kapitalistische Sektor den Hauptbeitrag zum afrikanischen BSP erbringt.
Das ändert aber nichts daran, dass die Funktionslogik des Subsistenzsektors noch immer eine entscheidende Bedeutung hat, nicht nur
wegen seiner Rolle als Überlebensraum für die große Mehrheit der
Bevölkerung, sondern weil seine Erhaltung im Mittelpunkt der ökonomischen Anreizsysteme steht. Jede Entwicklungsstrategie, die die
Zerstörung dieses Überlebensraums zum Zwecke der Produktivkraftentwicklung anstrebt, ist unter den gegenwärtigen Verhältnissen zum
Scheitern verurteilt. Die kapitalistische Produktionslogik kann sich
nicht gegen die Sicherheitslogik des Subsistenzsektors durchsetzen.

Deshalb ist es bis jetzt nicht gelungen, in Afrika kapitalistische

Produktionsbeziehungen durchzusetzen, obwohl diese eine Bedeutung haben. Dieses Spannungsverhältnis soll hinsichtlich der möglichen Entwicklungswege näher beleuchtet werden. Selbst wenn man angesichts der globalen Rahmenbedingungen nicht-kapitalistische Optionen aktuell ausschließt, so ist es doch ein Unterschied, ob entwicklungspolitisch an die bestehenden kapitalistischen Elemente angeknüpft werden kann oder ob diese – in einer den afrikanischen gesellschaftlichen Bedingungen angepassten Form – erst durchzusetzen sind.

Vorauszuschicken ist, dass es einen Kapitalismus »sui generis«, in reiner Form, nicht geben kann; die entscheidenden Bestimmungen existieren immer in einem bestimmten, historisch gegebenen Milieu, das auch nicht-kapitalistische Elemente beinhaltet. Weder wird alle Arbeit als freie Lohnarbeit geleistet, noch gibt es überall freie Konkurrenz, noch besitzen alle relevanten materiellen Produktionsbedingungen Kapitalform. Mit Eugen Varga ist festzuhalten, dass »der Ausdruck ›Produktionsweise‹ eine wissenschaftliche Abstraktion, Hervorhebung und Summierung der entscheidenden Merkmale der gesellschaftlichen Produktion« ist, die es in »reiner« Form nicht gibt (Varga 1982, Bd. 3, S. 349). Als historisch konkrete Produktionsweise gibt es nicht ›den‹ Kapitalismus, sondern viele Kapitalismen (in Raum und Zeit), die sich in ihren Auswirkungen und Bewegungsformen unterscheiden. Auch der globalisierte Kapitalismus führt nicht zu einer Einebnung der Differenzen z.B. im Sinne des angelsächsisch-amerikanischen Modells, sondern eher zu einer Akzentuierung der Unterschiede. Dazu gibt es eine ausgedehnte Debatte, in deren Rahmen versucht wird, Entwicklungsvarianten, Typen oder Versionen der kapitalistischen Produktionsweise zu unterscheiden, welche sowohl materielle als auch kulturelle Einflussfaktoren berücksichtigen (Zinn 2007; Hofstede 2006).[68] Elsenhans spricht von unterschiedlichen kapitalistischen »Konfigurationen« aus »unterschiedlichen Mustern der

---

68   Dies gilt in der Zeit für die Unterscheidung von Entwicklungsetappen (Vor-
     Früh-Spätkapitalismus),   Entwicklungsstufen   (Konkurrenz-Monopol-Staats-
     monopolistischer Kapitalismus) oder Akkumulationsregime (Fordismus-Post-
     fordismus), im Raum für Versionen des angelsächsischen, des rheinischen, des
     japanischen usw. Kapitalismus.

Verflechtung zwischen Staatsapparat und wirtschaftlich dominanten Gruppen.« (2007, S. 29) Wenn man diese Überlegungen einbezieht (dass es Varianten der auf Grundlage von Markt und Kapital funktionierenden Ökonomie gibt), kann zwar gegenwärtig nicht von einem Kapitalismus afrikanischen Typs als dominierender Produktionsweise gesprochen werden, aber doch als Entwicklungsoption.

Marx hat bekanntlich den Begriff Kapitalismus kaum benutzt, er spricht meist von der kapitalistischen Produktionsweise, deren wichtigste Bestimmungen der Kapitalcharakter der Produktionsmittel, die Verallgemeinerung des Lohnarbeiterstatus und die marktförmige Regulierung der gesellschaftlichen Produktion sind (Conert 1998, S. 175). Es ist unbestritten, dass es so definierte kapitalistische Elemente in vielen Gesellschaftsformationen gegeben hat und gibt, welche deswegen aber nicht schon kapitalistisch sind. Die kapitalistische Produktionsweise setzt sich prozeßhaft durch; entgegen den klaren logischen Bestimmungen ist es kompliziert zu entscheiden, unter welchen Bedingungen eine historisch-konkrete Gesellschaftsformation als kapitalistisch bezeichnet werden kann. Es müssen quantitative Bestimmungen hinzukommen, d.h. der überwiegende Teil der gesellschaftlichen Arbeit wird als Lohnarbeit geleistet, und die wichtigsten sachlichen Produktionsbedingungen existieren in Kapitalform; die Einzelkapitale unterliegen in ihren Kernentscheidungen keinen politischen Beschränkungen und es herrscht im wesentlichen freie Konkurrenz. Godelier definiert eine Produktionsweise als »zur Selbstreproduktion fähige Verbindung der Produktivkräfte und der spezifischen gesellschaftlichen Produktionsverhältnisse, die die Struktur des Produktionsprozesses und die Zirkulation der materiellen Güter innerhalb einer bestimmten Gesellschaft determinieren. ...Da eine konkrete Gesellschaft häufig auf der Grundlage mehrerer auf spezifische Weise ineinander verzahnter Produktionsweisen organisiert ist, wobei eine davon dominiert, greift man nun, um solche kombinierten Komplexe von Produktionsweisen zu bezeichnen, auf den Begriff der »ökonomischen Gesellschaftsformation« zurück.« (Godelier 1973, S. 27) Marx spricht in den »Grundrissen« davon, dass in jeder Gesellschaftsformation mehrere Produktionsweisen nebeneinander existieren, dass es aber eine bestimmte Produktion sei, welche »allen übrigen, und deren Verhältnisse daher auch allen übrigen, Rang und Einfluß anweist. Es ist eine allgemeine Beleuchtung, worein alle übrigen Farben getaucht sind und (welche) sie in ihrer Besonderheit modifiziert. Es ist ein besondrer Äther, der das spezifische Gewicht alles in ihm hervorstechenden Daseins bestimmt.« (Marx 1939/1953, S. 27)

Davon ausgehend kann ausgeschlossen werden, dass es sich bei der in Afrika dominierenden Produktionsweise um eine kapitalistische handelt. Auch wenn kapitalistische Produktionsbeziehungen keineswegs marginal sind, ist es doch nicht die kapitalistische »Beleuchtung«, welche die »Farben« der afrikanischen Verhältnisse bestimmt. Die Periode der Strukturanpassung hat gezeigt, dass der Kapitalismus in Afrika sich nicht selbst reproduziert, dass es im Gegenteil Tendenzen gibt, in Krisenzeiten auf Elemente der vorkolonialen Produktionsweise zurückzufallen. Die »Beleuchtung« der afrikanischen Ökonomie wird von ökonomischen Strukturen bestimmt, die sich aus der oben geschilderten afrikanischen Produktionsweise entwickelt haben.

So stimmen die meisten Beobachter (soweit sie darauf Gedanken verschwenden) darin überein, dass »es in Afrika sehr wenig modernen Kapitalismus gibt und dass die meisten Faktoren, die dessen Entwicklung fördern, schwach oder nicht-existent sind«, dass es also relativ unwahrscheinlich sei, dass Afrika in absehbarer Zukunft kapitalistisch werden könnte (Callaghy 1988, S. 78). Afrika ist zwar in den globalen Kapitalismus integriert, ist aber selbst sehr wenig kapitalistisch. Es gibt kaum ›doppelt freie Lohnarbeit‹, der überwiegende Teil der Bevölkerung bestreitet seinen Lebensunterhalt ganz oder teilweise durch Subsistenzwirtschaft. Entwickelte kapitalistische Unternehmen gibt es nur in der extraktiven Industrie und im Dienstleistungsbereich und diese sind wenig in die Gesamtökonomie integriert. Die wichtigsten Produktionsmittel – vor allem Grund und Boden – haben keinen Kapitalcharakter, nationale Märkte gibt es nur ansatzweise, wie die regionalen Preisunterschiede für Nahrungsmittel zeigen. Die »Durchkapitalisierung« der afrikanischen Wirtschaft ist weniger an der ›Peripherisierung‹ durch das internationale Kapital gescheitert, wie Elsenhans vermutet (2007, S. 18), sondern an der Stärke und Widerstandsfähigkeit der Subsistenzwirtschaft und der darauf beruhenden ›Ökonomie des Überlebens‹. Die Stabilität dieser Produktionsweise ist aber der

Peripherisierung geschuldet. Denn die Ausbeutungsstrategien des europäisch/amerikanischen Kapitals haben verursacht und verursachen noch immer jene Existenzunsicherheit, gegen die die afrikanischen Produzenten sich im Rahmen ökonomischer Überlebens- und Risikominimierungsstrategien zur Wehr setzen.

Es erscheint vor diesem Hintergrund unmöglich, eine positive Definition der in Afrika herrschenden ökonomischen Gesellschaftsformation als »zur Selbstreproduktion fähige« Verbindung von Produktivkräften und Produktionsverhältnissen zu liefern. Weder haben wir es in Afrika mit einer dominierenden kapitalistischen Produktionsweise zu tun, noch handelt es sich um eine wie auch immer geartete ›traditionelle‹ oder vorkapitalistische Produktionsweise. Man könnte sich damit behelfen, die afrikanische Situation als eine Wirtschaft im Umbruch, als eine neokolonialistisch deformierte Produktionsweise oder als eine Ökonomie der »Unordnung« (Chabal/Daloz) zu bezeichnen, was alles nicht völlig falsch wäre. Dies hilft aber nicht weiter, da geklärt werden muss, was eigentlich im Umbruch, deformiert oder in Unordnung ist. Im Folgenden wird daher ein anderer Zugang versucht, ausgehend von der Diskussion um Entwicklungswege.

4.4 Entwicklungswege zwischen Sozialismus und Kapitalismus

Angepasste Entwicklungsstrategien müssen die Funktionsbedingungen der afrikanischen Wirtschaft zum Ausgangspunkt nehmen. Diese sind, wie gezeigt, durch den Widerspruch zwischen kapitalistischen Produktionsbeziehungen in für die Wertschöpfung wichtigen, aber relativ wenig in die Gesamtökonomie integrierten Sektoren einerseits und die auf Sicherheit zielenden Verhaltensweisen der großen Mehrheit der afrikanischen Wirtschaftsakteure andererseits gekennzeichnet. Wie können unter diesen Bedingungen Ansätze zur Überwindung der gegenwärtigen Entwicklungsblockaden aussehen? Entwicklung im Sinne der Steigerung der Produktivkraft menschlicher Arbeit hängt davon ab, welcher Teil der Arbeit auf die Herstellung von Produktionsmitteln und auf die Aneignung bzw. Weitergabe von Wissen verwendet wird. Abkürzend gesagt: »Der Strom der heute verfügbaren Konsumgüter ist das Ergebnis von Arbeit, die in der Vergangenheit und mit Hilfe von Werkzeugen und Ausrüstung verrichtet wurde, die wiederum in noch fernerer Vergangenheit verfertigt worden waren.« (Robinson 1969, S. 15/16). Auch wenn die Entwicklungsländer sich heute in der Situation sehen, dass sie Produktionsmittel, Verfahren und das Wissen bereits (in Europa und Nordamerika) vorfinden, ist für sie als »Nachzügler« (»latecomer«) der Entwicklung das Grundproblem ähnlich wie für die »Vorreiter«: Sie müssen einen Teil der Produktion des laufenden Jahres wenn nicht auf die Herstellung so doch auf den Erwerb von Produktionsmitteln im weitesten Sinne verwenden. Zudem ist angesichts der unterschiedlichen natürlichen und kulturellen Bedingungen auch für den »latecomer« eine einfache Übernahme europäischer oder asiatischer Technologien nicht möglich – eigenständige Entwicklungen können nicht völlig ersetzt werden. Das kann hier aber nicht diskutiert werden

Entscheidend ist das allgemeine Entwicklungsgesetz, dem zufolge Entwicklung mit der Verwandlung des Mehrprodukts in Produktionsmittel – im weitesten Sinne – verbunden ist. »Das Lebensgesetz der modernen Wirtschaft ist die ständige Neubildung (Akkumulation) von Kapital.« (Hofmann 1971, S. 17) Dies hat die Scheidung in Agenten der Akkumulation einerseits und in Produzenten andererseits zur sozialen Voraussetzung, womit wir beim Kernproblem der afrikanischen Entwicklung unter den Bedingungen einer integrierten Weltwirtschaft wären. In allen Entwicklungsgesellschaften erfüllen – in unterschiedlichem Umfang – zwei Einrichtungen die Funktion der Akkumulation, der Verwandlung von Mehrprodukt in Produktionsmittel: die Bourgeoisie (als Klasse) und der Nationalstaat. Auch in kapitalistischen Gesellschaftsformationen, die durch die Trennung der Sphären von Politik und Ökonomie charakterisiert sind, hat der Staat für die Kapitalakkumulation unabdingbare Funktionen. Historisch gesehen war der Staat noch vor der Bourgeoisie der wichtigste Agent der Akkumulation, da er die Konzentration der Produktionsmittel in den Händen der Bourgeoisie erst ermöglich hat.

Die Frage nach den Ursachen des afrikanischen Entwicklungsrückstands und den Wegen zu seiner Überwindung kann also in die Frage nach den Bestimmungsfaktoren und den Agenten der Akkumulation aufgelöst werden. Warum waren und sind Bourgeoisie und/oder Staat in Afrika nicht in der Lage, den für Entwicklung notwendigen Akkumulationsprozess in Umfang und Struktur zu gewährleisten?

Hierauf gibt es viele Antworten, die mit den politischen Positionen und der vorherrschenden Mode im internationalen Entwicklungsdiskurs variieren. Man kann drei Erklärungsansätze identifizieren, die sich gegenseitig aber nicht ausschließen:

- Der gegenwärtige ›mainstream‹ besagt, dass der afrikanische Staat nicht willens bzw. nicht in der Lage sei, jene Bedingungen herzustellen, in denen sich private Unternehmen als Hauptagenten der Kapitalakkumulation entfalten können. Es sei der neopatrimoniale afrikanische ›Nationalstaat‹, der durch »schlechte Regierungsführung« die private Akkumulationsdynamik behindere.

- Andererseits gibt es Meinungen, die entweder die Existenz einer relevanten, eigenständigen Bourgeoisie (»Privatsektor«) in Afrika leugnen, deren Bedeutung für marginal halten oder ihr schlicht Unfähigkeit (bzw. Rentier/Kompradorentum) vorwerfen. Die unfähige afrikanische Bourgeoisie/Unternehmer sei das wichtigste Hemmnis der produktiven Kapitalakkumulation.

- Schließlich wird eingewandt, dass das strukturelle Machtungleichgewicht in der globalisierten Weltwirtschaft verbunden mit der besonderen politischen Schwäche der afrikanischen Staaten einen ständigen Abzug vom afrikanischen Mehrprodukt bewirke. Dieser Ressourcenabzug beschränke endogene Akkumulationsmöglichkeiten und die Handlungsfähigkeit von Staat und Bourgeoisie.

Wenn man, wie eingangs konstatiert, davon ausgeht, dass es den Ländern der Peripherie auch unter den Bedingungen eines globalen Machtungleichgewichts prinzipiell (bei richtiger Politik) möglich ist, ein hohes Akkumulationstempo einzuschlagen, wie es derzeit in China, Indien und anderen Ländern vorexerziert wird, dann löst sich die dritte Position auf und verbindet sich mit den beiden ersten Fragestellungen: Warum sind die afrikanischen Staaten bzw. die afrikanische Bourgeoisie nicht in der Lage, diesem Abzug vom Mehrprodukt wirksam entgegenzutreten, sich im Milieu des globalisierten Kapitalismus durchzusetzen und einen beschleunigten endogenen Akkumulationspfad einzuschlagen? Positiv gewendet wären also Strategien zu entwickeln, welche die beiden Akkumulationsagenturen in die Lage versetzen, bessere internationale Rahmenbedingungen durchzusetzen und den internen Akkumulationsprozess zu beschleunigen bzw. ihn im Sinne der Produktivkraftentwicklung der Arbeit effizienter zu gestalten.

Der ökonomische Erfolg vieler ehemals kolonialer bzw. halbkolonialer Regionen und Länder zeigt, dass das kapitalistische Weltsystem für seine Existenz keine Peripherie im klassischen Sinne benötigt. Die Beziehungen von Dominanz und Abhängigkeit sind flexibel, die abhängige und ungleiche Integration Afrikas in die Weltwirtschaft ist auch unter kapitalistischen Bedingungen nicht schicksalhaft. Andererseits kann schwerlich bestritten werden, dass die durch die Weltwirtschaft gesetzten Bedingungen eine Belastung für jene Länder darstellen, deren historisch entstandene ökonomische und politische Strukturen für eine Auseinandersetzung mit den aggressiven und expansionistischen Kräften des entwickelten Kapitalismus schlecht gerüstet sind. Die treibenden Kräfte der Globalisierung sind weltweit agierende kapitalistische Konzerne einerseits und mächtige, in Jahrhunderten gewachsene und mit der Ökonomie verflochtene Nationalstaaten andererseits. Selbst wenn man die kapitalistische Weltwirtschaft als Spielfeld des freien Wettbewerbs idealisiert, so müssen auch unkritische Geister einräumen, dass die Weltwirtschaft gegenwärtig kein »level playing field« ist (WDR 2006), dass Afrika mit den oben erwähnten Akteuren der Globalisierung, Kapital und handlungsfähige Nationalstaaten, schlecht ausgestattet ist. Ohne damit einer in Afrika verbreiteten Schuldzuweisung an äußere Kräfte das Wort reden zu wollen, so ist doch die Bedeutung des internationalen Umfelds für endogene Entwicklung nicht wegzudiskutieren.

Dieses Umfeld hat sich für Afrika in den letzten Jahren etwas aufgehellt: Dazu gehören der nachhaltige Anstieg der Rohstoffpreise und die verbesserten internationalen Austauschverhältnisse, die Reduzierung der Auslandsschulden und die Zunahme bzw. strukturelle Verbesserung der Entwicklungshilfe. Die aufstrebenden Weltmarktakteure des Südens sind zwar keine ›natürliche‹ Verbündete Afrikas, ihr Bedeutungsgewinn vergrößert aber den Handlungsspielraum der Afrikaner. Die teilweise Lösung des Schuldenproblems und bessere Devisenpositionen einiger Länder haben die Abhängigkeit von den IFI gemildert. Auch wenn es im Kontext der WTO-Verhandlungen und der Beziehungen mit der EU gegenläufige Tendenzen gibt[69], so scheinen doch die externen ökonomischen Bedingungen für die Überwindung der afrikanischen Entwicklungsblockaden heute besser als in den ›verlorenen‹ Dekaden der 1980er und 1990er Jahre.

Aber ebenso wenig, wie der afrikanische Entwicklungsrückstand nur auf ungünstige externe Faktoren zurückgeführt werden kann, werden günstigere internationale Rahmenbedingungen die Lösung bringen. Die Entwicklungsaussichten Afrikas hängen von der Kapazität der o.e. Entwicklungsagenturen ab. Aus der oben geführten Debatte über die Bestimmung der historischen und der aktuellen ökonomischen Gesellschaftsformationen Afrikas ist festzuhalten, dass die bisherigen Misserfolge etwas mit der historisch bedingten Schwäche der beiden Akkumulationsagenturen zu tun haben. Als Beleg dafür können Erfahrungen sowohl mit sozialistisch-etatistischen als auch mit kapitalistisch-privatwirtschaftlichen Ansätzen dienen; beide hatten jeweils etwa 20 Jahre Zeit, ihre Tauglichkeit zu beweisen.

Unabhängig von der jeweiligen politischen Orientierung folgten die afrikanischen Regierungen bis in die 1980er Jahre etatistischen Entwicklungsansätzen, selbst in den Fällen (wie Kamerun, Kenia, Nigeria), in denen der Staat dem privaten Kapital eigentlich bloß auf die Beine helfen sollte, d.h. wo ein kapitalistischer Entwicklungsweg angestrebt wurde. Es war mehr die Abwesenheit kapitalistischer Verhältnisse als politische Überzeugung, welche die Dominanz etatistischer Varianten nach der Unabhängigkeit begründet hatte. Außerdem war dies entwicklungspolitischer ›mainstream‹ (UNCTAD 2007, S. 39). Der etatistische Weg der Akkumulation gilt heute als gescheitert. Da-

---

69   Das Cotonou-Abkommen der EU mit AKP-Ländern wird als Rückschritt gegenüber dem Lomé-Abkommen gewertet (Attac 2007).

mit ist auch eine in den ersten Jahrzehnten nach der Unabhängigkeit wichtige Position, die des »afrikanischen Sozialismus«, in Miss-
kredit geraten. Denn diese vor allem mit dem Namen von Leopold
Senghor verbundene, aber in den 1960ern und 1970ern von vielen
afrikanischen Führern geteilte »Vision« lief – selbst in der mehr ba-
sisorientierten Version von Nyereres Ujamaa (»wie eine Familie leben«)- Sozialismus in Tansania – letzten Endes auf etatistische Konzepte hinaus, in denen der Staat direkter Agent der Akkumulation ist
(Akinyemi 2000, S. 87).

Heute ist klar, dass mit der Aufgabe sozialistisch-etatistischer Orientierungen und der Grundentscheidung für einen kapitalistischen
Weg nichts gewonnen war. Die von den internationalen Entwicklungsagenturen in den 1980er und 1990er Jahren vertretene Ansicht,
die Abschaffung des Staatsinterventionismus würde aus sich heraus
die Akkumulationsdynamik des Privatkapitals entfesseln, erwies sich
in Afrika (in Asien hatte man diesem Unsinn niemals wirklich Beach-
tung geschenkt) als katastrophal falsch. Das mindeste, was man ein-
wenden kann, ist, dass die »neoklassische ökonomische Strategie die
Existenz einer ganzen Reihe von Bedingungen annimmt, die auf den
mit dem Aufstieg des Kapitalismus in Europa und aktuell mit dem in
Asien und Teilen Lateinamerikas gemachten Erfahrungen basierten;
...neoklassische Politikkonzepte wurden losgelöst vom gesellschaftlichen Kontext, in dem sie historisch eingebettet waren.« (Callaghy/
Ravenhill 1993, S. 523) Eine dieser Bedingungen wäre die Existenz
eines Privatsektors gewesen, dessen Dynamik die SAPs entfesseln
wollten. Im Burkina Faso der 1980er Jahre, ein Land mit damals gut
8 Mill. Einwohnern, gab es gerade mal 661 städtische Unternehmen,
»auf die sich eine Strategie der privaten Investitionsbelebung hätte
stützen können.« (Asche 1994, S. 15)

Trotz negativer Erfahrungen mit neoliberalen Konzepten halten
die afrikanischen Regierungen am kapitalistischen Entwicklungsweg
fest. Es sind in Afrika (mit Ausnahme von Südafrika) keine relevanten
Kräfte sichtbar, die dagegenhalten. So liegen Leys und Berman auch
heute noch richtig wenn sie konstatieren, dass sich »der ganze Sub-
kontinent ... dem kapitalistischen Entwicklungsweg verschrieben hat,
... dass die einzige Form von Entwicklung die unmittelbar praktikabel

erscheint die kapitalistische ist.« (Berman/Leys 1994, S. 1/3). Da aber auf die Frage, »wie kapitalistisch ist Afrika?« die Antwort nur lauten kann: »nicht sehr« (Callaghy 1988, S. 77), spitzt sich die Frage darauf zu, was die Voraussetzungen für einen kapitalistischen Entwicklungsweg[70] wären, der den afrikanischen Bedingungen angepasst ist:

- Unter welchen Bedingungen kann die afrikanische Bourgeoisie bzw. die Bourgeoisie in Afrika (was nicht dasselbe ist) ihren ›Beruf‹ als Träger von Akkumulation und Produktivkraftsteigerung ausüben?

- Ist der afrikanische Staat strukturell in der Lage, seine für die Entfaltung des Kapitalismus in Afrika grundlegenden Funktionen auszuüben bzw. was kann getan werden, damit er diese Rolle ausfüllen kann (Mkandawire 2001, S. 298/99)?

Inzwischen wird (wieder) eingeräumt, dass der Staat in Afrika entwicklungspolitisch eine zentrale Bedeutung besitzt, dass »government matters«. Wenn heute vom kapitalistischen Entwicklungsweg als einziger Perspektive gesprochen wird, so ist damit immer ein staatlich vermittelter Kapitalismus gemeint (UNCTAD 2007). Der von vielen als alternativlos bezeichnete kapitalistische Entwicklungsweg in Afrika dürfte – wenn er denn funktionieren sollte – mit dem Kapitalismus, »wie wir ihn kennen« (frei nach Elmar Altvater), wenig zu tun haben.

Zwar sind jene Stimmen nicht ganz verstummt, die in Afrika Alternativen zum Kapitalismus erkennen und für notwendig erachten. Sie zeigen aber auch das Dilemma, in dem diese Positionen stecken, nachdem sozialistisch-etatistische Ansätze fehlgeschlagen sind. Abgesehen von anderen Einwänden sind diese in Afrika schon wegen der schwachen Verankerung des Staates nicht umsetzbar. Das Dilemma zeigt der Beitrag von Bruce Berman, der das Versagen der afrikanischen Entwicklungsbemühungen auf den Versuch zurückführt, dem Kontinent das »moderne« Industriesystem einschließlich des bürokratischen Zentralstaats überzustülpen. Er wirft dies Neoliberalen wie Marxisten vor, denen er unterstellt, »die universale Ausbreitung des modernen industriellen Nationalstaats für unausweichlich« zu halten.

---

70 In der DDR und der Sowjetunion gab es in den 1980er Jahren eine interessante Debatte über den kapitalistischen Entwicklungsweg von Entwicklungsländern (Jegzentis/Wirth 1991).

(Berman 1994, S. 235). Elemente dieses Modells seien Massenproduktion, auf Wissenschaft basierende Technologie, Bürokratie, Verweltlichung und Rationalität. Er insistiert: »...Afrika kann und will nicht die Erfahrungen des Westens wiederholen.« (S. 241) Es geht darum, »einen Entwicklungspfad zu einem flexiblen, dezentralen und endogen begründeten industriellen System zu finden«, einschließlich einer angepassten technologischen Entwicklung. (S. 254) Dieses System, so hofft er, kann durch eine »endogene, technologisch innovative und entwicklungsorientierte Bourgeoisie verwirklicht werden, welche sich aus den Kleinunternehmen ländlicher Gemeinschaften und periurbaner Siedlungen der afrikanischen Städte herausbilden könnte« (S. 254). Die notwendigen staatlichen Organisationen werden nicht jene des in Afrika gescheiterten europäischen Nationalstaats sein, sondern Strukturen sowohl oberhalb wie unterhalb des ›nationalen‹ Rahmens.

Der Autor ist aber im Endeffekt selbst pessimistisch, was die Verwirklichungschancen angeht: »Die Möglichkeiten eines alternativen Entwicklungswegs in Afrika sind letzten Endes untrennbar mit institutionellen Reformen und schließlich der Beseitigung des Paradigmas der Moderne im Westen verbunden.« (Berman, S. 256) Damit wären wir wieder bei der strukturalistischen Betrachtungsweise, die Entwicklung in Afrika von den Bedingungen des Weltmarkts abhängig macht. Es ist aber illusorisch, von afrikanischen Kleinbauern und informellen städtischen Produzenten zu erwarten, dass sie im Milieu des globalisierten Weltmarkts eigenständig international konkurrenzfähige Produkte und Produktionstechnologien entwickeln, die den modernen Technologien des Westens ebenbürtig sind. Die Verwirklichung des »alternativen Entwicklungswegs« an die Voraussetzung zu binden, dass der dominierende »Westen« sich vom »Paradigma der Moderne« verabschiedet, verschiebt die Entwicklung auf die Zeit nach Überwindung des Weltkapitalismus.

4.5 Die afrikanische Bourgeoisie – Klasse im Saatbeet

Die Entscheidung für einen – wie auch immer gearteten – kapitalistischen Entwicklungsweg erfordert den Aufbau bzw. die Anpassung von Institutionen im umfassenden Sinn. Da – wie die Erfahrung der SAPs zeigt – die institutionellen Voraussetzungen für eine ›klassische‹ kapitalistische Entwicklung entweder nicht bestehen oder den afrikanischen Bedingungen unangepasste europäische Importe sind, müssten sie – auf der Grundlage der bestehenden Produktionsverhältnisse – erst geschaffen werden.

Kapitalistischer Entwicklungsweg meint zunächst nur, dass die Agenten der Akkumulation private Unternehmen sind, die sich das Mehrprodukt (direkt und/oder durch staatliche Vermittlung) aneignen, es in Kapital verwandeln und damit sowohl die Produktion von Waren und Dienstleistungen als auch die Produktivkraft der Arbeit steigern. Damit ist noch nicht allzu viel über die konkrete Form und die Wirkungen eines kapitalistischen Akkumulationstyps für die Bevölkerung gesagt. Auch wenn fraglich ist, ob Massarrat recht hat, wenn er einen »gezähmten, mit strengen moralischen Maßstäben, wie Gerechtigkeit und Chancengleichheit, regulierten Kapitalismus, ohne expansionistische und imperialistische Triebe und mit einem menschlichen Antlitz« für möglich hält (2006, S. 53), so ist ihm insofern zuzustimmen, als die Verwurzelung des Kapitals im jeweiligen kulturellen Milieu von großer Bedeutung ist. Ein afrikanischer Kapitalismus kann nicht der Abklatsch europäischer oder angelsächsischer Muster sein; auch andere ›Modelle‹ wie dasjenige Chinas oder Indiens sind in Afrika nicht kopierbar. Es wird sich notwendig um einen afrikanischen Kapitalismus handeln.

Wie oben diskutiert, besteht eine konkrete ökonomische Gesellschaftsformation immer aus einem ›Mix‹ von Produktionsweisen, die sich in Abhängigkeit von den unterschiedlichen historisch entstandenen sozial-ökonomischen und kulturellen Milieus voneinander unterscheiden: Sowohl historisch als auch im globalen Vergleich sind unterschiedliche Varianten einer auf Kapital als sich selbst verwertendem Wert beruhenden Produktionsweise existent. Karl Georg Zinn zeigt, dass es selbst zwischen den entwickelten kapitalistischen Ländern gerade in sozialer Hinsicht große Unterschiede gibt, wie die Einkommensverteilung zeigt: Das Verhältnis zwischen den Einkommen der reichsten und der ärmsten 10 Prozent der Bevölkerung hat in Japan den Indikator 4,5; in Schweden liegt er bei 6,2, in Deutschland bei 6,9 und in den USA bei 15,9 (Zinn 2008, S. 13).

Diese Differenzen reflektieren weniger Unterschiede der aktuellen Politik als tief verwurzelte ökonomische und kulturelle Verschiedenheiten. Der japanische Kapitalismus ist trotz Globalisierung immer noch meilenweit vom US-Kapitalismus entfernt. Was die chinesische Variante betrifft, so ist umstritten, ob es sich dabei überhaupt um Kapitalismus handelt. Jedenfalls ist die hochgradig etatistische chinesische Ökonomie seit 30 Jahren die bei weitem erfolgreichste Volkswirtschaft des Planeten, auch wenn einzuräumen ist, dass es große soziale und ökologische Disproportionen gibt. Die soziale Schlagseite ist in der ebenfalls erfolgreichen (stärker privatkapitalistisch ausgerichteten) Entwicklungsökonomie Indiens ungleich größer. Wichtig ist: Kapitalismus ist nicht gleich Kapitalismus. Für Elsenhans ist die Existenz und Stärke von Gegenkräften entscheidend, die unproduktiver Verwendung des Mehrprodukts, seiner »Dehnung«, Schranken setzen (2007, S. 18 f).

Dass eine afrikanische Entwicklungsvariante oder Version von Kapitalismus keine Fiktion ist, zeigt die Tatsache, dass die bestehenden kapitalistischen Elemente in Afrika schon heute besondere Merkmale aufweisen. So gibt es sowohl in der extraktiven Industrie als auch in der Cash-Crop-Landwirtschaft nur begrenzt Lohnarbeit im eigentlichen Sinne: In beiden Bereichen hat die Arbeit oft eine spezifische Form, da die Reproduktion der Arbeitskraft teilweise im Bereich der weiter bestehenden Subsistenzökonomie erfolgt. Es ist nicht ausgemacht, dass diese spezifisch afrikanische Verbindung zwischen Lohnarbeit und Subsistenzökonomie (wegen der Abwesenheit von Privateigentum an Grund und Boden) wie in Europa eine verschwindende Erscheinung sein wird. Ebenso wenig ist derzeit absehbar, ob auf die »afrikanische Produktionsweise« zurückzuführende Merkmale der ›traditionellen‹ afrikanischen Landwirtschaft, darunter die Integration der Produktion in den Haushalt, mit der Ausbreitung des Kapitalismus verschwinden werden. Eine andere Rolle des ›Nationalstaats‹, die Bedeutung verwandtschaftlich oder anderweitig geprägter personeller Beziehungen im Wirtschaftsleben und ein verbreiteter Egalitarismus mögen ebenfalls dazu beitragen, dem Kapitalismus in Afrika eine spezifische Prägung zu geben. Und »last but not least« ist auf die Besonderheiten des afrikanischen Bodenrechts zu verweisen – es ist nicht ausgemacht, dass sich Grund und Boden in kapitalistisches Privateigentum verwandeln werden.

Mit John Iliffe (1983, S. 4 ff) sollen zusammenfassend Elemente eines »Afrikanischen Kapitalismus« hervorgehoben werden:

- Es handelt sich um Kapitalismus, d.h. um Warenproduktion unter der Regie von Einzelkapitalen, die Produktionsmittel und Lohnarbeit kombinieren mit dem Ziel der Erzielung von Profit.
- Dieser Kapitalismus ist »afrikanisch«, weil er sich in einem späten Stadium entwickelt, d.h. in einem vom globalen Kapitalismus geprägten internationalen Milieu, als letztem vom Kapitalismus erfassten Kontinent.
- Er ist »afrikanisch« weil er sich aus einer vorkapitalistischen afrikanischen Produktionsweise entwickelt, die sich in Kernelementen, dem Eigentum an Grund und Boden und der Rolle von Lohnarbeit, von anderen vorkapitalistischen Produktionsweisen unterscheidet.

Die Frage nach dem Typ und den Trägern eines möglichen afrikanischen Kapitalismus konzentriert sich – neben der weiter unten behandelten Frage nach dem afrikanischen Staat – auf die Quellen und Bedingungen der Herausbildung einer stabilen, entwicklungsorientierten und politisch als Klasse handlungsfähigen afrikanischen Bourgeoisie. Darauf kann hier nur in summarischer Weise eingegangen werden, da die konkreten Wege, die in den einzelnen Ländern und Regionen Afrikas unterschiedlich sein werden, eine vertiefte Analyse erfordern.

Die Figur des Kapitalisten ist auch in Afrika kein Fremdkörper. Historische Untersuchungen haben gezeigt, dass es – wie im vorkapitalistischen Europa – auch im vorkolonialen Afrika eine relevante Handelsbourgeoisie gegeben hat. Deren Existenz ist im oben diskutierten Begriff der vorkolonialen »afrikanischen Produktionsweise«

einbegriffen (»Fernhandel«). Die Nachfrage Europas nach afrikanischen Agrarprodukten in der vorkolonialen und kolonialen Periode
der Weltmarktintegration hatte zudem Keimformen einer Agrarbourgeoisie entstehen lassen, allerdings in regional unterschiedlichem Ausmaß. Vereinzelt gab es Ansätze einer produktionsorientierten Bourgeoisie außerhalb des Agrarsektors wie im Textilbereich (Iliffe 1983,
S. 23). Wie Iliffe und andere Forscher gezeigt haben, blieben diese
Anfänge aus verschiedenen Gründen –Abwesenheit von Lohnarbeit
und Privateigentum an Grund und Boden, Konsumorientierung der
sozialen Systeme – fragil, zeigten sich nur vereinzelt in Bereichen der
industriellen Produktion. In der Kolonialzeit wurden bestehende Formen von endogenem Kapitalismus durch die Kolonialsysteme, aber
auch durch von diesen gestärkte ›traditionelle‹ Herrscher, behindert;
schwarze Händler und kommerzielle Farmer wurden gezielt benachteiligt (Iliffe 1983, S. 19 ff). Paul Kennedy schildert die perfiden Systeme aus Verboten, unfairer Besteuerung, Enteignungen, Zollregime
usw., mit denen die Kolonialverwaltungen die schwarze Konkurrenz
bekämpften und vernichteten (Kennedy 1988). Dieses spezielle Kapitel des Kolonialismus wird nur selten erwähnt – lieber beklagt man
die Unfähigkeit des afrikanischen Unternehmers und den fehlenden
Unternehmungsgeist und vergisst, dass man diesen noch vor wenigen
Jahrzehnten mit allen ökonomischen und außerökonomischen Mitteln bekämpft hat.

Sowohl in der Kolonialzeit als auch in den ersten Jahren der Unabhängigkeit lag der Akzent auf der Förderung von Auslandskapital,
was noch bis heute im Mittelpunkt der Entwicklungspolitik einiger
afrikanischer Staaten steht. Die gezielte Förderung einheimischer
Unternehmen war und ist inkonsequent, widersprüchlich und wird
durch externen Druck des ›Westens‹ behindert. Afrika als extremer
›Nachzügler‹ der industriellen Entwicklung setzt auf den Import von
Kapital, Technologie und Wissen. Kennedy fasst die staatliche Förderpolitik zur Herausbildung einer »kraftvollen lokal verankerten
Klasse von Kapitalisten« folgendermaßen zusammen: »Die Haltung
afrikanischer Regierungen bezüglich einer aktiven Förderpolitik zugunsten afrikanischer Unternehmen seit der Unabhängigkeit war bemerkenswert ambivalent und hat in vieler Hinsicht eher geschadet

als genützt.« (Kennedy 1988, S. 61) Trotzdem hat es in verschiedenen Ländern, so z.b. in der Côte d'Ivoire, in Kenia, im Senegal, in Ghana, Ansätze zur Entstehung eines ländlichen »Penny Kapitalismus« gegeben. »Tatsächlich aber besteht die Zukunft nicht im kleinen, die Bauernschaft fördernden Kapitalismus, sondern mindestens im mittleren, wenn nicht großen Kapitalismus, teilweise stimuliert durch städtische Grundbesitzer, teilweise durch den Staat und teilweise durch internationales Kapital«, meinte Anfang der 1980er Jahre Coquery-Vidrovitch (1992, S. 169). Die Ansätze eines eigenständigen Agrarkapitalismus wurden durch den Verfall der Agrarpreise in den 1980er und 1990er Jahren, in einigen Ländern auch durch sozialistisch-etatistische Orientierungen, gestoppt. Die Umkehrung der Tendenz bei den Agrarpreisen und die verbesserten Rahmenbedingungen für private Unternehmen könnten zu einer Renaissance dieser Entwicklung führen, wobei sowohl die natürlichen Bedingungen als auch das Bodenrecht dem Entstehen eines ›großen‹ Agrarkapitalismus Grenzen setzen. Auch bei den erwähnten Beispielen aus den 1980er Jahren handelte es sich überwiegend um mittelgroße Pflanzungen mit bestenfalls einem Dutzend Lohnarbeitern (Coquery-Vidrovich 1992, S. 166 f). Wie auch in anderen Bereichen war die Strukturanpassungspolitik ein großer Einschnitt: »Diese Programme haben durch ihren Focus auf Auslandskapital und auf Privatisierung zur Marginalisierung des heimischen Kapitals beigetragen, statt lokale Produktionskapazitäten aufzubauen und die einheimische Unternehmerklasse zu stärken.« (UNCTAD 2007, S. 82)

Die im Mittelpunkt der afrikanischen Wirtschaftspolitik stehende Förderung von Auslandsinvestitionen ist entwicklungspolitisch gesehen durchaus zweischneidig, insbesondere angesichts der damit oft verbundenen faktischen Benachteiligung von afrikanischen Unternehmen. Auslandskapital allein kann nur begrenzt zur Entwicklung eines Landes beitragen. Es hat kurzfristige und auf wenige unmittelbar profitable Sektoren begrenzte Interessen, es bleibt kulturell fremd, es entwickelt nur instrumentelle und partikularistische Beziehungen zum politischen Apparat und besitzt alle Möglichkeiten, um der Besteuerung auszuweichen und nationale entwicklungspolitische Auflagen zu umgehen. Auslandskapital, so wichtig es auch in bestimmten

Bereichen sein mag, »kann niemals der Ersatz sein für eine lebendige einheimische Klasse von Kapitalisten.« (Kennedy 1988, S. 80) Interessant ist in diesem Zusammenhang der in jüngster Zeit mit Mitteln der Entwicklungspolitik geförderte Versuch, die in Afrika tätigen internationalen Unternehmen dazu zu bringen, lokale Unternehmen als Zulieferer zu fördern. Obwohl es bislang kaum Erfahrungen gibt, scheint dies nur dort zu gelingen, wo öffentliche Fördermittel eingesetzt werden. Auslandskapital muss entwicklungspolitisch immer eingebunden werden.

Die Schwäche des finanziellen Sektors in Afrika hängt mit der Tatsache zusammen, dass es kaum afrikanische Banken gibt und dass die internationalen Banken Kredite nur an öffentliche Kreditnehmer und Großunternehmen vergeben. »Sie sind auf die Bedürfnisse kleiner, landwirtschaftlicher bzw. ländlicher Produzenten mit niedrigen Einkommen nicht eingestellt, obwohl diese das Rückgrat der afrikanischen Ökonomie darstellen.« (UNCTAD 2007, S. 42) Die von allen kleinen und mittleren Unternehmen selbst des formellen Sektors beklagte Unmöglichkeit, Investitionskredite zu bekommen, hängt mit der Dominanz des Auslandskapital in diesem Sektor zusammen, der nur die rentabelsten Märkte bedient und damit die Entstehung eines an die Bedürfnisse der afrikanischen Produzenten angepassten Finanzmarktes behindert.

Debatten gibt es über die Rolle von ›ethnisch fremden‹ Unternehmern, die in Afrika eine wichtige Rolle vor allem im Handel spielen: Inder und Araber im östlichen und südlichen, Libanesen im westlichen Afrika. Auch afrikanische Unternehmer, die im jeweiligen Milieu fremd sind (Nigerianer, Nordafrikaner), sind in einzelnen Ländern relevant. Manchmal seit Generationen ansässig, bilden sie ›ethnische‹ Netzwerke. Obwohl in die lokalen Wirtschaftskreisläufe integriert, bleiben sie oft unter sich und nutzen die Beziehungen zu Landsleuten und Heimatländern. Auch wenn sie im lokalen Wirtschaftsleben eine unverzichtbare und entwicklungsfördernde Rolle spielen, können sie wegen ihrer prekären Stellung nicht die Funktion einer endogenen Bourgeoisie ausfüllen. Obwohl in die Binnenwirtschaft integriert, können sie schnell Opfer nationalistischer Pressionen werden, Fördermaßnahmen zugunsten ›nationaler‹ Unternehmer wurden im Ergebnis nicht selten gegen die einheimischen asiatischen Geschäftsleute gewendet (Hauck 2001, S. 196).[71]

So bleibt die Frage, wo es zukunftsträchtige Ansätze zur Herausbildung bzw. Stärkung einer endogenen Bourgeoisie in Afrika gibt, was deren Funktion sein könnte und wie eine Politik auszusehen hat, die deren Rolle stärkt und zugleich entwicklungspolitisch einbindet. Denn wie Leys hervorhebt: »Kapital ist nicht an Entwicklung interessiert, sondern an seinem eigenen Wachstum.« (zit. Callaghy 1988, S. 86) Es hängt entscheidend von den politischen und kulturellen Rahmenbedingungen ab, ob die Entstehung einer afrikanischen Bourgeoisie ein Beitrag zur Entwicklung ist – am südafrikanischen Beispiel wird dies im letzten Kapitel nochmals diskutiert werden.

Die von Kennedy in den 1980er Jahren aufgelisteten Behinderungen für afrikanisches Kapital bestehen überwiegend auch noch heute:

- Schwache internationale Konkurrenzposition und kleine lokale Märkte;
- Politische Benachteiligung durch Regierungen bzw. unzulängliche Förderung einheimischen Kapitals;
- Konkurrenzvorteile des Auslandskapitals;
- Ein kulturelles Klima, das Kapitalakkumulation negativ sanktioniert;
- Ein unzureichender Grad von Monetarisierung und geringe Verbreitung von Lohnarbeit;
- Ungünstige Rahmenbedingungen und fehlende infrastrukturelle Voraussetzungen;
- Unerfahrenes und unzureichend ausgebildetes Management.

Seit den Arbeiten von Iliffe und Kennedy haben sich zwar Veränderungen vollzogen, die aber die Bedingungen für die Herausbildung einer endogenen Bourgeoisie per saldo nicht wesentlich verbessert haben. Auf der politischen Ebene sind Haltungen verschwunden, die wegen einer dezidiert sozialistischen bzw. etatistischen Orientierung private Kapitalbildung negativ sanktioniert hatten. Die staatlich ge-

---

71 Literarisch dokumentiert bei V. S. Naipaul, An der Biegung des grossen Flusses, dtv 1997

setzten Rahmenbedingungen, das »Geschäftsklima«, haben sich für
private Unternehmen verbessert (Goldberg 2007, S. 885).

Auf anderen Gebieten sind die Bedingungen für das Entstehen
einer endogenen Bourgeoisie komplizierter geworden. Wirtschaftspolitisch wird Auslandskapital (durch »Steuerferien«, Freihandels-
zonen, Verkauf öffentlicher Unternehmen an TNK, usw.) oft gezielt
bevorzugt. Einheimische Unternehmen, die ohnehin wegen ihrer beschränkten Zugangsmöglichkeiten zu internationalen Märkten (Fach-
personal, Kapital, Kredite, Absatzketten, usw.) strukturell benachteiligt sind, erhalten diese Vergünstigungen nicht. Aber auch eine
Gleichbehandlung von ausländischen und einheimischen Unternehmen läuft faktisch auf eine Benachteiligung letzterer hinaus, da deren strukturelle Nachteile nicht ausgeglichen werden. Der Spielraum
für gezielte Förderpolitiken im Interesse lokaler Unternehmer wurde
im Zuge von Marktöffnungen eingeschränkt. Beschränkungen von
Gewinntransfers wurden aufgehoben. Das gleiche gilt für die Han-
delsliberalisierung, die den gezielten Schutz einheimischer Märkte
im Sinne der Listschen Politik der ›Erziehungszölle‹ verunmöglicht.
Die Internationalisierung der Kapitalmärkte erleichtert die legale
und illegale Kapitalflucht, Untersuchungen beziffern den damit
verbundenen Ressourcenabzug auf 5 bis 7 Prozent des afrikanischen
BSP (UNCTAD 2007, S. 30).

Zusammenfassend: Afrika hat die ganze Last der Nachteile entwicklungspolitischer »latecomer« zu tragen, während die politischen
Interventionsmöglichkeiten, die diese Nachteile zumindest teilweise
abfedern könnten (in anderen Ländern der Peripherie mit Erfolg
praktiziert), im Namen der ›Globalisierung‹ drastisch beschnitten
wurden.

Es gibt trotzdem Ansatzpunkte für die Entwicklung einer endogenen Bourgeoisie:

- Angehörige der staatlichen Bürokratie, die Zugriffsmöglich-
  keiten auf Ressourcen des Landes genutzt haben; es gibt Beispiele (Indien), wo sich die ›Staatsklasse‹ in eine private Bourgeoisie verwandelt hat. In mehreren afrikanischen Ländern,
  z.B. Kamerun, Nigeria, Kenia, sind solche Prozesse sichtbar.
  Entscheidend ist, dass die Nabelschnur zum Staatsapparat un-

umkehrbar getrennt und die Ressourcen produktiv investiert werden.[72]

- Angehörige des traditionellen Handelskapitals, die trotz Intervention der Kolonialmächte eine gewisse ökonomische Position behaupten und teilweise nach dem Scheitern der etatistischen Konzepte ausbauen konnten.

- Viele Autoren setzen Hoffnungen auf die große Gruppe der Klein- und Kleinstunternehmer des informellen Sektors, die allerdings bislang überwiegend der Subsistenzlogik verhaftet sind. Viele Autoren sehen in den informellen Aktivitäten das Saatbeet (»seedbed«) der kommenden afrikanischen Bourgeoisie (Berman 1994, S. 254).

- Zu erwähnen sind die afrikanischen Manager internationaler Konzerne und die afrikanischen Experten der Internationalen Organisationen, die know how und Kapital für unternehmerische Aktivitäten erwerben konnten. Hierzu mögen auch ›Re-Migranten‹ zählen, die im Ausland Geld verdient haben und dieses bei ihrer Rückkehr in Afrika investieren.

- Schließlich ist auf die Beziehung wohlhabender Städter zum Land hinzuweisen: Es gibt kaum einen gut situierten Afrikaner, der nicht früher oder später eine Farm erwirbt, oft in seiner Herkunftsregion. Obwohl der Autor dazu keine Forschungen kennt, zeigen Einzelberichte und persönlicher Augenschein, dass diese Farmen nur selten professionell bewirtschaftet werden. Möglicherweise könnte gezielte Beratung der urbanen Grundeigentümer den gesamtwirtschaftlichen Nutzen dieser Investitionen steigern.

Wodurch zeichnen sich diese »endogene Bourgeoisie« oder dieser, in der Sprache der Entwicklungspolitik, »secteur privé autochtone« (Bayart 1989, S. 123) aus? Da es sich um Kapitalismus bzw. Kapitalisten handelt, gelten zunächst die allgemeinen Bestimmungen: Die ökonomischen Aktivitäten des »endogenen« Kapitalisten werden

---

72 »Die Aneignung von Renten kann eine Form ursprünglicher Akkumulation darstellen, ebenso wie ererbter Reichtum oder ›windfall-profits‹. Die Kernfrage ist: wird der in Form von Renten angeeignete Reichtum durch produktive Investitionen in Kapital verwandelt?« (Mkwandiwre 2001, S. 301)

durch die Profitrate reguliert. Dass den »autochthonen« Kapitalisten,
andere, möglicherweise altruistische Ziele motivieren könnten, ist wenig wahrscheinlich. Afrikanische Verhaltensweisen, die dem »Geist
des Kapitalismus« (Weber)[73] entgegen zu stehen scheinen – die Beteiligung anderer am Reichtumszuwachs, die Verwendung für Zeremonien und Feste, Prestigekonsum usw. –, sprechen nicht unbedingt
gegen die Existenz kapitalistischer Einstellungen: Es handelt sich dabei nicht um Altruismus oder Verschwendung als vielmehr um Investitionen in soziale Netzwerke, kann also als Form von Kapitalakkumulation gelten.

Letzten Endes geht es um Bedingungen, die sichern, dass die Kapitalverwertung zur Entwicklung der Produktivkräfte, zur Steigerung
von Produktion und Produktivität und zur Entwicklung der Binnen-
märkte führt. Daraus können normativ Merkmale einer endogenen
Bourgeoisie abgeleitet werden:

- Wenn von endogener Bourgeoisie gesprochen wird, so geht es
  nicht bloß um die Zahl afrikanischer Unternehmer, sondern
  um deren Konstituierung zur Klasse. Das setzt voraus, dass die
  Unternehmer sich als Klasse bzw. soziale Gruppe begreifen,
  die gemeinsame Interessen hat und die sich zur Durchsetzung
  dieser Interessen organisiert. Max Weber spricht in diesem
  Kontext von »Gemeinschaften, die in der Lage sind, sich gemeinsam für ihre Interessen einzusetzen.« (zit. Bayart 1989, S.
  224) In unserem Kontext würde dies implizieren, dass sie sich
  ihrer spezifischen Interessen als afrikanische Unternehmer bewusst sind, sowohl im Gegensatz zu anderen sozialen Gruppen
  als auch im Gegensatz zum internationalen Kapital. Die Abwesenheit lokaler Unternehmern im politischen Prozess wird
  verschiedentlich für eine Ursache von Fehlentwicklungen ge-

---

73 Es ist merkwürdig dass Bayart, der die Bereicherungssucht der afrikanischen
    Oberschicht beschreibt, doch behauptet, dass die »Anziehungskraft der kapi-
    talistischen Ethik in Afrika unsicher« wäre. (Bayart 1989, S. 138) Dass die aus
    der »protestantischen Ethik« abgeleitet Askese keine notwendige Bedingung
    des kapitalistischen Geistes ist, zeigt ja schon Weber: Der »ökonomische Ra-
    tionalismus« und nicht die Askese charakterisiert das kapitalistische Unterneh-
    mertum. (Weber 1905/2005, S. 63). Dass den zeitgenössischen globalisierten
    Kapitalisten Askese auszeichnet, wird heute niemand ernsthaft behaupten.

halten, wobei dafür mehr die Schwäche des endogenen Unternehmertums als die Politik verantwortlich gemacht wird.[74]

- Die endogene Bourgeoisie prosperiert in dem Maße, in dem das im Lande angelegte Kapital wächst – damit ist die »Kompradorenbourgeoisie«, deren Aktivitäten von der Rendite des Auslandskapital abhängt, definitionsgemäß ausgeschlossen.

- Die endogene Bourgeoisie ist – um den oft gebrauchten Begriff Karl Polanyis zu strapazieren – in die spezifische Kultur des Landes »eingebettet«, repräsentiert also die entsprechenden Werte bzw. bleibt in diese eingebunden.[75]

- Die endogene Bourgeoisie ist Teil afrikanischer Netzwerke und kennt die spezifischen lokalen/regionalen Bedingungen. Dies verschafft ihr Konkurrenzvorteile gegenüber ausländischen Wettbewerbern.

- Die endogene Bourgeoisie kann ihre Profite nur steigern, wenn sie in Afrika die Produktion ausdehnt, die Produktivität erhöht und den Absatz steigert.

Schaut man sich diese Merkmale genauer an, so wird deutlich, dass es die gesellschaftlichen und politischen Rahmenbedingungen sind, die die ›Entwicklungsorientierung‹ des endogenen Kapitals sichern:

- Das einfachste Mittel zur Erhöhung der Gewinnmargen ist die Senkung der Kosten – durch niedrige Löhne und billigen Einkauf der sachlichen Produktionsfaktoren. Nur wenn dieser Weg durch entsprechende Gegenmachtstrukturen in Form von Gewerkschaften, Bauernverbänden usw. versperrt ist, werden

---

74 Mkandawire: »Wenn es irgendetwas gab, was der afrikanische Staat versäumt hat, dann war es die Einbeziehung der lokalen Unternehmerklasse in den politischen Prozess. Oder, umgekehrt, wenn die lokale Unternehmerklasse irgendetwas versäumt hat, dann war es die Beeinflussung der staatlichen Politik.« (2001, S. 300)

75 »Die neuere historische und anthropologische Forschung brachte die große Erkenntnis, dass die wirtschaftliche Tätigkeit des Menschen in der Regel in seine Sozialbeziehungen eingebettet ist.« (Polanyi 1994/1978, S. 75) Das ist in Afrika leicht gesagt: Es gibt viele afrikanische Kulturen, »Sozialbeziehungen« und Unternehmensstile; diese sind nicht »national«, wie Bayart bemerkt, sondern haben ethnische bzw. lokale Züge. (Bayart 1989, S. 134)

›intelligentere‹ und gesamtgesellschaftlich nützliche Methoden
der Kostensenkung/Gewinnsteigerung wie Veränderung der
Produktionsverfahren, Qualifizierung der Belegschaften usw.
eingeschlagen.

- Ein weiteres Element ist die Struktur der Märkte. Das Ideal
jedes Kapitalisten, auch des ›endogenen‹, ist das Monopol.
Diesem Bestreben muss durch staatliche Regulierung des Wettbewerbs Schranken gesetzt werden, wozu auch eine entsprechende Zivilgesellschaft gehört, die das erzwingen kann.

- Ebenso wie das Kapital die Konkurrenz verabscheut, fürch-
tet es nichts mehr als den transparenten und unparteiischen
Staat. Jedes Unternehmen und jede Branche – in Afrika wie in
Europa – unternimmt alle ökonomisch vertretbaren Anstrengungen, um sich durch politische Einflussnahme Vorteile zu
sichern. Nur wenn ihm dieser Weg zur Reichtumsmehrung
verwehrt ist – was sich auf der Ebene des Staates und der öffentlichen Verwaltung entscheidet –, wird es andere Wege der
Kapitalakkumulation einschlagen (müssen).

Entscheidend für die Herausbildung einer endogenen Bourgeoisie
und ihre Entwicklungsorientierung sind die staatlich gesetzten Rahmenbedingungen, ist die Fähigkeit der öffentlichen Verwaltungen,
dem Kapital Schranken zu setzen, die unproduktive und entwicklungsschädliche Wege der privaten Kapitalakkumulation versperren.
Das ›endogene‹ Kapital ist nicht ›moralischer‹ als Auslandskapital, es
ist nur enger in das Geflecht formeller und informeller nationaler Institutionen (Regeln) eingebunden. In diesem Zusammenhang ist auf
die Bedeutung von Organisationen der arbeitenden Bevölkerung zu
verweisen, im modernen entwicklungspolitischen Diskurs meist mit
Zivilgesellschaft umschrieben. Der soziale Inhalt des Entwicklungsprozesses wird in einem funktionsfähigen System der öffentlichen
Verwaltung in erheblichem Maße von deren Durchsetzungsfähigkeit
beeinflusst, wie die europäischen Debatten über »fordistische« und
»postfordistische« Akkumulationsregime deutlich gemacht haben
(Sablowski 2008).

4.6 Der Staat in Afrika – Das fremde Monster

Die Debatte über afrikanische Entwicklungswege – seien sie sozialistisch, seien sie kapitalistisch oder irgendwie alternativ – kommt immer wieder auf die Rolle des Staates bzw. der politischen Ebene zurück. An seinen Schwächen krankten sowohl der sozialistisch-etatistische wie der neoliberal-kapitalistische Entwicklungsweg. Ersterer, weil der Staat die Rolle als Agentur der Akkumulation produktiven Kapitals nicht ausfüllen konnte, letzterer, weil der Staat nicht in der Lage war, die institutionellen Grundlagen funktionierender Märkte herzustellen.

Es kann daher nicht überraschen, dass die Entwicklungsdebatte sich heute auf die Rolle des Staates zuspitzt, wobei, wie die Diskussion um das Konzept des Neopatrimonialismus zeigt, selten nach den historischen Ursachen des beklagten Staatsversagens gefragt wird. Der afrikanische Staat versagt nicht wegen angeblich oder tatsächlich korrupter bzw. unfähiger ›Eliten‹ – Mkandawire verteidigt die nachkolonialen Regierungen mit Recht gegen diesen Pauschalvorwurf (2001, S. 300 f) –, sondern deshalb, weil er eine der vorkolonialen afrikanischen Produktionsweise fremde Erscheinung war.

Die Bedeutung der historischen Verankerung staatlicher Institutionen für die Effizienz moderner Verwaltungen scheint auch empirisch nachweisbar: »Jüngere empirische Forschungen zeigen, dass die Geschichte der Staatsentwicklung eines Landes ein wichtiger Erklärungsfaktor der gegenwärtigen wirtschaftlichen Entwicklung ist. (Es kann gezeigt werden,) ...dass die staatlichen Traditionen, gemessen an den historischen Erfahrungen mit staatlichen Einrichtungen, eng und positiv mit der Qualität der modernen staatlichen Institutionen und dem Zuwachs der realen Pro-Kopf-Einkommen im Zeitraum 1960-1995 zusammenhängen. Bezogen auf Afrika (wird gezeigt)..., dass Länder, in denen es zentralisierte vorkoloniale Staaten gegeben hatte, heute bessere öffentliche Güter wie Erziehung, Gesundheit und Infrastrukturen bereitstellen (Nunn, S. 26/27).

Die historisch entstandenen Institutionen Afrikas haben heute eine widersprüchliche Funktion: Sie sichern das Überleben der Menschen unter denkbar widrigen Umständen, behindern damit aber gleichzei-

tig die Ausbreitung kapitalistischer Produktionsbeziehungen und er-
schweren die Durchsetzung afrikanischer Interessen im globalisierten
Kapitalismus. Afrika fand sich nach der Unabhängigkeit in einer Welt
von ›Nationen‹ wieder, in der Stärke und Durchsetzungsfähigkeit des
Staates (nach innen wie nach außen) bestimmen, ob die unabwend-
bare Integration in die Weltwirtschaft im Interesse der jeweiligen
Länder gestaltet werden kann. Damit hatten die afrikanischen Staaten
von Anfang an schlechte Karten. Die »Zwangsgeburten« der nach-
kolonialen Staaten (Tetzlaff/Jakobeit 2005, S. 117) hatten als einzige
Legitimität nach innen den Befreiungskampf. Ansonsten waren ihre
Verfassungen, ihre Grenzen, die ethnische Zusammensetzung der
Bevölkerung, die regierenden Eliten, die Wirtschaftsräume, die historische Identität Ergebnisse der kolonialen Intervention. Sie waren
Kunstprodukte nach innen wie nach außen und standen den historisch
gewachsenen afrikanischen Institutionen als Fremdköper gegenüber.
Im Kern, so die hier vertretene These, beruhen die afrikanische Einmaligkeit und die Schwierigkeit Afrikas im Weltkapitalismus auf dem
Zusammenprall von unvereinbaren Institutionen. In diesem Konflikt
zeigten die afrikanischen Institutionen eine ungeheure Anpassungs-
fähigkeit gegenüber einer feindlichen Natur und Umwelt, wozu auch
der Kolonialismus und der Einbruch des kapitalistischen Weltmarkts
gehören. Angesichts der damit verbundenen Belastungen überrascht
nicht der Entwicklungsrückstand Afrikas, sondern die Tatsache, dass
diese 48 Länder nicht zerbrochen sind, dass sie überlebt haben. Die
Einmaligkeit Afrikas sind auch seine Kraft und Kreativität im Überle-
benskampf. Damit gerieten die afrikanischen Institutionen in eine Art
Teufelskreis: Da sie bei der Lösung der Überlebensprobleme so effizient waren, konnten sie sich nicht bzw. nicht schnell genug moderni-
sieren, d.h. an die Herausforderungen des Weltmarkts anpassen.

Die vielen Darstellungen der afrikanischen ›bad governance‹ und
das Konzept des Neopatrimonialismus beschreiben die Schwäche der
Staaten im Milieu des modernen, internationalisierten Kapitalismus,
erklären sie aber nicht. Die in einer arbeitsteiligen Volkswirtschaft notwendige Kooperation auf gesamtgesellschaftlicher Stufenleiter ist in
Afrika mit Unberechenbarkeiten konfrontiert, weil der Staat hier seine Kernfunktionen (Herstellung von physischer und Rechtssicherheit,

Bereitstellung und Finanzierung von Infrastrukturen, Herstellung Sozialer Sicherheit, Interessenvertretung und Durchsetzung nach außen) nicht bzw. nur unzureichend ausüben kann. Dies entzieht ihm die für seine Stabilität und Handlungsfähigkeit notwendige Legitimität gegenüber der Gesellschaft. Es ist aber zu erklären, warum der Staat nur in Afrika solche Schwierigkeiten hat und welche speziellen, für die kapitalistische Entwicklung Afrikas relevanten Folgen dies hat.

Ohne in Einzelheiten gehen zu können, wird der Staat hier abkürzend als »jene gesellschaftliche Organisation bezeichnet, die über eine institutionalisierte Zentralgewalt mit fungiblem Apparat von ausreichender Stabilität und territorialer Erstreckung verfügt und die in einer durch antagonistische Klassenverhältnisse strukturierten Gesellschaft das Gewaltmonopol ausübt.« (Hagen 1990, S. 429) In dieser Definition werden sowohl die von Max Weber beschriebenen äußeren Merkmale (Herrschaft von Menschen über Menschen, Gewaltmonopol, Staatsgebiet, Verwaltung) aufgenommen, als auch die von Marx herausgearbeitete Verflechtung mit der Produktionsweise: »Das materielle Leben der Individuen, ..., ihre Produktionsweise und die Verkehrsform, die sich wechselweise bedingen, ist die reelle Basis des Staats und bleibt es auf allen Stufen, auf denen die Teilung der Arbeit und das Privateigentum nötig sind ... Die unter diesen Verhältnissen herrschenden Individuen müssen, abgesehen davon, dass ihre Macht sich als Staat konstituieren muß, ihrem durch diese bestimmten Verhältnisse bedingten Willen einen allgemeinen Ausdruck als Staatswillen geben, als Gesetz ...« (Marx/Engels 1846/1972, S. 311). Im vorkolonialen Afrika war eine solche Herrschaftsform weitgehend unbekannt.

Dies heißt nicht, dass es dort keine oder nur marginale Traditionen der Staatenbildung gegeben habe. Zwar gab es staatenlose Gesellschaften, es gab aber auch schon sehr früh große und prosperierende Staatengebilde. Frobenius: »Aus den Berichten der Seefahrer vom 15. bis zum 17. Jahrhundert geht ohne jeden Zweifel hervor, daß das vom Saharawüstengürtel gen Süden sich erstreckende Negerafrika damals noch in der vollen Schönheit wohlgebildeter Kulturen blühte.« (1933, S. 13) Die neuere historische Forschung zeigt, dass Afrika südlich der Sahara große und einflussreiche politische Gebilde hervorgebracht hat (Ki-Zerbo 1981). Diese Staaten waren aber kaum mit der Produk-

tion des materiellen Lebens verbunden, eigneten sich weder syste-
matisch Teile des Mehrprodukts an noch hatten sie eine Funktion bei
der Organisation von Produktion und Austausch. Die vorkolonialen
afrikanischen Staaten waren der Produktionsweise äußerlich. »Nur
dort, wo die Befehlsgewalt der Herrschenden sich auch auf die Aneignung der Arbeit der Herrschaftsunterworfenen erstreckt, und das
heißt, wo Klassenherrschaft vorliegt, macht es Sinn von staatlicher
Herrschaft zu reden. Die beiden Prozesse sollten daher definitorisch
mit einander verkoppelt werden: ohne Klassenbildung keine Staatsbildung.« (Hauck 2001, S. 52) Als zentrale afrikanische Besonderheit
– anders als in Asien und Lateinamerika – »ist hervorzuheben, dass es
in Afrika – von einigen Ausnahmen wie Äthiopien abgesehen – keine
endogenen staatlichen Traditionen gibt.« (Hyden 2006, S. 54)

Dies hat für die ökonomische Entwicklung Afrikas und den durch
die koloniale Eroberung angestoßenen Prozess der modernen Staatenbildung bis heute einschneidende Folgen. Die kapitalistische Produktionsweise ist in Afrika mit Gewalt eingedrungen, fand und findet
dort aber institutionelle Bedingungen vor, die auf der Grundlage einer
ganz anderen Produktionsweise entstanden waren.[76] Auch den Kolonialverwaltungen war es <u>nicht gelungen, die Masse der Produzenten,</u>
<u>nämlich die Bauern,</u> einzubinden: »Anthropologen und Historiker
sind sich über die Bedeutung des verbreiteten ›Escapismus‹ im alten
und im kolonialen Afrika einig«, schreibt Bayart (1989, S. 43). Auch
dem nachkolonialen Staat ist dies nicht gelungen. Man mag darüber
streiten, ob – wie Hyden meint – die Bauernschaft bis heute wirklich »uncaptured« geblieben ist. Tatsache bleibt, dass ihre Einbindung
lose ist, sie den Staat nicht wirklich braucht. »<u>Der postkoloniale Staat</u>
<u>ist für die peasants-Gesellschaft keine Notwendigkeit.</u> Er ist ihr ›auf-
gesetzt‹, d.h. die Bedingungen für seine Existenz ergeben sich nicht
aus Zwängen der Gesellschaft (...). Auch ist er halbautonom – autonom gegenüber den Bauern (weil er seine Revenuen bzw. Renten
vom Ausland bezieht). Daher liegt ein Hauptproblem des ›peripheren
Staates‹ in den Handlungsgrenzen des Staates (...). Aber erst feste Ab-

---

76 Endogene Prozesse der Staatenbildung und der sozialen Differenzierung wur-
    den unterbrochen.

hängigkeitsverhältnisse der Surplus-produzierenden Klassen könnten den Staat mächtig machen, d.h. vor allem die Unterwerfung der bisher »uncaptured peasantry« (...) (Tetzlaff/Jakobeit 2005, S. 77). Erst vor diesem Hintergrund wird verständlich, warum ›Staatsversagen‹ in Afrika so einschneidende Konsequenzen für den Entwicklungsprozess hat. Auch in anderen Teilen der Welt haben sich korrupte Eliten der Einrichtungen des Staates bemächtigt, ohne dass dies die Ausbreitung der kapitalistischen Produktionsweise dauerhaft behindert. Denn diese Systeme, so korrupt sie auch sein mögen, müssen die wirtschaftliche Entwicklung bei Strafe des Untergangs fördern; andererseits hängen die wirtschaftlichen Akteure von produktionsorientierten Leistungen der Verwaltungen ab, können ohne diese nicht überleben.

Anders in Afrika. Einerseits können die regierenden Eliten nach wie vor gut leben, ohne sich mit der Organisation der Produktion und der systematischen Abschöpfung des Mehrprodukts (Besteuerung) abmühen zu müssen. Die afrikanischen Ökonomien hängen vom Weltmarkt ab, d.h. sie finanzieren sich über Außenhandelsabgaben und die Aneignung von Teilen des Mehrwerts, der in den weltmarktorientierten Produktionsinseln insbesondere des Bergbaus erzeugt wird. Zwar werden auch Steuern eingetrieben, aber die Mehrheit der Produzenten kann sich der Besteuerung entziehen. In den letzten Jahrzehnten ist die Entwicklungshilfe als staatliche Finanzierungsquelle hinzugekommen. Weder müssen die die Staatsgewalt innehabenden Eliten in die Wirtschaftstätigkeit der Bevölkerungsmehrheit eingreifen (z.B. um diese zu besteuern), noch benötigen die Produzenten des ländlichen und informellen städtischen Raums den Staat zum Überleben. Um es überspitzt zu sagen: Weder braucht der afrikanische Staat die Masse der Produzenten, noch brauchen die Produzenten den Staat. »Vom Standpunkt des individuellen Produzenten ist der Staat strukturell überflüssig.« (Hyden 1983, S. 7)

Die koloniale Herrschaft, die sich weitgehend der existierenden ›traditionellen‹ Autoritäten bediente, hatte diese mit völlig neuen Inhalten gefüllt, ohne dass aber die alten ganz verschwunden wären. Das die afrikanischen Traditionen der Pluralität und der Verwandtschaft vertretende Häuptlingstum (»chefferie«) wurde durch das Eindringen der damit eigentlich unvereinbaren europäischen bürokratischen Herrschaftsprinzipien deformiert. Die Verbindung unvereinbarer Herrschaftsprinzipien hat zu einer »verallgemeinerten Disfunktion« (Coquery-Vidrovitch 1992, S. 113) geführt: »Der Chef von heute, sei es der sogenannte ›traditionelle‹, sei es der moderne Beamte, erscheint im wahrsten Sinne des Wortes als ein ›Monster‹, d.h. wie die, noch dazu schlecht ausgeführte und schlecht verstandene, Kombination von zwei Herrschaftsformen, die doch ursprünglich keinerlei Gemeinsamkeiten hatten (ebd. S. 126).

Hinzu kommt ein ›kulturelles‹ Problem, das seltsamerweise nur selten thematisiert wird: das Sprachproblem. Die Entwicklung der afrikanischen Sprachen wurde durch den Kolonialismus unterbrochen. Sie wurden aus dem ›modernen‹ Sektor, der notwendigerweise verschriftlicht ist, fast vollständig verdrängt. Regierung, formeller Sektor und Volk sprechen – im wahrsten Sinne des Wortes – verschiedene Sprachen. In 34 Staaten des Subsaharischen Afrika sind ausschließlich eine oder zwei Kolonialsprachen offizielle Amtssprache. In wenigen ist neben der Kolonialsprache auch eine afrikanische Sprache Amtssprache wie das Swahili in Teilen Ostafrikas. Aber selbst dort sind im Regierungsapparat Kolonialsprachen vorrangig, u.a. weil alles Schriftliche in diesen verfasst ist.

Obwohl die Kolonialmächte – explizit oder implizit – sich der traditionellen Herrschaftsstrukturen bedienten, diese zwar veränderten, aber nicht beseitigten, bewirkten sie den Aufstieg einer neuen Führungsschicht. Die »évolués« oder »educated« waren jene Afrikaner, die auf ›weißen‹ Schulen gelernt hatten, und zwar in der jeweiligen Kolonialsprache. Es waren nur teilweise Angehörige der traditionellen Oberschicht – es gab Schulen für Häuptlingskinder, es kam aber auch vor, dass die traditionellen Herrscher sich den Schulen verweigerten. In vielen Teilen Afrikas hatten die Missionare mit ihrem Angebot am Anfang nur bei gesellschaftlich marginalisierten Personen und Außenseitern Erfolg.[77] In weiten Teilen des ländlichen Afrika beherrscht der Lehrer oder ein anderer ›Intellektueller‹ die jeweilige Kolonialsprache, nicht aber der lokal einflussreiche chief, headman oder roi. Lesen und Schreiben, unabdingbare Zivilisationstechniken, werden

---

77   Klassisch geschildert in: Chinua Achebe, Okonkwo oder Das Alte stürzt, 1958

in der Kolonialsprache gelernt. Obwohl in den letzten Jahren stellenweise dazu übergegangen wurde, zumindest in den ersten Jahren der Grundschule die jeweilige nationale Sprache zu verwenden, setzt jede höhere Bildung die Beherrschung der Kolonialsprache voraus. »Die am meisten verbreitete Praxis war es, im Bildungssystem europäische Sprachen zu verwenden, fast überall in der Sekundarstufe, aber überwiegend auch in der Grundschule.« (Simpson 2008, S. 7)

Obwohl die Kolonialsprachen – mit Ausnahmen wie Swahili oder Kinyaruanda – das wichtigste Kommunikationsmittel der Verwaltung sind und zudem Unterrichtssprache, werden sie nur von einer Minderheit der Bevölkerung beherrscht: Nur etwa 20 % (bis zu 30 % nach einer anderen Quelle)[78] der afrikanischen Bevölkerung sprechen eine europäischen Sprache (Mabe 2004, S. 577). Die Tatsache, dass alle ›modernen‹ Aktivitäten in einer Sprache abgewickelt werden, die die große Mehrheit der Bevölkerung nicht oder nur rudimentär beherrscht, wird merkwürdigerweise in der Entwicklungsdebatte kaum thematisiert. Alles Schriftliche erfordert die Beherrschung der Kolonialsprache, einschließlich der Nutzung von Computer und Internet. Diese ist aber für die Bevölkerung eine Fremdsprache, die im täglichen Umgang nicht benutzt wird. In diesem Zusammenhang wird im übrigen deutlich, dass der für ganz ASS mit gut 60 % angegebene Alphabetisierungsgrad kaum realistisch sein dürfte: Wenn z.B. in Sambia angeblich 68 % der erwachsenen Bevölkerung lesen und schreiben können, aber nur 28 Prozent Englisch sprechen und verstehen, dann stimmt irgendetwas nicht mit der Statistik. Zwar gibt es Alphabetisierungskurse auch in den Nationalsprachen, diese spielen aber in der schriftlichen Praxis (mangels Lesestoff) nur eine marginale Rolle. Selbst in Ländern, in denen eine afrikanische Sprache dominiert – so das Swahili in Tansania –, wird diese durch die Verfassung nicht anerkannt (Simpson 2008, S. 18). Afrikanische Sprachen gelten als kulturell minderwertig bzw. rückständig, Aufstieg und Modernität sind mit der Kolonialsprache verbunden.

---

78 Simpson 2008, S. 9; im Jahre 2000 sprachen in Sambia 1,7 % der Bevölkerung Englisch als erste und 26,3 % als zweiten Sprache, wenn auch in zunehmendem Maße: 1980 konnten dies nur 5 % der Bevölkerung (Simpson 2008, S. 295).

Die Vertreibung der afrikanischen Sprachen aus dem Entwicklungsprozess kann weder mit der herrschenden Sprachvielfalt noch mit der Gefahr ethnischer Zersplitterung erklärt werden, wie viele Einzelfalluntersuchungen zeigen: Es gibt keinen Zusammenhang zwischen Multilingualität und Konflikten (Simpson 2008). Es ist im Gegenteil so, dass die Gleichsetzung von Nation und Kolonialsprache – ein Beispiel ist der künstlich hergestellte Zusammenhang zwischen ›Ivorität‹ und Französisch in der Côte d'Ivoire (Simpson 2008, S. 21) – zur Delegitimierung des Prozesses der Nationenbildung beiträgt, weil dies die Mehrheit der Bevölkerung faktisch ausschließt und die Sache der Nation zur Sache der ›evolués/educated‹ erklärt.

Obwohl nur selten thematisiert, dürfte der Sprachpolitik eine große Bedeutung im Prozess der Verankerung des Staates (und der modernen Institutionen) in der Gesellschaft zukommen: »Der Gebrauch der afrikanischen Sprachen ist eine zentrale Bedingungen bei der Wiederherstellung der afrikanischen kulturellen Identität im Kontext der Entwicklung. Die afrikanischen Sprachen sind die Hauptpfeiler des Gebäudes der afrikanischen Gesellschaft als historisches Produkt.« Eine »Afrikanisierung« und Dekolonisierung des Entwicklungsprozesses und seine Verankerung in der Gesellschaft erfordern die Aufwertung der afrikanischen Sprachen als zumindest gleichberechtigtes Kommunikationsmittel (Kayenze 2006, S. 451 ff).

Im Ergebnis seiner eklatanten Funktionsmängel und der kulturellen Entfremdung wird der afrikanische Staat von der großen Mehrheit der Bevölkerung »als gewalttätig, unberechenbar, korrupt, funktional unzuverlässig und alltäglich schikanös (wahrgenommen) – ein bewaffnetes Monster, dem man besser aus dem Wege geht.« (Tetzlaff/Jakobeit 2005, S. 118) Das mögen viele Menschen in Asien oder Lateinamerika ähnlich sehen. Die afrikanische Einmaligkeit ist die Tatsache, dass die Mehrheit der Bevölkerung auch in der Lage ist, diesem »Monster« tatsächlich aus dem Weg zu gehen. Wenn die Preise der cash crops zu niedrig sind, konzentriert man sich auf den Anbau von lokalen Nahrungsmitteln, bei Krankheit gibt es den Heiler, bei Konflikten kann auf traditionelle Mechanismen und Institutionen der Konfliktregelung zurückgegriffen werden, in sozialen Notlagen hilft die »extended family« oder eine andere Kleingruppe. Man kann überleben ohne den Staat und seine Einrichtungen – wenn auch immer schlechter.

Denn dieses ›informelle‹ Überleben ist mit der Veränderung der natürlichen Umwelt, der Erschöpfung von Boden und Wasser, dem Eindringen der Weltwirtschaft, dem Zugang zu weltweiten Medien, dem raschen Bevölkerungswachstum, der Veränderung der Beziehungen zwischen den Geschlechtern und Altersgruppen usw. prekär geworden. Die Afrikaner wissen wie die Europäer die Vorteile der Geldwirtschaft, eines funktionierenden Gesundheits- und Bildungssystems, sauberen Wassers, stabiler Einrichtungen der materiellen Infrastruktur, moderner landwirtschaftlicher Produktionsmethoden, sozialer Sicherheit ohne Rückgriff auf repressive Kleingemeinschaften, individuelle Freiheit und Unabhängigkeit von den ›Alten‹, Selbstbestimmung der Frauen, usw. durchaus zu schätzen. Der Ausweg in informelle Strukturen wird nur deswegen gesucht, weil der moderne Staat bislang nicht in der Lage war, die erforderliche existenzielle Sicherheit zu produzieren. Staatsversagen einerseits und Rückzug in traditionelle oder auch moderne endogene, staatsferne und kleinräumige Strukturen andererseits bilden einen Teufelskreis, der jene Situation produziert, die jedem mit Afrika Vertrauten auffällt: Die Dinge scheinen nicht zueinander zu passen (Grill 2005). Da Wirtschaft und Gesellschaft eben nicht mehr ›traditionell‹ sind, da die moderne Welt via Medien selbst im abgelegensten Dorf präsent ist, werden die verschiedenen Elemente von Tradition und Moderne pragmatisch integriert. Und: Es funktioniert irgendwie, »Africa works«.

Aber es funktioniert schlecht. Die ›hybriden‹, Tradition und Moderne, formelles und informelles mischenden Institutionen sichern recht und schlecht das Überleben. Sie sind aber nicht geeignet, Afrikas Interessen in der Weltwirtschaft durchzusetzen und leistungsfähige Produktionsstrukturen aufzubauen. Das ist auf mittlere Sicht lebensgefährlich, wie eindringlicher als ökonomische Wachstumsraten und Sozialindikatoren die Ausbreitung der HIV/AIDS Pandemie zeigt. Nur die Legitimierung und die Integration des modernen Staates und seiner Institutionen in die Gesellschaft werden den Afrikanern die für wirtschaftlichen Fortschritt und das Überleben in der kapitalistischen Weltwirtschaft notwendigen Rahmenbedingungen bereitstellen kön-

nen. Der nachkoloniale Staat, der auch im Ergebnis des Befreiungs-
kampfes entstanden war und durch diesen eine gewisse Legitimität
erlangt hatte, hat diese unter dem Druck des kapitalistischen Weltmarkts und seiner Einrichtungen wieder eingebüßt. Der Preisverfall
afrikanischer Exportprodukte, der Ausbruch der Schuldenkrise und
die Demontage des Staates durch die Strukturanpassungspolitik haben
dessen ohnehin auf schwachen Beinen stehende Legitimität untergraben, indem ausgerechnet jene Elemente (wie Subventionen für die
Modernisierung der Landwirtschaft und Sozialleistungen) demontiert
wurden, die geeignet waren, der Masse der Bevölkerung eine gewisse
Überlebenssicherheit zu gewähren. Die Folge waren der Rückzug in
die Informalität und die Flucht vor dem Zugriff des Staats.

Der afrikanische Staat wird nur dann die notwendige Regulie-
rungskompetenz nach innen und nach außen erlangen, wenn er von
der Mehrheit der Bevölkerung als legitim und nützlich akzeptiert
wird, d.h. wenn er Überlebenssicherheit garantiert. Angesichts der
historischen Rolle des afrikanischen Staates und der Erfahrungen der
nachkolonialen Periode ist nicht zu erwarten, dass ein paar demokratische Reformen wie die Einführung von Mehrparteiensystemen
ausreichen, um dieses Vertrauen herzustellen. Bei aller Kritik an der
gegenwärtigen Entwicklungspolitik scheint jedoch, dass dort inzwischen einige Kernprobleme Afrikas erkannt und zumindest ansatzweise berücksichtigt werden: Unterstützung nicht bei der Demontage,
sondern beim Aufbau von Institutionen, Stärkung von Ansätzen der
demokratischen Teilhabe, Rückgriff auf afrikanisches institutionelles
know how, Stabilisierung sozialer Einrichtungen des Gesundheits-
und Bildungswesens durch langfristigere Finanzierungs- und Fördermaßnahmen. Dem stehen jedoch weiterhin rigide Privatisierungs- und
Deregulierungskonzepte entgegen, was z.B. in den Verhandlungen
über die weitere Öffnung der afrikanischen Märkte im Rahmen des
Cotonou-Abkommens und der Doha-Runde der WTO zum Ausdruck
kommt. Afrika muss – anders als andere Kontinente – die Institutionen erst entwickeln, die notwendig sind, um in einer globalisierten
kapitalistischen Weltwirtschaft nicht nur zu überleben, sondern die eigenen legitimen Interessen durchzusetzen. »Wozu die anderen Völker
der Erde Jahrhunderte Zeit gehabt hatten, sollte in Afrika in Jahren

und wenigen Jahrzehnten bewältigt werden: die Integration in eine sehr dynamische Weltordnung, die man nicht aktiv mitgestaltet hatte, aber von der man als abhängige Peripherie ein integraler Teil sein wollte und musste, um zu überleben, um Rückstände aufzuholen, um – zusammengefasst – die Modernisierung an Haupt und Gliedern einzuleiten und zu beschleunigen.« (Tetzlaff/Jakobeit 2005, S. 120)

Gegenwärtig besteht die Gefahr, dass unter dem Eindruck steigender Rohstoffeinnahmen und höherer Wachstumsraten die institutionelle Besonderheit Afrikas wieder in Vergessenheit gerät. Denn was vielen Praktikern der Entwicklungspolitik mehr oder weniger bewusst ist, wird auf der Ebene der internationalen Beziehungen ignoriert. Hier wird nach wie vor die Fiktion aufrechterhalten, als verfügten die afrikanischen Staaten in den Verhandlungen mit TNK, Internationalen Organisationen und anderen Staaten über die gleiche Verhandlungsmacht wie der Rest der Welt, als ginge es nur darum, dass die Regierungen eine »bessere« Politik machen. Afrika muss seine Institutionen transformieren, um national und international handlungsfähig zu werden. Dazu braucht es Zeit, gezielte Unterstützung beim Aufbau von Organisationen und langfristige, verlässliche und berechenbare finanzielle Hilfe. Der afrikanische Staat muss der Bevölkerung zeigen können, dass er in der Lage ist, das Überleben seiner Bürger im Rahmen moderner materieller und sozialer Infrastrukturen zu gewährleisten. Das wichtigste öffentliche Gut in Afrika ist Überlebenssicherheit. Solange die modernen Institutionen, solange der afrikanische Staat diese nicht herstellen können, werden sie in ihrer Steuerungskapazität nach innen wie nach außen beschränkt bleiben. Nur als legitim betrachteten, steuerungsfähigen Staaten wird es gelingen, die Chance der günstigeren internationalen Rahmenbedingungen zu nutzen, um einen endogenen und nachhaltigen Entwicklungsprozess in Gang zu setzen.

4.7 Statt eines Ausblicks: Südafrika – Vorbild für den Kontinent?

Südafrika ist eine ökonomische Ausnahme im Subsaharischen Afrika, gehört aber – anders als Nordafrika – zum gleichen Kulturraum und teilt seine Geschichte. So ist interessant zu untersuchen, ob die Entwicklung zum Industrieland und der seit Anfang der 1990er Jahre unternommene Versuch, dem ›weißen‹ Kapitalismus ein schwarzes Unternehmertum entgegenzusetzen, Erfahrungen generiert, die bei der Entwicklung des Kontinents nützlich sind. Im Folgenden werden – im Kontext der Geschichte des südafrikanischen Kapitalismus – die Bemühungen um die Entwicklung eines ›schwarzen‹ Kapitalismus im Mittelpunkt stehen.

Vergleicht man die ökonomischen Daten für ASS mit denen der Republik Südafrika (RSA), so scheinen die RSA Welten vom übrigen Afrika zu trennen (Tab. 22).

Tab. 22: Eckdaten für ASS und RSA, 2005

	ASS	RSA	RSA in % ASS
Bevölkerung in Mill.	741	45	6,1
Nationaleinkommen in Mrd. $ US	552	224	40,6
Nationaleinkommen zu Mrd. $ Kaufkraftparität	1.469	548	37,3
Nationaleinkommen in $ Kaufkraftparität pro Kopf	1.981	12.120	611,8
Exporte (Mrd. $ US)	190	52	27,4
Direktinvestitionen (Mrd. $ US, Bestand (2006)	199	77	38,6

Quelle: World Development Report 2007, S. 349; World Investment Report 2007, S. 255 f

Würde man die RSA bei der Betrachtung der Weltmarktbedeutung Afrikas ausklammern, dann sähen die afrikanischen makroökono-

mischen Daten noch kümmerlicher aus: Auf die RSA allein entfallen
40 Prozent des Nationaleinkommens und der Direktinvestitionen und
mehr als ein Viertel der Exporte des Kontinents.

Bei den Sozialindikatoren ist der Abstand geringer. Allerdings
sind die Unterschiede zwischen den Bevölkerungsgruppen[79] so groß,
dass die Durchschnittswerte ohne Aussagekraft sind. Dies gilt auch für
die oben dargestellten Pro-Kopf-Einkommen. Gemessen am Human
Development Index (HDI) der UN, der neben Durchschnittseinkommen auch Sozialindikatoren einbezieht, lag das ›weiße‹ Südafrika zum
Jahrtausendwechsel auf Rang 19 (von 173), nahe bei Ländern wie Ita-
lien und Deutschland. Ganz Südafrika dagegen war auf Platz 110 zu
finden, in der Gegend von Gabun oder Marokko (Terreblanche 2002,
S. 452). Die Sozialindikatoren der afrikanischen Bevölkerung waren
kaum besser als im Durchschnitt von ASS.

Wurde oben festgestellt, dass Afrika zwar Teil des kapitalistischen
Systems, aber selbst wenig kapitalistisch ist, dann gilt das definitiv
nicht für die RSA. Trotzdem handelt es sich auch bei der RSA nicht
um ein integriertes kapitalistisches System – wichtige Besonderheiten
und Unterschiede zu anderen entwickelten kapitalistischen Ländern
sind zu konstatieren. Dies hängt mit der Entstehung des südafrikanischen Kapitalismus und der Klassenbasis einerseits und seiner spezifischen Stellung im globalen Kapitalismus andererseits zusammen.

Die im 17. Jahrhundert von der Niederländischen Ost-Indien-
Gesellschaft (VOC) gegründete Kapkolonie war ursprünglich als
Versorgungsstation für Schiffe auf dem Weg nach Asien gedacht; die
Kolonisten wurden noch lange in diesem Sinne reglementiert. Sie kamen in großer Zahl und stießen auf eine für afrikanische Verhältnisse
dichte Besiedlung mit unterschiedlichen, der Umwelt angepassten
ökonomischen Systemen. Diese beruhten wie im übrigen Afrika auf
dörflich-patriarchalischer Subsistenzwirtschaft. Die weiße Besiedlung
erfolgte von Anfang an im Konflikt mit den Afrikanern, wobei es
nicht nur um Eroberung von Land, sondern mehr um die Beschaf-

---

79   In der Terminologie des Apartheid-Staats gab es vier Bevölkerungsgruppen:
     Die »African, d.h. die schwarze Bevölkerung (79 %), die »Asian« oder »Indian«
     (2,5 %), die »coloured« mit einem weißen Elternteil (9 %) und die »White« (9,5
     %). (Feinstein 2005, S. xix und S. 259)

fung von billigen Farmarbeitern ging. Um dies zu erreichen, musste
den Afrikanern der Ausweg in die Subsistenzwirtschaft versperrt werden – und zwar weniger durch Versklavung (obwohl auch das praktiziert wurde) als durch »die Schließung des Fluchtwegs zum freien
Land.« Der Landraub sollte die Afrikaner »zwingen, ihre Dienste den
Farmern als Hauspersonal und Farmarbeiter anzubieten.« (Feinstein
2005, S. 34)

Dieses Motiv – Beschaffung billiger Arbeitskräfte für kommerzielle
Landwirtschaft und später Bergbau – prägt die Geschichte Südafrikas
bis in die Hochphase der Apartheid. Die Zerstörung der Grundlagen
der ›schwarzen‹ Ökonomie war bis in die 1970er Jahre hinein Regierungspolitik. Dies beinhaltete eine rigide Politik gegen die Herausbildung einer schwarzen Mittelklasse[80]. Die steigende Weltmarktnachfrage nach Agrarprodukten im 19. Jahrhundert hatte Spielräume für
die Kommerzialisierung der traditionellen afrikanischen Land- und
Viehwirtschaft geschaffen (Peires 2007, S. 43). In der Frühphase der
Kolonialzeit »begannen schwarze Unternehmer spontan, die neuen
Marktchancen (Diamanten, Landwirtschaft, Handel) zu nutzen und
zu gleichen Bedingungen mit den weißen Siedlern und Kolonisten
zu konkurrieren...« (Innes 2007, S. 51). Diese Ansätze wurden von
den weißen Siedlern mit Unterstützung der Kolonialbehörden bald
gewaltsam unterdrückt, erst durch Enteignung und dann durch Vertreibung vom Land.

Erst mit der Entdeckung von Diamanten (1870) und Gold (1886)
trat die Kapkolonie in die Weltwirtschaft ein – vorher waren ihre
landwirtschaftlichen Exportprodukte nur von marginaler Bedeutung für die Mutterländer gewesen, lediglich Wein und später Wolle
spielten eine Rolle. Das System des südafrikanischen Kapitalismus,
das im Kern noch heute besteht, bildete sich gegen Ende des 19. Jahrhunderts heraus: Förderung von Diamanten, Gold, NE-Metallen und
später Kohle mit Hilfe billiger, unqualifizierter schwarzer Wanderarbeit, die durch die systematische Vertreibung und Aneignung der produktiven Böden der afrikanischen Bevölkerungsmehrheit verfügbar

---

80   Zum in der südafrikanischen Debatte oft verwendeten Begriff näheres weiter
     unten.

gemacht wurde. Gleichwohl blieben Rudimente der traditionellen Subsistenzwirtschaft auf marginalen Böden der Reservate bzw. (ab 1950) ›homelands‹ bestehen. Im Ergebnis der Landeroberungspolitik verfügten die Weißen über 87 Prozent des Landes, auf die Reservate/ homelands entfielen 13 %, die zudem abgelegene und unfruchtbare Landstriche waren. Trotzdem sollten die Reservate und ›homelands‹ zumindest einen Teil der Subsistenzkosten der schwarzen Wanderarbeiter und ihrer Familien decken, sowohl um die Löhne niedrig zu halten, als auch um die Städte für die weiße Bevölkerung reservieren zu können. Dies gelang nur bis Ende der 1960er Jahre, als die Fähigkeit der ›Bantustans‹, die Wanderarbeiter mit einer Subsistenzbasis zu versorgen, erschöpft war (Terreblanche 2002, S. 375). »Zunehmende Armut und abnehmende Agrarproduktion haben die Bedeutung der ›homelands‹ als Quelle von Subsistenzeinkommen für die Familien der Wanderarbeiter untergraben.« (May 1990, S. 184). Am Ende der 1980er Jahre war selbst in den ländlichen Gebieten der homelands der Anteil der Einkommen aus Landwirtschaft und informellem Sektor auf 8 % gesunken, während mehr als drei Viertel der Einkommen aus der Lohnarbeit, d.h. den Überweisungen der Wanderarbeiter, stammten. Schon damals kam ein relevanter Anteil (ca. 10 %) aus staatlichen Transfers (ebd., S. 178).

Der Erfolg der südafrikanischen Ökonomie bis etwa 1970 beruhte auf Voraussetzungen, die es in keinem anderen afrikanischen Land in dieser Kombination gab:

- Eine relativ große afrikanische Bevölkerung;
- Eine große Zahl europäischer Siedler;
- Eine außergewöhnlich gute Ausstattung mit Bodenschätzen.

Die südafrikanische Wirtschaftsgeschichte ist die Geschichte, »wie diese außergewöhnliche Kombination von einheimischer Bevölkerung, europäischen Siedlern und Bodenschätzen genutzt wurde in einem Prozess von Eroberung, Enteignung, Diskriminierung und Entwicklung zur Erreichung raschen wirtschaftlichen Fortschritts.« (Feinstein 2005, S. 3)

Dies führte in der ersten Hälfte des 20. Jahrhunderts zu hohem wirtschaftlichem Wachstum. 1913 lag das südafrikanische Pro-Kopf-Einkommen mit 1.500 US $ über dem Japans, aber weit hinter Ländern wie Argentinien (3.800 US $) oder Chile (2.700 US $).[81] Zwischen 1913 und 1950 verzeichnete die RSA höhere Wachstumsraten als alle anderen Weltregionen, einschließlich Europas. »Südafrika (war) eines der wenigen Länder, die sowohl von beiden Kriegen profitierten, als auch den negativen Wirkungen der Depression (1929-33, J.G.) ausweichen konnten.« (Feinstein 2005, S. 7). Die RSA nahm auch am Nachkriegsboom nach 1950 teil. Es gelang aber nicht, mit den anderen industrialisierten Ländern Schritt zu halten.

Die kapitalistische Weltwirtschaftskrise ab 1973 wirkte sich dagegen in Südafrika besonders negativ aus. Während andere Länder und Regionen trotz Krise zwischen 1973 und 1994 noch Wachstum verzeichnen konnten, fiel Südafrika relativ und absolut zurück (Tab. 23).

Tab. 23: Wachstum der realen Pro-Kopf-Einkommen in ausgewählten Ländern und Regionen*

	1913-1950	1950-1973	1973-1994
Südafrika	+ 1,3	+ 2,2	- 0,6
Ausgewählte Ökonomien	+ 0,5	+ 4,0	+ 2,0

*Jährliche Zunahme in Prozent
Quelle: Maddison (2006)

Der Einbruch der RSA ab 1973 hatte externe wie interne Ursachen, wobei die internen Faktoren in den 1980er Jahren in den Vordergrund rückten. Ab 1980 kam es nicht nur zu keiner Stabilisierung wie in den übrigen Industrieländern, die Krise vertiefte sich vielmehr: Stagnierten in der RSA die realen Pro-Kopf-Einkommen im Zeitraum 1973 bis 1983 (Vergleichsländer: +1,6 % jährlich), so sanken sie zwischen 1983 und 1994 um jährlich 1,2 % (Vergleichsländer: +2,2). Es handelte sich also nicht nur um den Reflex der Weltmarktkrise, sondern um eine spezifisch südafrikanische Wirtschaftskrise.

Dies ist vor dem Hintergrund der Struktur der südafrikanischen

---

81 Die historischen Zahlen beruhen, wenn nicht anders angegeben, auf Berechnungen von Maddison (2006)

Ökonomie verständlich. Obwohl ab den 1920er Jahren auch eine verarbeitende Industrie entstanden war, basierte (und basiert) die südafrikanische Ökonomie weiterhin auf dem »mineral-energy-complex« (MEC).[82] Förderung von mineralischen Rohstoffen, Verarbeitung in Metalle mit Hilfe von elektrischer Energie und Chemikalien, Erzeugung von Elektrizität aus einheimischer Kohle, Verkauf der Metalle auf den Weltmärkten, Sicherung von billiger Arbeit durch Rassenpolitik einerseits und niedrige Lebensmittelpreise dank hoch subventionierter (weißer) Farmer andererseits.

Ein Krisenfaktor der 1980er Jahre war die Entwicklung der Goldpreise und der Förderkosten in den Goldminen. Zunächst schien es, als ob die Liberalisierung der im Rahmen des Bretton-Woods-Systems auf 35 \$/Unze fixierten Goldpreise im Jahre 1971 günstige Bedingungen schaffen würde. Der Goldpreis stieg bis auf 850 \$ im Januar 1980. Ab dann aber ging's abwärts. Ab 1982 schwankte der Goldpreis 15 Jahre lang um die Marke von 380 \$. Gleichzeitig stiegen die Produktionskosten, die Minen waren gezwungen, Erze mit geringerem Goldgehalt auszubeuten, in größere Tiefen zu gehen und moderne Fördertechniken einzusetzen. Die Goldproduktion sank von ihrem Höhepunkt im Jahre 1970 (32 Mill. Feinunzen[83]) auf 20 Millionen Ende der 1980er Jahre.

Hinzu kamen Veränderungen am Arbeitsmarkt. Im Zuge der politischen Entwicklung in der Region – Zusammenbruch des portugiesischen Kolonialimperiums 1975, Niederlage des Siedlerregimes in Zimbabwe, Unabhängigkeit Namibias – wurde die Abhängigkeit der Minen von ausländischer Wanderarbeit zunehmend als politische Gefahr gesehen. Die Minen versuchten, verstärkt südafrikanische Arbeiter einzusetzen – was teurer war. Neue Fördertechniken erforderten mehr qualifizierte Arbeit. Die Basis der Minenproduktion, unqualifizierte Wanderarbeit, veränderte sich dramatisch. Afrikanische Gewerkschaften mussten zugelassen werden, gesetzliche Bestimmungen, die selbst halbqualifizierte Berufe und Tätigkeiten weißen Arbeitern reserviert hatten, wurden aufgehoben. Der Zuzug schwarzer Arbeiter

---

82 Dieser wird beschrieben in Fine/Rustomjee 1996
83 Die Feinunze zu 33,3 Gramm

und ihrer Familien in die Städte intensivierte sich, der Versuch, die Städte für Weiße zu reservieren, war definitiv gescheitert.

Man musste akzeptieren, dass afrikanische Arbeiter zunehmend qualifizierte Arbeiten ausführten. Das Wachstum der südafrikanischen Wirtschaft hatte den Arbeitskräftebedarf erhöht, selbst Farmarbeiter konnten nur noch durch höhere Löhne angezogen werden. Dies stärkte die Organisationen der schwarzen Arbeiter, die schrittweise legalisiert werden mussten. Deren Verhandlungsmacht wuchs; in Arbeitskämpfen vor allem der 1970er Jahre gelang es den afrikanischen Gewerkschaften, massive Lohnerhöhungen durchzusetzen: +31 % 1973, +61 % 1974, +68 % 1975 (Feinstein 2005, S. 207). Die Lohnkluft zwischen Weißen und Afrikanern verringerte sich von 15:1 (1970) auf 8:1 (1975) und 5:1 (1985). Damit wurde allerdings in historischer Sicht nur eine Entwicklung korrigiert, die die reale Kaufkraft der ›schwarzen‹ Löhne immer weiter abgesenkt hatte, während die ›weißen‹ Löhne angestiegen waren (Hirsch 2005, S. 11).

Hinzu kam eine Krise der verarbeitenden Industrie, die seit den 1920er Jahren an Bedeutung gewonnen hatte. Strukturell war (und ist) sie geprägt durch die Abhängigkeit von Rohstoffen. Ein großer Teil der Industrie besteht aus kapitalintensiver Umformung von Metallen und landwirtschaftlichen Produkten mit geringer Verarbeitungstiefe. Ein Teil der als industriell bezeichneten Tätigkeiten, wie das Schmelzen von Metallen, gehört eigentlich eher zur Rohstoffförderung als zur Verarbeitung (Fine/Rustomjee, S. 76 ff). Ein anderer, durch Zölle geschützter Teil der Industrie erzeugte kostenintensiv Konsumgüter für die weiße Bevölkerung. Diese relativ arbeitsintensiven Sektoren wurden durch die vom ANC mitgetragene Öffnungspolitik ab 1990 geschädigt, arbeitsintensive Bereiche wie Bekleidung, Schuhe, Möbel verzeichneten 1992-2003 negative Wachstumsraten (Rashad 2006, S. 67).

Da es nie gelungen war, eine Produktionsmittelindustrie aufzubauen, war die Wirtschaft auf den Import von Maschinen angewiesen, die aus den Erlösen der Gold- und Rohstoffexporte bezahlt wurden. Die Folge war: »Jeder Versuch, das Wachstum zu beschleunigen, führte zur Zunahme der Importe und zu Zahlungsbilanzdefiziten.« (Feinstein, 213) Die Hoffnung, die Exporte verarbeiteter Industriewaren

könnten die rückläufigen Rohstoffexporte wettmachen, erfüllte sich
nicht. Dies hing einerseits mit der seit 1973 krisenbedingt rückläufigen Weltmarktnachfrage zusammen, andererseits verschlechterten
die Aufwertung des Rand und der kostenbedingte Inflationsdruck die
Wettbewerbsfähigkeit südafrikanischer Produkte.

Schließlich wirkten auch die internationalen Sanktionen gegen das
Apartheidregime negativ. Die Ereignisse in den Nachbarländern und
die mit der Perestroika der UdSSR und dem Zusammenbruch des sozialistischen Lagers offenbar werdende Gegenstandslosigkeit des kommunistischen Popanz isolierten das Apartheids-Südafrika. Obwohl die
UN bereits seit den 1960er Jahren wirtschaftliche Sanktionen gegen
die RSA gefordert hatten, war es erst nach 1985 zu wirksamen Maßnahmen gekommen, wobei das Versiegen des Kapitalzuflusses – in
Verbindung mit Zahlungsbilanzproblemen – am bedrohlichsten war.
Zeitweilig musste die Bedienung der Auslandskredite unterbrochen
werden, was ab 1987 zu einem Rückzug des internationalen Kapitals
aus Südafrika führte.

Vor diesem Hintergrund kam es in den 1980er Jahren zu einem
weiteren Einschnitt: Seit Ankunft der weißen Siedler im 17. Jahrhundert hatte die südafrikanische Wirtschaft ein Hauptproblem: Mangel von Arbeitskräften. Alle Bemühungen der weißen Verwaltungen
drehten sich um die Versorgung der Wirtschaft mit billigen schwarzen
Arbeitskräften. Dieses Bild wandelte sich in den 1980er Jahren ra-
dikal. Bei einer ökonomisch aktiven Bevölkerung von mehr als 10
Millionen gab es 1980 etwa 0,5 Millionen unbeschäftigte Arbeiter.
Während die aktive Bevölkerung bis 1996 auf mehr als 16 Millionen
anwuchs, erhöhte sich die Beschäftigungslücke auf über 6 Millionen;
der Arbeitsmarkt erwies sich als unfähig, auch nur einen Teil des
Bevölkerungszuwachses zu absorbieren (ebd., S. 239). Ab Mitte der
1980er Jahre stieg die Arbeitslosigkeit der afrikanischen Bevölkerung
steil an. In den 1990er und 2000er Jahren lag die Arbeitslosenquote
der Afrikaner zwischen 30 und 40 Prozent, die der Weißen zwischen
4 und 6 Prozent (Claar 2007, S. 55).

Als die weiße Regierung und Wirtschaft 1990 in Verhandlungen
mit dem ANC eintraten, geschah das in einer wirtschaftlichen Krise,
die auch eine Krise der Apartheidspolitik war. Obwohl rassische Dis-

kriminierung und Kontrolle der schwarzen Arbeit von Anfang an ein wichtiges Element der wirtschaftlichen Entwicklung Südafrikas gewesen waren, wurde diese Politik nach dem Wahlsieg der »National Party« im Jahre 1948 systematisiert und formalisiert. Sie sollte einerseits »wit baaskap«, weiße Vorherrschaft, sichern, andererseits die wirtschaftliche Entwicklung vorantreiben. Sowohl unter den Anhängern als auch unter den Kritikern der Apartheid gab es Debatten, ob dies zusammenpasste, d.h. ob Apartheid bloß rassistisch bedingt oder ob sie auch ökonomisch funktional war.

Die Apartheid drehte sich um drei Elemente, die anfangs auch unter dem Gesichtspunkt der Kapitalverwertung gut zusammenpassten:

- Beschaffung billiger unqualifizierter Arbeit für Landwirtschaft und Minen in Form von Wanderarbeit. Dies verlagerte Teile der Reproduktionskosten der Arbeitskraft auf die Arbeiter und ihre Familien durch Landwirtschaft und Familienarbeit auf den marginalen Böden der ›homelands‹;
- Getrennte Siedlungsräume für die schwarze Bevölkerungsmehrheit (ländliche Räume/homelands), während die Städte den Weißen vorbehalten waren;
- Aufrechterhaltung ethnischer Gegensätze und Verhinderung gewerkschaftlicher Organisationen.

Durch ein bürokratisches System von Arbeitsgesetzen und Aufenthaltsgenehmigungen wurde in Verbindung mit der rigiden Durchsetzung der Passgesetze versucht, die Ansiedlung von Afrikanern in Städten zu verhindern bzw. rückgängig zu machen. Schon 1922 hatte eine Regierungskommission gefordert: »Dem Eingeborenen (»Native«) sollte der Zutritt zu städtischen Gebieten, die ja Schöpfung des Weißen Mannes sind, nur dann erlaubt werden, wenn er gewillt ist, den Bedürfnissen des Weißen Mannes zu dienen, und er sollte diese Gebiete verlassen, wenn sein Dienst beendet ist.« (zit. Feinstein, S. 152) Eine wichtige Neuerung war die Einführung von Pässen bzw. Arbeitsbüchern für Frauen. So sollte verhindert werden, dass sich schwarze Familien in den Städten ansiedelten. Die Verbindung zwischen der »Logik der Industrialisierung« und der »Logik der Urbanisierung« (Feinstein, S. 151) sollte gebrochen werden. Dies sollte durch Verewigung des Systems der Wanderarbeit erreicht werden, wobei

»der Bantu seine Arbeitsfähigkeit fern von seinem Heim verkauft.«
(Verwoerd, zit. ebd., S. 162).

Den Afrikanern wurde der Status des Lohnarbeiters verweigert.
Dem »Native Labour Act« von 1953 zufolge war der Terminus »Employee« (Beschäftigter) weißen Arbeitern vorbehalten. Qualifizierte
und halbqualifizierte Arbeit war nur Weißen erlaubt. Die Schulbildung sollte in den ›homelands‹ stattfinden und nur Grundschulen
beinhalten. Der »Apprenticeship Act« von 1922 verbot den Afrikanern berufliche Qualifikation. Der Ausschluss der Afrikaner von qualifizierter Tätigkeit wurde von den weißen Arbeitern auch mit dem
Mittel des Arbeitskampfes gegen alle Versuche der Unternehmer verteidigt, diese rigide Trennung aufzuweichen – für die Minenunternehmer wäre es kostengünstiger gewesen, zumindest für halbqualifizierte
Arbeit billigere schwarze Arbeiter zu verwenden.[84]

In den 1950er Jahren wurde die diskriminierende Arbeitsgesetzgebung verschärft. Nachteile dieses Systems, das auch den Unternehmern
bürokratische Beschränkungen bescherte, die Kosten erhöhte, Arbeitskräftefluktuation förderte und die Qualität der Arbeit beeinträchtigte,
wurden in Kauf genommen. Im Ergebnis wurden bei extrem niedrigen Arbeitskosten hohe Gewinne und Steuereinnahmen gesichert.

Widersprüche führten jedoch in den 1970er Jahren zur Aushöhlung des Systems:

- Um die schwarzen Arbeiter und ihre Familien dauerhaft aus
  den Städten herauszuhalten, hätte man die ›homelands‹ wirtschaftlich fördern müssen. Die Hoffnung, weiße Industrien
  würden sich an den Rändern ansiedeln und ›schwarze‹ Arbeitsplätze außerhalb der Städte schaffen, erfüllte sich nicht.

---

84 1907 hatte eine Minenkommission geklagt: »Können sie (the Kaffirs) Löcher
platzieren (zum Sprengen)? Ja, sie können Sprenglöcher platzieren, die Maschinen bedienen und alles tun, was ein weißer Mann tun kann, aber, natürlich, wir dürfen sie nicht sprengen lassen.« (zit. Feinstein 2005, S. 78) 1922 kam
es zu militant geführten Streiks weißer Arbeiter, die zu bewaffneten Kämpfen
mit mehr als 200 Toten wurden. Die Arbeiter kämpften unter der Parole: »Arbeiter der Welt, vereinigt Euch und kämpft für ein weißes Südafrika.« Vier
Anführer wurden zum Tode verurteilt und gingen mit dem Lied »The Red
Flag« auf den Lippen zum Galgen. Die Kämpfe endeten mit einer Niederlage
und der Senkung der ›weißen‹ Löhne um 25 % (Feinstein 2005, S. 81).

- Bis etwa 1970 war es offizielles Ziel, die Entstehung einer
  afrikanischen Mittelschicht zu verhindern. Die »getrennte
  Entwicklung« erforderte aber schwarze Händler und lokale Produzenten in den ›homelands‹, die mit der (schwarzen)
  homeland-Bürokratie verbunden waren.
- Die Trennung zwischen unqualifizierter schwarzer und qualifizierter weißer Arbeit wurde in dem Maße obsolet, wie sich
  verarbeitende Industrien entwickelten (die mehr qualifizierte
  Arbeiter brauchten) und die Minen moderne Fördertechniken
  einsetzten. Der wachsende Bedarf an zuverlässigen und qualifizierten Industriearbeitern konnte von der weißen Bevölkerung
  nicht gedeckt werden.

Die Apartheidspolitik war nur solange ökonomisch funktional,
wie der südafrikanische Kapitalismus auf der Grundlage von Landwirtschaft und Bergbau prosperierte und der Bedarf an qualifizierter
Arbeit von der weißen Bevölkerung gedeckt werden konnte. Dies war
bis Anfang der 1970er Jahre der Fall. In dem Maße, wie sich moderne
Produktionsverfahren durchsetzten und der Minenkapitalismus sich
zum industriellen Kapitalismus wandelte, war das System der »getrennten Entwicklung« und damit der »wit baaskap« zum Untergang
verdammt.

Die weiße Regierung begann die Verhandlungen mit dem ANC
1990 aus einer Position der Schwäche heraus. Die südafrikanische
Variante des Kapitalismus war in die Krise geraten, das internationale Kapital zog sich zurück und das politische System war am Ende.
Der Apartheids-Kapitalismus war ökonomisch und politisch gescheitert. Die afrikanische Arbeiterbewegung war ein unumgehbarer politischer und ökonomischer Faktor geworden, die homeland-Politik
war gescheitert, die restriktive Arbeitsgesetzgebung hatte man schon
in den 1970er Jahren lockern und schließlich aufgeben müssen.
Schon 1986, so Feinstein, waren alle wesentlichen sozialen und ökonomischen Einrichtungen der Apartheid beseitigt, insbesondere jene
Bestimmungen, die die schwarzen Arbeiter von bestimmten Berufen
ausschlossen. Der Grund war das Scheitern der Politik der billigen
Arbeit: Untersuchungen zeigen, dass Anfang der 1990er Jahre die
Arbeitsproduktivität in Südafrika nicht nur weit unter dem Stand ent-

wickelter Industrieländer lag, sondern auch nur 50 bis 75 % derjenigen aufstrebender Entwicklungsländer (Korea, Mexiko, etc.) betrug. Der Effekt niedriger Löhne wurde durch die niedrige Arbeitsproduktivität überkompensiert, die Arbeitskosten je Produkteinheit waren in Südafrika kaum niedriger als in den entwickelten Industrieländern, aber mehr als 50 % höher als in den aufstrebenden Entwicklungsländern (Feinstein 2005, S. 245 f).

Das drängendste Problem aber war die fragile internationale Position des Landes: Während die Rohstoffeinnahmen sanken verschlechterte sich die internationale Wettbewerbsfähigkeit der verarbeitenden Industrie. Die Terms of Trade der RSA (ohne Gold) verschlechterten sich zwischen 1970 und 1986 um 43 % (Hirsch 2005, S. 25). Der Zustrom internationalen Kapitals stockte, sowohl Regierung als auch Privatwirtschaft mussten seit Anfang der 1980er Jahre Kredite aufnehmen: Bezogen auf die Exporteinnahmen stieg die Schuldenquote zwischen 1980 und 1985 von 56 auf 149 %, von 24 Mrd. $ Schulden waren 14 kurzfristig. Als der damalige Präsident Botha 1985 erklärte, er beabsichtige keine grundlegenden Reformen (»Rubikon-Rede«), zog sich das internationale Kapital zurück, ein Trend, der durch illegale Kapitalflucht verstärkt wurde: Zwischen 1985 und 1992 wurden Schätzungen zufolge rund 50 Mrd. Rand (ca. 20 Mrd. $) illegal ins Ausland transferiert (Hirsch 2005, S. 24).

Die Krisenperiode der 1980er Jahre führte zu einer weiteren Oligopolisierung der Wirtschaft: Südafrika war eine der am stärksten zentralisierten Ökonomien der Welt (Hirsch S. 156). Die Dominanz der Rohstoffe war mit einer stark oligopolisierten Unternehmensstruktur verbunden, »...die Deformationen der Apartheid bewirkten die Dominanz der großen kapitalintensiven Einheiten des ›Mineral-Energie-Komplexes« (Hirsch, S. 120). Die Unternehmenskonzentration erreichte neue Dimensionen, als die Investitionsmöglichkeiten im Bergbau erschöpft waren: In den 1960er Jahre erfolgte eine Welle von Firmenaufkäufen im Bereich der Banken, Versicherungen und der Industrie; um die Minenkonzerne herum entstanden Konglomerate. Eine weitere Welle der Konzentration vollzog sich in den 1980er Jahren, als sich das Auslandskapital zurückzog und die südafrikanischen Filialen verkaufte. Die Wirkung auf die Dynamik der

Wirtschaft war negativ: Die Konglomerate waren konservativ und wenig geneigt, risikobehaftete Investitionen vorzunehmen. Als die ›business-community‹ nach der Regierungsübernahme durch den ANC eine marktfreundliche Politik einforderte, um Auslandskapital anzuziehen, zeigte sich, dass nicht Verstaatlichungsangst, sondern die Dominanz der südafrikanischen Konglomerate Auslandsinvestitionen behinderte (Hirsch 2005, S. 156).

1992 kontrollierten die sechs größten Konglomerate 85,7 % der Marktkapitalisierung an der Börse, der Johannesburg Socurities Exchange (JSE). Diese waren: Anglo-American Corporation (33.7 %), Rembrandt Group (14,6), Anglovaal (2,9 %), Liberty Group (4,7 %), SA Mutual (14,2 %), Sanlam (15,6 %). Nicht nur die Eigentumskonzentration, sondern auch die Marktkonzentration war hoch, viele Märkte sind hochgradig oligopolisiert. Der Marktanteil der fünf größten Gesellschaften an den jeweiligen Märkten nahm von durchschnittlich 34,2 % 1972 auf 36,7 % 1988 zu, der Gini-Koeffizient der Markt-Konzentration stieg von 0,782 auf 0,844 – wobei 1 einem Monopol (ein einziger Anbieter) entspricht (Hirsch, S. 194 ff). Die Kehrseite war und ist die geringe Bedeutung und Fragilität kleiner und mittlerer Unternehmen. Es ist diese Vermachtung der südafrikanischen Wirtschaft, welche die Entfaltung einer produktionsorientierten afrikanischen Mittelschicht behindert.

Als das Verbot des ANC 1990 aufgehoben wurde und die Verhandlungen mit der Regierung im Rahmen der »Convention for a Democratic South Africa« (CODESA) begannen, war die internationale Position Südafrikas extrem fragil. In diesem Umfeld war kein Raum für etatistisch-sozialistische Orientierungen, wie sie – wenn auch in vagen Formulierungen – in den Dokumenten des ANC enthalten waren. Dies wurde schlaglichtartig deutlich, als Mandela und de Klerk auf dem Weltwirtschaftsforum in Davos Anfang 1991 ihren ersten gemeinsamen Auftritt in Sachen Wirtschaftspolitik hatten: Hirsch schildert, wie der (teilweise schon verteilte) Redetext Mandelas, der »im traditionellen sozialistischen Stil gehalten war und tatsächlich die Verstaatlichung der Kommandohöhen der Wirtschaft forderte« in letzter Minute zurückgezogen wurde und Mandela schließlich Formulierungen wählte, die beruhigend wirken sollten »auf die versammelte

Bande von Plutokraten und internationalen Bürokraten der Finanz-agenturen.« (ebd., S. 30)

Der Spielraum des ANC in diesen Verhandlungen war noch aus einem anderen Grunde gering. 1990 bis 1994 waren Jahre blutiger Kämpfe zwischen Afrikanern, angetrieben durch die zulustämmige Inkatha-Organisation von Buthelezi. Der Zusammenbruch des sozialistischen Lagers, das den ANC politisch und materiell unterstützt hatte, verunsicherte die fortschrittlichen Organisationen und ließ Verstaatlichungsideen – die angesichts der monopolistischen Struktur der südafrikanischen Wirtschaft nahe gelegen hätten – obsolet erscheinen. Die Risiken einer wirtschaftlichen Verschlechterung waren angesichts hoher Arbeitslosigkeit der schwarzen Bevölkerung unkalkulierbar. Die internationalen Finanzmärkte und die weiße ›business-community‹ mussten beruhigt werden.

Daher war 1994 eine etatistisch-sozialistische Orientierung keine realistische Option. Es gab zwei Alternativen:

- Ein keynesianistischer Ansatz, d.h. der Versuch, durch Umverteilung von Einkommen und Vermögen die Inlandsnachfrage anzukurbeln und Spielräume für lokale (schwarze) Anbieter zu schaffen (»Wachstum durch Umverteilung«);
- Ein angebotsorientierter Ansatz, bei dem günstigere Verwertungsbedingungen zur Verbesserung der internationalen Wettbewerbsposition und zu steigenden Exporten führen sollten; Umverteilungsmaßnahmen sollten auf öffentliche Dienstleistungen beschränkt bleiben (»Umverteilung durch Wachstum«).

Dass die neoliberale Variante relativ problemlos obsiegte, hing zwar mit der fragilen internationalen Position der RSA zusammen, aber auch mit fehlender wirtschaftspolitischer Kompetenz im ANC. Die wichtigen wirtschaftspolitischen Programme des ANC wurden von Ökonomen aus dem Umfeld des IWF und der Weltbank formuliert (Claar 2007, S. 19).

Obwohl das Wahlmanifest des ANC für die ersten freien Wahlen 1994, das »Redistribution and Development Programme« (RDP), eher der keynesianischen Version zuneigte, waren dessen Realisierungschancen durch Grundentscheidungen im makro-ökonomischen

Bereich von Anfang an beschränkt: Dazu gehörten der Vorrang für den Abbau des Haushaltsdefizits durch Begrenzung öffentlicher Ausgaben, die Entscheidung für eine ›unabhängige‹ Zentralbank und die Aufhebung der Kapitalverkehrskontrollen. Begründet wurde das von der ANC-Führung u.a. mit dem Bestreben, gegenüber den IFI unabhängig zu bleiben. Hirsch: »Die Ironie der Sache bestand darin, dass der ANC, um vom internationalen Finanzkapital unabhängig zu sein, genau jene Politik betrieb, die dieses wünschte.« (2005, S. 69) Das zeigte sich in den informellen Gesprächen zwischen dem ANC und der Wirtschaft, die unter Ausschluss der Öffentlichkeit parallel zu CODESA stattfanden. Zeitgleich verhandelte die Übergangsregierung, in der auch der ANC vertreten war, mit dem IWF über einen Kredit in Höhe von 850 Mill. $, um Zahlungsbilanzschwierigkeiten des Landes zu überbrücken. In dem auch vom ANC unterzeichneten »statement of economic policies« fanden sich sämtliche Elemente des stabilitätspolitischen ›Washington Consensus‹ (Terreblanche 2002, S. 96/97). Das RDP beinhaltete von Anfang an einen Widerspruch zwischen Umverteilungspolitik zugunsten der schwarzen Bevölkerungsmehrheit einerseits und einer konservativen Stabilitätspolitik andererseits. Es überrascht nicht, dass angesichts der fragilen Finanzposition der RSA nicht die Stabilitäts-, sondern die Umverteilungspolitik geopfert wurde.

Die neoliberale Orientierung zeigt sich auch personalpolitisch. Die wirtschaftspolitisch entscheidenden Positionen, nämlich die des Finanzministers und des Notenbankpräsidenten, wurden durch Angehörige ehemaliger Apartheidsregierungen mit Nähe zur Finanzwelt besetzt. Hauptsorge war, die Finanzmärkte nicht zu beunruhigen: »Eben weil der ANC, zumindest ab 1992, davon ausgehen musste, dass die Finanzmärkte ihm bei jeder Gelegenheit misstrauen würden, war er gezwungen, konservativer zu sein als eine gesicherte Demokratie.« (ebd. S. 68). Der ANC musste versuchen, gleichzeitig die Lebensbedingungen der verarmten Bevölkerung zu verbessern und eine Wirtschaft zu restrukturieren, die einen scharfen Niedergang erlebt hatte, hoch verschuldet war, massive Kapitalabflüsse verzeichnete und deren internationale Wettbewerbsfähigkeit schwach war.

Vor diesem Hintergrund setzte der ANC (unter Brüskierung der

Partner COSATU und SACP, der Gewerkschaften und der KP also) die Priorität auf die Beruhigung der Finanzmärkte. 1996 wurde die GEAR-Strategie (Growth, Employment and Redistribution: A Macro-Economic Strategy – 1996-2000) verabschiedet. GEAR war ein klassisches neoliberales Programm mit den Eckpunkten:

- Abbau der Haushaltsdefizite,
- Reduzierung von Zollsätzen,
- Begrenzung des Lohnanstiegs und Flexibilisierung der Arbeitsmärkte,
- Stabilisierung der Wechselkurse,
- Straffung der Geldpolitik zur Verhinderung von Inflation,
- Liberalisierung des Kapitalverkehrs,
- Restrukturierung der öffentlichen Unternehmen und Privatisierungen,
- Steuervergünstigungen zur Förderung von privaten Investitionen, einschließlich »tax holidays« für Großinvestoren,
- Ausbau der Infrastrukturen in bislang vernachlässigten Bereichen.

(Hirsch 2005, S. 99; Claar 2007, S. 16)

Wie auch in anderen krisenbedrängten und defizitären Ländern gelang es der Stabilitätspolitik, makro-ökonomische Ungleichgewichte zu reduzieren, aber zu einem hohen Preis. Die ›unabhängige‹ Zentralbank hielt die Zinsen hoch (die Bankrate stieg von 3 % 1996 auf 13,7 % 1998), was kurzfristiges internationales Kapital anlockte, aber gleichzeitig die inländische Kreditaufnahme und produktive Investitionen behinderte. Trotz des Namens war GEAR ein reines Stabilitätsprogramm, das die strukturellen Probleme der südafrikanischen Wirtschaft (niedrige industrielle Investitionen, fehlende Arbeitsplätze, ungleiche Verteilung) eher noch vergrößerte.

Erfolge gab es im Bereich der bislang vernachlässigten öffentlichen Dienstleistungen. Der Anteil der Haushalte mit Elektrizitätsanschluss stieg zwischen 1996 und 2000 von 32 auf 70 %. Die Wohnsituation der Afrikaner verbesserte sich ebenso wie die Finanzausstattung der Regionen und Gemeinden. Der Anteil der Sozialinvestitionen stieg

zwischen 1982/83 und 2002/03 von 7 % des BSP auf 10 %. Im gleichen Zeitraum stiegen die Sozialtransfers von 1,5 auf 4 % des BSP. Es
gibt heute Altersrenten, Unterstützung für Behinderte, Unterstützung
für Pflegekinder (wichtig wg. AIDS) und Kindergeld für Kinder in be-
dürftigen Haushalten: Diese Transfers sind relativ gut gezielt und haben einen hohen Wohlfahrtseffekt (Hirsch, S. 246 f). Ein wachsender
Teil der Bevölkerung hängt von öffentlicher ›Wohlfahrt‹ ab, 12,4 Millionen Menschen erhalten Transferleistungen (OECD 2008, S. 559).

Das ökonomische und soziale Kernproblem, die Arbeitslosigkeit,
wurde aber nicht gelöst. Je nach Berechnungsmethode stieg die Arbeitslosenquote zwischen 1995/96 und 2004 von 17 auf 26 % bzw.
von 27 auf 40 %. Bei einer durchschnittlichen Wachstumsrate von 3 %
stieg die Beschäftigung beträchtlich von 9,5 Millionen 1995 auf 11,5
Millionen 2003. Dieser Zuwachs erfolgte aber ausschließlich im informellen Sektor, der früher im internationalen Vergleich relativ klein
war: Die informelle Beschäftigung stieg von 1,2 Millionen 1995 auf
3,3 Millionen 2003, während die Beschäftigung im formellen Sektor
leicht (von 8,3 auf 8,2 Mill.) rückläufig war. Diese Zahlen sind zwar
ungenau, skizzieren aber den Trend (Hirsch 2005, S. 172; Feinstein
2005, S. 239). Osmanovic erkennt einen »Rückzug des Kapitalismus
…(d.h.) das Verschwinden der kapitalistischen Produktionsweise aus
dem Alltag der Menschen in Südafrika, …an Stelle der kapitalistischen
Produktionsweise tritt immer mehr eine Wirtschaft, die bestimmt ist
durch Subsistenzproduktion, Klein(st)- und Überlebenshandel und
Kriminalität.« (2002, S. 22)

Während der ANC unter dem Druck der internationalen Finanzmärkte die neoliberale Orientierung beibehielt und so in der Beschäf-
tigungspolitik versagen musste, setzte er – neben wichtigen Verbesserungen im sozialen Bereich – auf einem anderen Gebiet Akzente:
der »De-Racialisierung« der südafrikanischen Wirtschaft. War diese
bis in die 1990er Jahre fast rein weiß, so sollte nun die Entwicklung einer schwarzen Mittelschicht gefördert werden. Unter dem Schlagwort
»Black Economic Empowerment« (BEE) steht das bis heute im Mittelpunkt der südafrikanischen Wirtschafts- und Gesellschaftspolitik.

Dabei musste die ANC-Regierung nicht bei Null anfangen:
Schon Ende der 1980er Jahre gab es eine relevante schwarze Mit-

telschicht.[85] Man schätzt, dass es damals etwa 500.000 schwarze bzw. farbige »businesses« gab, darunter 100.000 – 120.000 Taxis, 150.000 Straßenhändler (»hawkers«), 50.000 small shop-keepers und 70.000 Hinterhof-Produzenten (Hirsch 2005, S. 209). Zu erinnern ist, dass der Versuch der weißen Regierung, Schwarze und Farbige von jeder selbständigen Betätigung auszuschließen, schon in den 1970er Jahren aufgegeben worden war. Ab Mitte der 1970er wurde in Umkehrung der bisherigen Politik die Entstehung einer Schicht afrikanischer Unternehmer gefördert. Wolpe fasst zusammen: »In den letzten Jahren ist, teilweise im Ergebnis der Bantustan-Politik des Regimes, teilweise infolge des enormen Wachstums der Konsumnachfrage, eine Zunahme der schwarzen Kleinbourgeoisie (petty bourgeoisie) festzustellen, die sich zunehmend sowohl in Unternehmen (z.B. der African Bank) als auch in Interessenverbänden wie der Nationalen Afrikanischen Handelskammer (NAFOC) und in Form des politischen Apparates in den Bantustans organisiert.« (1988, S. 53) Durch Gewährung ökonomischer Rechte sollte die schwarze Mittelschicht von politischen Forderungen abgehalten werden. Das gelang anfangs auch. Dies zeigt die Tatsache, dass die NAFOC sich auf Apartheidsgesetze berief, als Weiße Supermärkte in den townships eröffnen wollten, und dass sie die Aufstände der schwarzen Schüler 1976 ablehnte (Wolpe 1988, S. 97). Auch kooperierte sie mit den Verwaltungen der Bantustans, was vom ANC abgelehnt wurde. Erst ab 1986 kam es zu einer Annäherung der NAFOC an den ANC.

In der Folge dieser Förderpolitik nahmen schon in der Spätphase der Apartheid die Einkommensunterschiede innerhalb der afrikanischen Bevölkerung zu: Der Gini-Koeffizient der Afrikaner stieg von 0,47 (1975) auf 0,62 (1991) stark an. Gehörten 1975 nur wenige Afrikaner zum reichsten Zehntel der Bevölkerung (2 % von 2,5 Mill., d.h. 50.000 Personen = 10.000 Haushalte), so waren es 1991 schon 9 % (v. 3,8 Mill., d.h. 350.000 Personen = 70.000 Hh); 1996 waren es 22 % (v. 4,0 Mill., d.h. 880.000 Personen = 170.000 Hh). In der gleichen Zeit stieg der Anteil der Afrikaner in den unteren Einkommens-

---

85 Die Feststellung, es habe am Ende der Apartheid »fast keine nicht-weiße Unternehmertradition in SA« gegeben (Babo 2004, S. 235) trifft nur für die formelle Wirtschaft zu.

dezilen sogar noch leicht an – der Anteil der Afrikaner in den ärmsten Zehnteln liegt bei 90 % (Ambacher 2007, S. 96). 1975 war das Durchschnittseinkommen der 20 Prozent reichsten Afrikaner etwa 8 mal höher als jenes im unteren Fünftel. Diese Rate stieg über 19 und 31 in 1991 bzw. 1996, bis auf schätzungsweise 40 in 2002 (Terreblanche 2002, S. 133).

Die Gewährleistung eines gewissen Grades an Autonomie und Selbstverwaltung in der Spätphase der Apartheid stärkte eine Schicht von afrikanischen Gewerbetreibenden, die aus der Kooperation mit der Bantustan-Bürokratie Vorteile zog. Wolpe zufolge hat sich in den 1980ern eine »Klasse grosser und mittlerer Grundeigentümer« und kommerzieller Farmer herausgebildet, die von öffentlichen Fördermaßnahmen profitierten (1988, S. 53). Diese Ansätze wurden nach Machtantritt des ANC ausgebaut, obwohl die schwarze Mittelklasse und ihre Organisationen nicht gerade zur Avantgarde des Anti-Apartheid-Kampfes gehört hatten. Diese hatten vor 1994 politisch keine Rolle gespielt, was sich daraus erklärt, dass die ›black business community‹ innerhalb des ANC kaum organisiert war und man sich die Zukunft auch eher sozialistisch als ›schwarz-kapitalistisch‹ vorstellte. Das änderte sich nach 1994. Das RDP forderte, »die Eigentumsverhältnisse in der Wirtschaft durch eine gezielte Politik des ›Black Economic Empowerment‹ gezielt zu de-racialisieren« (Hirsch 2005, S. 211).

Zunächst ging es um zwei Dinge:
- Reform der öffentlichen Beschaffungspolitik zugunsten kleiner und afrikanischer (bzw. weiblicher) Unternehmen: Ein schwarz und weiblich geführtes Unternehmen konnte Preisvorteile bis zu 13,6 % erhalten (Hirsch 2005, S. 212).
- Förderung von ›schwarzem‹ Eigentum an Unternehmen, insbesondere des Mineral-Energie-Komplexes MEC über öffentlich geförderte Finanzeinrichtungen.

Das Instrument des öffentlichen Beschaffungswesens erwies sich zwar als nicht einfach zu handhaben, war bei zunehmenden öffentlichen Infrastrukturinvestitionen aber doch geeignet, die historische Benachteiligung schwarzer Unternehmer teilweise zu kompensieren. Später zeigte sich, dass die entstehenden afrikanischen Unternehmen auch weiterhin »nur dank öffentlicher Aufträge überleben konnten.« Eine Untersuchung bei den 100 größten privaten an der Johannesburger Börse (JSE) notierten Unternehmen zeigt, dass 2002 nur 4 Prozent von ihnen »Geld für Geschäfte mit schwarzen Unternehmen aufwendeten« (gegenüber 1 Prozent 1997) (Jack, S. 109 f).

Problematischer war der zweite Teil der Strategie, da es kaum Afrikaner gab, die ausreichend reich oder risikobereit waren, um Anteile an ›weißen‹ Unternehmen zu erwerben. Das offizielle Ziel der BEE-Politik, der Erwerb von 25 % des an der JSE investierten Kapitals, würde nach einer Schätzung des Jahres 2005 ungefähr 389 Mrd. Rand (= ca. 50 Mrd. US $) kosten, wobei der Löwenanteil durch Kredite aufzubringen wäre. Im Jahre 2003, nach fast 10 Jahren BEE-Politik, besaßen Afrikaner 1,6 % des JSE-Kapitals direkt, weitere 14,1 % indirekt über institutionelle Investoren. 70 % des ›schwarzen‹ Kapitals sind im Bereich Bergbau und Finanzen angelegt.

Die Bilanz hinsichtlich des Management der JSE-Unternehmen ist nicht viel besser: 1992 gab es in den 100 größten JSE-Unternehmen 14 schwarze Direktoren (1,2 %). Die Zahl stieg bis 2002 auf 156 (13 %). Von diesen 100 Unternehmen hatten immerhin 71 Afrikaner im Vorstand. In allen JSE-Unternehmen gab es im September 2004 genau 435 schwarze Direktoren (16,6 %). 4 % der Unternehmen hatten eine afrikanische Vorstandsmehrheit, 64 % aber überhaupt kein schwarzes Direktoriumsmitglied (Hirsch 2005, S. 229/230).

Der Fokus von BEE auf afrikanische Beteiligungen an ›weißen‹ Unternehmen wurde schon früh kritisiert. Ab 1998 kam es zu einer Verbreiterung und Systematisierung des BEE-Ansatzes. Auf Anregung des »Black Management Forums« (eine in den 1980er Jahren gegründete Vereinigung schwarzer Manager) wurde unter Vorsitz eines ehemaligen Gewerkschaftsführers eine BEE-Kommission gegründet. Präsident Mbeki formulierte die Aufgabe von »BEECom« folgendermaßen: darzulegen »wie die Herausbildung einer schwarzen Bourgeoisie gefördert werden kann, die dem ›black economic empowerment‹ verpflichtet ist und zu diesem beiträgt«. Die Kommission erarbeitete Vorschläge für die Strategie eines »Broad Based Black Economic Empowerment« (BBBEE), die 2002 vom ANC angenommen und 2004 in Form eines Gesetzes Regierungspolitik wurde (Hirsch 2005,

S. 221). In der Folge wurden in allen wichtigen Sektoren »charters« (Aufgabenhefte) erarbeitet, welche die zu ergreifenden Maßnahmen präzisierten und konkrete Regeln und Ziele formulierten. Es wurden 7 Elemente von BEE (Eigentum, Kontrolle über Management, Beschäftigung, Qualifizierung, Beschaffung, Unternehmensentwicklung und Anderes) identifiziert und mit einer Punkteskala bewertet. So ist es möglich, den Grad des Engagements eines Unternehmens für BEE zu bewerten und entsprechend zu honorieren bzw. zu bestrafen (mit dem Hebel öffentlicher Auftragsvergabe) (Lester 2006, S. 128 f). Das Fördersystem ist kompliziert und erfordert auf der Umsetzungsebene eine hohe Verwaltungskapazität. Die Haltung der immer noch ganz überwiegend ›weißen‹ Großunternehmen ist vergleichsweise offen, man bemüht sich entweder aktiv um die Verbreiterung der Aktionärsbasis und die Integration afrikanischer Manager oder leistet lediglich hinhaltenden Widerstand. BEE ist in den Augen vieler Entscheidungsträger nicht mehr als die Integration der schwarzen Mittelschicht in die bestehende Ökonomie: »Die Herausforderung für Südafrika besteht darin, die Strukturen des Eigentums nachhaltig zugunsten der politischen Mehrheit zu verändern, ohne die Triebkräfte der Marktwirtschaft, shareholder-Kapitalismus, freies Unternehmertum und insbesondere freie Finanzmärkte, zu zerstören.« (Lucas-Bull 2007, S. 132)

Dies wird in der regierungsbeteiligten Linken, d.h. großen Teilen der COSATU und der SACP, anders gesehen. Hier wurde der Fokus von BEE auf die Eigentumsfrage kritisiert. Nach Auffassung der Kritiker soll BEE das südafrikanische Akkumulationsregime selbst verändern. Eine selbstständige schwarze Bourgeoisie, die nicht bloß eine Sektion der Gesamtbourgeoisie ist, würde einen anderen Entwicklungsweg wählen als die bisherige MEC-Bourgeoisie. Die Entstehung einer endogenen, in Werte und Normen des »ubuntu«[86] eingebetteten afrikanischen Mittelklasse würde den gesamten Entwicklungsweg verändern. Mit der wirtschaftlichen Dominanz einer so kulturell »eingebetteten« schwarzen Mittelklasse würde sich die »öko-

---

86 Menschliches Zusammenleben: »Ich bin ein Mensch durch andere Menschen« (Broodryk 2007, S. 39)

nomische Psyche« des Landes verändern, würde die »geistige Veränderung des Kapitalismus ...von Gier zu aufgeklärtem Eigeninteresse«
einhergehen (Luhabe 2007, S. 19 ff). Allerdings gibt es dazu auch kritische Stimmen. Die schwarze Elite habe sich als Junior-Partner der
weißen Elite entwickelt und ahme deren Vorbilder nach: »Daher hat
die schwarze Elite im neuen Südafrika den gleichen systembedingten
Charakter entwickelt wie die weiße Elite im alten« (Terreblanche
2002, S. 135).

Nach Ansicht der SACP hat der gegenwärtig verfolgte BEE-An-
satz an den Kernproblemen der südafrikanischen Ökonomie nichts
geändert bzw. hat dessen negative Tendenzen noch gefördert: Schwächen sind die fehlende Verteilungsungerechtigkeit, eine importabhän-
gige Exportorientierung, die einseitige Rohstoffabhängigkeit, der Verlust von Arbeitsplätzen und der enge nationale Markt. BEE dagegen
»orientiert auf Millionen-Geschäfte mit Eigentumsanteilen und die
Unterstützung einer kleinen, exklusiven schwarzen Minderheit durch
Unternehmensbeteiligungen und individuelle Karrieren im höheren
Management.« (Nzimande 2007, S. 183) Die SACP denkt aktuell nicht
an eine Ablösung der kapitalistischen Produktionsweise, sondern an
die »Veränderung des gegenwärtigen Akkumulationsregimes«. »Auch
im Kapitalismus kann man eine Menge verändern.« (183) Das Problem ist der Widerspruch zwischen der Orientierung der Wirtschaftspolitik einerseits und BEE andererseits. Es fehlt eine Strategie zur Veränderung des gegenwärtigen Entwicklungspfades, was im Kern eine
aktive Industriepolitik erfordert. »Die Umsetzung von BEE müsste
in eine öffentliche industrielle Entwicklungsstrategie integriert sein.«
Dabei geht es um die gezielte Förderung von Wirtschaftszweigen, die
sowohl Entwicklungspotenzial besitzen als auch arbeitsintensiv sind
– denn ein Kernaspekt von Verteilungsungleichheit und Massenar-
mut ist die hohe Arbeitslosigkeit, die nur schlecht durch die Ausdehnung des in Südafrika vormals relativ kleinen ›informellen Sektors‹
überdeckt wird. BEE sollte zur Herausbildung einer »patriotischen
Bourgeoisie« beitragen, die sich der »Entwicklung der Produktivkräfte zur Schaffung von Arbeitsplätzen« widmet, statt »compradorism«
und »parasitism« zu fördern (ebd., S. 183 ff). Demzufolge hat BEE
nur dann Sinn, wenn es mit einer radikalen Wegorientierung vom

MEC hin zur vernachlässigten industriellen Bourgeoisie einhergeht (Mbeki 2007, S. 223). Im Kern geht es um die Belebung einer industriellen Akkumulationsdynamik, die allein qualifizierte und ausreichend bezahlte Arbeitsplätze schaffen und die passive Weltmarktabhängigkeit der südafrikanischen Wirtschaft überwinden könnte. Mehr afrikanische Eigentümer und Manager im MEC helfen nicht weiter: »Letzten Endes kann die Tatsache, dass die Afrikaner kein Kapital haben, nicht umgangen werden, Veränderungen in der Ökonomie – da es sich um eine Marktwirtschaft handelt – setzen ›schwarze‹ Kapitalakkumulation voraus.« (Lucas-Bull 2007, S. 146)

Wie sieht nun die afrikanische Mittelklasse aus? Die Daten zur Einkommensverteilung signalisieren, dass es heute eine quantitativ bedeutende afrikanische Mittelschicht gibt. Der verwendete Terminus »middle class« ist aber reichlich schwammig, weil er nichts darüber aussagt, wer die wirtschaftlichen Entscheidungen trifft. Dazu ist ein Blick auf die Struktur dieser Mittelklasse notwendig.

Zunächst ist zu erinnern, dass der Vorläufer des ANC, der 1912 gegründete South African National Native Congress (SANNC), von Mittel-Klassen Afrikanern gegründet worden war, worunter man die an Missionsschulen erzogenen und an europäische Werte assimilierten Afrikaner verstand (Southall 2004, S. 523). Deren Aufstieg wurde nach Gründung der Südafrikanischen Union 1910 durch die Rassenpolitik blockiert, die die Afrikaner im Status einer ungebildeten ländlichen Schicht von Handarbeitern halten wollte, was aber, wie gezeigt, nicht gelang.

Nzimande unterscheidet für die späten 1980er Jahre vier Gruppen der schwarzen »petty bourgeoisie«:

- Bureaucratic petty bourgeoisie (BPB): mit Verwaltungsstrukturen der Bantustans und der Townships verbundene Gruppen;
- Trading African petty bourgeoisie (TAPB): Händler aus Bantustans und Townships im informellen Sektor;
- Civil petty bourgeoisie (CPB): untere Angestellte (Krankenschwestern, Lehrer, Büroangestellte) der öffentlichen Verwaltung;
- Corporate petty bourgeoisie (COPB): schwarze Unternehmer und Manager, die es erst ab den 1970er Jahren gab.

Die empirische Darstellung dieser Kategorien ist ungenau. Eine Zählung aus dem Jahr 2000 beziffert die schwarze Mittelschicht auf 3,6 Millionen, ca. 10 % der schwarzen Bevölkerung, gegenüber 1 Million 1994, etwa 3 % der schwarzen Bevölkerung (Southall 2005, S. 527). Das Wachstum betraf überwiegend die BPB und CPB, wobei diese Kategorien zu modifizieren sind: Die BPB besteht heute aus »state managers«, Führungskräften des Staates und öffentlicher Unternehmen. Heute sind die meisten Führungspositionen in Verwaltung und öffentlichen Unternehmen mit Afrikanern besetzt; dies reflektiert die Politik der positiven Diskriminierung (»affirmative action«). Auch die Bedeutung der TAPB hat zugenommen, u.a. im Ergebnis der gezielten Förderung von Unternehmensgründungen. Zwar sind viele schwarze Unternehmen entstanden, diese haben aber nach wie vor eine enge Beziehung zum informellen Sektor. Untersuchungen aus den Jahren 1996 und 1999 zeigen, dass die große Mehrheit der Kleinstunternehmen (bis zu 5 Beschäftigten) ›schwarz‹ ist, während schon bei Kleinunternehmen (6 bis 19 Beschäftigte) fast 90 Prozent weiß sind. Je kleiner, je informeller und je fragiler die Unternehmen, desto größer ist der Anteil afrikanischer Eigentümer (Southall 2005, S. 536; Babo 2004, S. 258).

Gewachsen ist auch der Umfang der COPB. In diese Kategorie fallen Angehörige des Managements großer Konzerne und größere Eigentümer-Unternehmer. Die Förderung schwarzen Eigentums an den Konzernen war anfangs recht erfolgreich, wurde aber durch die Folgen der Finanzkrise von 1997 teilweise wieder zunichte gemacht. Im Oktober 1997 waren an der JSE 17 ›schwarze‹ Unternehmen registriert; ihre Zahl stieg bis August 1999 auf 38, um dann wieder auf 22 zurückzufallen (September 2002). Die ›schwarzen‹ Anteile werden überwiegend von institutionellen Investoren verwaltet. Inzwischen gibt es einige ›schwarze‹ Konglomerate, die von wenigen Personen kontrolliert werden, darunter von Patrice Motsepe, der es 2008 bis auf die Forbes-Liste der Dollar-Milliardäre (einer von zwei Afrikanern) schaffte (NZZ v. 7.3.2008).

Während die Einrichtungen des Staates und die öffentlichen Unternehmen heute von Afrikanern kontrolliert werden und der öffentliche Dienst einen rasch wachsenden Anteil afrikanischer Angestellter aufweist, wird die Privatwirtschaft weiter von Weißen dominiert. Allerdings sind diese um gute Beziehungen zu Regierung und COPB bemüht. Der südafrikanische Kapitalismus ist etwas ›schwärzer‹ geworden, hat aber seine Struktur nicht verändert. Die Rolle von Afrikanern in der Wirtschaft bleibt wesentlich politisch vermittelt: »Der Weg in Spitzenpositionen der Wirtschaft wird durch staatliche Politik bereitet, zunehmend sichern sich Spitzenpolitiker und Angehörige der öffentlichen Verwaltung hochbezahlte Positionen im Privatsektor …« (Southall 2005, S. 539).

Obwohl sich die wirtschaftliche Lage der RSA unter dem Einfluss des Rohstoffbooms seit 2004 gebessert hat, prägen weiterhin vergleichsweise niedrige Wachstumsraten, hohe Arbeitslosigkeit, niedrige bzw. einseitig auf Rohstoffe orientierte Investitionen, Informalisierung und außenwirtschaftliche Ungleichgewichte die Situation des Landes (Tab. 24).

Tab. 24: Makroökonomische Eckdaten RSA

	2001	2002	2003	2004	2005	2006	2007*	2008*
BSP-Wachstum (%)	2,7	3,7	3,1	4,9	5,0	5,4	5,1	3,8
Bevölkerung (Mill.)	45,0	45,5	46,0	46,5	46,9	47,5	47,9	48,3
Leistungsbilanz (%)	+ 0,3	+ 0,8	- 1,1	- 3,2	- 4,0	- 6,5	- 7,3	- 7,7
Investitionsquote (% BSP)	k.A	15,0	16,9	17,6	18,2	20,5	22,0	k.A
Arbeitslosenquote (%)	29,5	30,5	28,2	26,2	26,7	25,6**	24,2	23,1

* Schätzung/Prognose ** 40 Prozent, wenn »entmutigte Arbeiter« einbezogen werden, Quelle: IMF, World Economic Outlook, Database April 2008; OECD 2008, South Africa

Dies hat die Regierung dazu veranlasst, von den bisherigen Schwerpunkten von GEAR etwas abzurücken. Anfang 2006 stellte Mbeki eine »Accelerated and Shared Growth Initiative for South Africa« (ASGISA) vor, welche die GEAR-Strategie »ergänzen« soll (Mlambo-Ngcuka 2006). Diese hat drei Kernelemente: Ausbildung, effizienterer Staat und beschleunigte Umverteilung des Bodens. Vorgeschlagen wird eine gezielte Industriepolitik zugunsten arbeitsintensiver Sektoren (neun Schlüsselsektoren im Bereich von verarbeitender Industrie und Tourismus) und ein anderer Umgang mit weniger zukunftsträchtigen Wirtschaftsbereichen, eine Qualifizierungsoffensive und die Verbesserung der Qualität lokaler Dienstleistungen. Die Landreform soll beschleunigt werden: Seit dem Beginn wurden bis 2007 nur 4,7 % des Landes umverteilt. Begleitet werden soll dies von einem großen öffentlichen Investitionsprogramm, das den auf 4 % des BSP gesunkenen Anteil der öffentlichen Investitionen wieder auf 8 % bringen soll. Verbunden ist dies mit dem BBBEE- Konzept. Die gezielte Förderung von strategischen Wirtschaftsbereichen wird verknüpft mit der Schaffung von Spielräumen für schwarze Unternehmen: »Alle diese Industrien sind arbeitsintensiv, wachsen weltweit rasch, sind den Bedingungen Südafrikas angepasst und bieten Möglichkeiten für die Umsetzung des Broad Based Economic Empowerment (BBBEE) und die Entwicklung kleiner Unternehmen.« (ebd. S. 4 f)

Die Linke in der Regierung begrüßte das Konzept und erkannte teilweise einen »Paradigmenwechsel zur Rolle des Staates in der Wirtschaft« (FES 2006). Es wird aber befürchtet, dass sich ASGISA in einem Infrastrukturprogramm erschöpft, ohne dass die notwendigen strukturellen Veränderungen erfolgen (SACP, Statement v. 20.2.2008, www.sacp.org). Ob die Umsetzung von ASGISA zu den angestrebten Veränderungen des Akkumulationsregimes führen wird, kann derzeit nicht beurteilt werden.

Die Probleme bei der Entwicklung einer endogenen Bourgeoisie in Südafrika ähneln in mancher Beziehung jenen im übrigen Afrika. Die Subsaharischen Länder sind gekennzeichnet durch vorkapitalistische Produktionsbeziehungen, so dass ein »Überspringen der kapitalistischen Entwicklungsetappe« nicht als machbar erscheint (Cosatu 2007, S. 22), was den Blick auf die Rolle der Bourgeoisie lenkt. Auch in der RSA steht die Herausbildung einer endogenen Bourgeoisie auf der Tagesordnung, dies aber im Gegensatz zum bisher dominie-

renden weißen MEC, der zu einem Entwicklungshemmnis worden
ist. Die Herausbildung einer entwicklungsorientierten endogenen
Bourgeoisie (»patriotic bourgeoisie«) gegen die Dominanz des MEC
entspricht also – ähnlich wie im Rest Afrikas – einer produktiven kapitalistischen Entwicklungslogik. Das BBBEE müsste gewährleisten,
»dass die schwarzen Kapitalisten ›patriotic‹ bleiben, d.h. dass sie die
Verfolgung von persönlichen Gewinninteressen verbinden mit der
nationalen Reinvestition der Profite und dass sie Ihre Pflichten gegenüber den schwarzen Gemeinschaften, aus denen sie stammen,
anerkennen.« (Southall 2005, S. 540). Solche Formulierungen erinnern daran, dass die afrikanische Mittelschicht ihren Wohlstand dem
Kampf gegen die Apartheid verdankt, der fast ausschließlich von der
Arbeiterklasse getragen worden war, während afrikanische Geschäftsleute auf Kooperation mit dem Apartheidsregime gesetzt hatten.

Es ist aber auf zwei zentrale Unterschiede zum übrigen Afrika aufmerksam zu machen:

- Südafrika hat eine gut organisierte städtische Arbeiterklasse,
  die sich von ihren traditionellen und ländlichen Wurzeln gelöst und in der das ethnische Element – dank der Politik des
  ANC – an Bedeutung verloren hat;
- Der Staat der »Nationalen Demokratischen Revolution« (NDR)
  hat eine – teilweise ererbte – Steuerungs- und Interventions-
  kapazität, wäre also organisatorisch in der Lage – zusammen
  mit den Strukturen des ANC und der Gewerkschaften – seine
  Rolle als Entwicklungsstaat zu spielen; der Kampf gegen die
  Apartheid hat zudem dafür gesorgt, dass er in der Gesellschaft
  verankert ist. Die Maßnahmen auf dem Gebiet der sozialen
  Infrastrukturen und der Sozialtransfers haben seine Legitimität
  gestärkt.

So wären in Südafrika die institutionellen Voraussetzungen vorhanden, um – anders als 1994 – die im Zuge hoher Rohstoffpreise
verbesserten internationalen Spielräume des Landes zu nutzen und
im Rahmen eines ›Klassenkompromisses‹ zwischen Arbeiterklasse
und produktionsorientierter Bourgeoisie gegen die Dominanz des
weißen MEC eine endogene, beschäftigungsintensive Akkumulationsdynamik zu entfalten. Dabei wäre weniger auf die kulturelle Einbin-

dung und den Patriotismus der schwarzen Mittelschicht als auf die staatlich gesetzten Rahmenbedingungen zu setzen, die – wie oben gezeigt – entscheidend sind für die Entwicklungsorientierung der afrikanischen Bourgeoisie.

Abkürzungen

AU	African Union
ACP/AKP	African, Caribbean, Pacific/Afrika, Karibik, Pazifik
ANC	African National Congress
ASS	Afrika Südlich der Sahara
ATTAC	Association pour une Taxation des Transactions Financières pour l'Aide aux Citoyens
BEE/BBBEE	Black Economic Empowerment/Broad Based BEE
BCG	Boston Consulting Group
BGR	Bundesanstalt für Geowissenschaften und Rohstoffe
BMZ	Bundesministerium für Wirtschaftliche Zusammenarbeit und Entwicklung
BSP/BIP	Bruttosozialprodukt/Bruttoinlandsprodukt
CFA	Communauté Financière d'Afrique
CODESA	Convention for a Democratic South Africa
COSATU	Congress of South African Trade Unions
DAC	Development Assistance Committee der OECD
DIW	Deutsches Institut für Wirtschaftsforschung
DSF	Debt Sustainability Framework des OECD/DAC
DSW	Deutsche Stiftung Weltbevölkerung
DI	Direktinvestitionen
ECA	Economic Commission for Africa der UN
ECB/EZB	European Central Bank/Europäische Zentralbank
ECOWAS	Economic Community of West African States
EL	Entwicklungsländer
EPA	European Partnership Agreement (EU und AKP-Länder)
ERA	Economic Report on Africa
EU	Europäische Union
EZB	Europäische Zentralbank
FAO	Food and Agriculture Organisation
FES	Friedrich Ebert Stiftung
GEAR	Growth, Employment and Redistribution, Südafrika
GTZ	Deutsche Gesellschaft für Technische Zusammenarbeit
HDI	Human Development Index des UNDP
HDR	Human Development Report des UNDP
HIPC	Heavily Indebted Poor Countries
HIV/AIDS	Human Immunodeficiency Virus/Acquired Immunodeficiency Syndrome
HWWI	Hamburgisches WeltWirtschafts Institut
ICP	International Comparison Program
IDRC	International Development Research Centre
IFI	Internationale Finanzierungsinstitutionen

IMF/IWF	International Monetary Fund/Internationaler Währungsfonds
IOM	International Organisation for Migration
JSE	Johannesburg Securities Exchange (Johannesburger Börse)
KKP/PPP	Kaufkraftparitäten/Purchase Power Parities
MDGs	Millennium Development Goals
MDRI	Multilateral Debt Relief Initiative
MEC	Mineral Energy Complex, Südafrika
MEW	Marx Engels Werke
NAFOC	National African Federated Chamber of Commerce and Industry
NDR	National Democratic Revolution, Südafrika
NP	National Party, Südafrika
NZZ	Neue Zürcher Zeitung
OAU	Organisation for African Unity, Vorläufer der AU
ODA	Official Development Assistance
OECD	Organisation for Economic Cooperation and Development
RDP	Redistribution and Development Programme, Südafrika
RSA	Republic of South Africa
SACP	South African Communist Party
SAP	Structural Adjustement Program/Strukturanpassungsprgramm
SME/KMU	Small and Medium Enterprises/Klein-und Mittelunternehmen
TNC/TNK	Transnational Corporations/Transnationale Konzerne
ToT	Terms of Trade
UNCTAD	UN Conference on Trade and Development
UNECA	UN Economic Commission for Africa
UNDP	UN Development Program
USAID	United States Agency for International Development
VGR	Volkswirtschaftliche Gesamtrechnung
WDR	World Development Report der Weltbank
WEED	Weltwirtschaft, Ökologie und Entwicklung
WEO	World Economic Outlook des IMF
WGI	World Governance Indicators der Weltbank
WIR	World Investment Report der UNCTAD
WHO	World Health Organisation
WTO	World Trade Organisation

Literatur

Adebajo, Adekeye/Adedeji, Adebayo/Landsberg, Chris (2007): South Africa in Africa. The Post-Apartheid Era, Cape Town

Adepoju, Aderanti/van Naerssen, Ton/Zoomers, Annelies (2008): International Migration and National Development in Sub-Saharan Africa, Leiden/Boston

Akinyemi, Rasheed (2000): Der afrikanische Sozialismus als ein visionäres Modell für die Identität und den Aufbau von Nationen in Afrika, in: Kumpfmüller, Karl A. (2000): Europas langer Schatten – Afrikanische Identitäten zwischen Selbst- und Fremdbestimmung, Frankfurt/M-Wien, S. 87-107

Alao, Abiodun (2007): Natural Resources and Conflict in Africa – The tragedy of endowment, Rochester

Ambacher, Jens Erik (2007): Passive Revolution und neoliberale Globalisierung in Post-Apartheid Südafrika, in: Zeitschrift Marxistische Erneuerung, Frankfurt/M., Nr. 67, S. 89-103

Anderson, Benedict (1996/2005): Die Erfindung der Nation, Frankfurt/M.

Anson-Meyer, Monique (1982): La nouvelle comptabilité des Nations-Unies en Afrique, Paris

Ansprenger, Franz (2007): Geschichte Afrikas, München

Asche, Helmut (1994): Le Burkina Faso contemporain – L'expérience d'un autodeveloppement, Paris

Asche, Helmut (1995), Rwanda. Die Produktion eines ethnischen Dramas, Hamburg

Attac (2007): Groth, Annette/Kneifel, Theo, Europa plündert Afrika – Der EU-Freihandel und die EPAs, Hamburg

Babo, Michael (2004): The Emerging Private SMEs in South Africa after Apartheid. Micro- and Macroeconomic Perspectives, in: Wohlmuth, Karl u.a. (2004): African Entrepreneurship and Private Sector Development, Münster

Bage, Lennart (2008): Nahrung für wachsende Bevölkerung, in: E+Z, Frankfurt/M., 5/2008, S. 194-196

Bakony, Jutta (2005): Somalia – Land ohne Zentralstaat, aber dennoch funktionsfähig, in: Entwicklung & ländlicher Raum, Heft 6/2005

Barth, Henner/Kürsten, Martin (1996): Die mineralischen Rohstoffe Afrikas – Chancen für die deutsche Wirtschaft, in: Bundesanstalt für Geowissenschaften und Rohstoffe (Hg), Geologisches Jahrbuch, Reihe H, Heft 1, Hannover

Basedau, Matthias/Mehler, Andreas (2005): Resource Politics in Sub-Saharan Africa, Institut für Afrika-Kunde, Hamburg

Basedau, Matthias (2005): Rethinking the resource curse in Subsaharan Africa, GIGA Working Paper, Hamburg

Bayart, Jean-Francois (1989) : L'Etat en Afrique - La politique du ventre, Paris

Bertaux, Pierre (1995): Afrika, Von der Vorgeschichte bis zu den Staaten der Gegenwart, Fischer Weltgeschichte Bd. 32, Frankfurt/M

Bertelsmann Stiftung (2005): Bertelsmann Transformation Index 2006, Politische Gestaltung im internationalen Vergleich, Gütersloh

Berman, Bruce J. (1994): African Capitalism and the Paradigm of Modernity: Culture, Technology, and the State, in: Berman, Bruce J./Leys, Colin (ed): African Capitalists in African Development, Boulder and London, S.235-262

Berman, Bruce/Eyoh, Dickson/Kymlika, Will, (ed). (2004): Ethnicity & Democracy in Africa, Oxford

BGR (2007): Reserven, Ressourcen und Verfügbarkeit von Energierohstoffen 2006, Hannover

Bierschenk, Thomas (2007): Islam, säkularer Staat und partizipative Entwicklung in Afrika, in: Bierschenk/Thomas, Fischer/Marion (2007): Islam und Entwicklung in Afrika, Köln

BMZ (2007): Fakten zu Afrika im Aufbruch, Bonn

Boilley, Pierre (2008): La question des frontières africaines..., in : Mama Africa, Hommage à Catherine Coquery-Vidrovitch, Paris, S. 409-417

Boris, Dieter (1997): Entwicklungsländer, in: Haug, Wolfgang Fritz (Hg), Historisch-Kritisches Wörterbuch des Marxismus, Hamburg/Berlin, Bd. 3, S. 567 ff

Broodryk, Johann (2007): Understanding South Africa – the ubuntu way of living, Waterkloof

Brunold, Georg (1997): Afrika gibt es nicht, Hamburg

Brzoska, Michael/Paes, Wolf-Christian (2007): Die Rolle externer wirtschaftlicher Akteure in Bürgerkriegsökonomien, Deutsche Stiftung für Friedensforschung, Bonn

Callaghy, Thomas.M. (1988): The State and the Development of Capitalism in Africa: Theoretical, Historical and Comparative Reflections, in: Rothschild, Donald/Chazan, Naomi, The Precarious Balance: State and Society in Africa, Boulder and London

Callaghy, Thomas M./Ravenhill, John (1993): How Hemmed in? Lessons and Prospects of Africa's Responses to Decline, in: Dies. (ed), Hemmed in – Responses to Africa's Economic Decline, New York

Carneiro, Emmanuel Moreira (2004): Le blocage historique des économies Africaines, spécialisation rentière et extraversion, Paris

Chabal, Patrick/Daloz, Jean-Pascal (1999): Africa works, Disorder as Political Instrument, Oxford/Bloomington

Chazan, Naomi/Mortimer, Robert/Ravenhill, John/Rothschild, Donald (1992): Politics and Society in Contemporary Africa, Boulder

Claar, Simone (2007): Social and Economic Policy of the South African Government since 1994 in the Context of Globalisation, Philips-Universität Marburg, Unveröffentlichte Diplomarbeit

Collier, Paul/Hoeffler, Anke (2004): Greed and Grievances in Civil War, Oxford Economic Papers 56, S. 563-595, Oxford

Conert, Hansgeorg (1998): Vom Handelskapital zur Globalisierung, Münster

Coquery-Vidrovitch, Catherine (1992): Afrique noire – permanences et ruptures, Paris

Coquery-Vidrovitch, Catherine (1997): Afrikanische Produktionsweise, in: Haug, Wolfgang Fritz (Hg), Historisch-Kritisches Wörterbuch des Marxismus. Bd. 1, Hamburg-Berlin, S. 70-75

Coquery-Vidrovitch, Catherine (1969/2007): Recherches sur un mode de production africain, in: Les dossiers de La Pensée, Paris 2007, S. 55-81

Cosatu (2007): The NDR and Socialism. The NDR and Capitalism: Key Strategic Debates, in: African Communist, November, S. 9-28

Davidson, Basil (1996): The African Slave Trade, Oxford

Davidson, Basil (2003): Africa in History, London

Davidson, Basil (2005): Honour in African History, Cambridge

Demchenko, Nataliya (2005): Instrumente der Zuwanderungspolitik, Freie Universität Berlin, Wirtschaftspolitisches Seminar »Arbeitsmarkt und Migration«, Prof. Dr. Klaus F. Zimmermann

Denbow, James/Thebe, Phenyo C. (2006): Culture and Customs of Botswana, London

Desai, Radhika (2006): Indien: Endlich ein Land der Gegenwart?, in: Zeitschrift Marxistische Erneuerung, Nr. 67, Frankfurt/M., S. 60-75

DSW (2007): DSW-Datenreport 2007, Deutsche Stiftung Weltbevölkerung, Hannover

Dumont, René (1962): L'Afrique noire est mal partie, Paris

ECB (2007): European Central Bank, Commodity Price Fluctuations and their Impact on Monetary and Fiscal Policies in Western and Central Africa, Frankfurt/M

Ehrke, Michael (2002): Zur politischen Ökonomie post-nationalstaatlicher Konflikte, Friedrich Ebert Stiftung, Bonn

Elsenhans, Hartmut (2007): Geschichte und Ökonomie der europäischen Welteroberung. Vom Zeitalter der Entdeckungen zum Ersten Weltkrieg, Leipzig

Elwert, Georg, (1983): Bauern und Staat in Afrika, Frankfurt - New York

Elwert, Georg (1989): Nationalismus, Ethnizität und Nativismus – über die Bildung von Wir-Gruppen, in: Waldmann/Elwert (1989), S. 21-60

Elwert, Georg (2003): Ein zerstörerisches Geschäft, in: Afrika – Mythos und Zukunft, Freiburg, S. 135-150

Engel, Ulf u.a. (2000): Memorandum zur Neubegründung der deutschen Afrikapolitik – Frieden und Entwicklung durch strukturelle Stabilität, Leipzig

Engels, Friedrich (1894/1962): Herrn Eugen Dührings Umwälzung der Wissenschaft, MEW 20, Berlin

Engels, Friedrich (1895/1964): Ergänzung und Nachtrag zum III. Buche des »Kapital«, MEW 25, Berlin

Englebert, Pierre (2000): State Legitimacy and Development in Africa, London

ERA (2007): Economic Commission for Africa/African Union: Economic Report on Africa, Accelerating Africa's Development through Diversification, Addis Ababa

Erdmann, Gero/Engel, Ulf (2006): Neopatrimonialism Revisited – beyond a Catchall Concept, GIGA Working Paper, Hamburg

Erdmann, Gero (2007): The Cleavage Model, Ethnicity and Voter Alignment in Africa: Conceptual and Methodological Problems Revisited, in: GIGA Working Paper, Hamburg

Falola, Toyin (ed) (2006): Culture and Customs of Africa, Culture and Customs of Botswana, Series Foreword.

Falola, Toyin/Afolabi, Niyi (2008): Trans-Atlantic Migration – The Paradoxes of Exile, NewYork&London

Falk, Rainer (2008): Dauerstreit um Entwicklungshilfe: Die OECD-Bilanz, in: Informationsbrief Weltwirtschaft und Entwicklung, Luxemburg (www.weltwirtschaft-und-entwicklung.de)

Falk, Rainer (2008b): Beerdigung des Washington Consensus, in: Informationsbrief Weltwirtschaft und Entwicklung, Luxemburg (www.weltwirtschaft-und-entwicklung.de)

Feinstein, Charles H. (2005): An Economic History of South Africa, Cambridge

FES (2006): Mehr Wachstum und Gerechtigkeit. Die neue wirtschaftspolitische Initiative, Fokus Südafrika 3/2006, Bonn

Fine, Ben/Rustomjee, Zavareh (1996): The Political Economy of South Africa, From Mineral-Energy Complex to Industrialisation, London

Frobenius, Leo (1933): Kulturgeschichte Afrikas, Frankfurt/M

Gammeltoft, Peter (2002): Remittances and other Financial Flows to Developing Countries, in: IOM, International Migration, Special Issue 2/2002: The Migration-Development Nexus, Washington DC., S. 181-212

Godelier, Maurice (1973): Ökonomische Anthropologie. Untersuchungen zum Begriff der sozialen Struktur primitiver Gesellschaften, Hamburg

Godelier, Maurice (1990): Natur, Geschichte, Arbeit – Zu einer universalgeschichtlichen Theorie der Wirtschaftsformen, Hamburg

Golaszinski, Ulrich (2007): Subsahara Afrika, Friedrich Ebert Stiftung, Bonn

Goldberg, Jörg (2001): Länderstudie Kamerun, Unveröffentlichtes Manuskript, Eschborn

Goldberg, Jörg (2003): Wachstumsbremse AIDS, in: Blätter für deutsche und internationale Politik, 7/03, Bonn, S. 871-873

Goldberg, Jörg (2007): »Doing Business« mit der Weltbank, in: Blätter für deutsche und internationale Politik, 7/07, Bonn, S. 885-887

Goldberg, Jörg (2007b): Aufschwung und Restrukturierung der Weltwirtschaft, in: Zeitschrift Marxistische Erneuerung, Frankfurt/M., Nr. 71, S. 7-24

Gorgendière, Louise de la (1996): Ethnicity: a Conundrum, in: Gorgendière, Louise de la/King, Kenneth/Vaughan, Sarah (1996): Ethnicity in Africa – Roots, Meanings and Implications, Edinburgh, S. 1-15

Grill, Bartholomäus (2005): Ach, Afrika – Berichte aus dem Innern eines Kontinents, München

GTZ (2007): Migration und Arbeit, Konferenzdokumentation, Berlin

Haarmann, Harald (2006): Weltgeschichte der Sprachen, München

Hagen, Johann J. (1990): Staat, in: Sandkühler, Hans Jörg (Hg), Europäischen Enzyklopädie zu Philosophie und Wissenschaften, Bd. 4, Hamburg

Hameso, Seyoum Y. (1997): Ethnicity in Africa –Towards a positive Approach, London

Harding, Leonhard (1999): Geschichte Afrikas im 19. und 20. Jahrhundert, München

Hauck, Gerhard (2001): Gesellschaft und Staat in Afrika, Frankfurt/M

Hegel, G.W.F. (1832-1845/1970): Vorlesungen über die Philosophie der Geschichte, Theorie-Werkausgabe Bd. 12, Frankfurt/M

Hein, Wolfgang (1998): Unterentwicklung - Krise der Peripherie, Opladen

Heine, Bernd/Nurse, Derek (2008): A Linguistic Geography of Africa, Cambridge

Heiduck, Felix/Kramer, Daniel (2005): Shell in Nigeria und Exxon in Aceh: Transnationale Konzerne im Bürgerkrieg, in: Blätter für deutsche und internationale Politik, Heft 3/05, Bonn, S. 340-347

Henderson, Errol A. (2008): When States Implode, in: Nhema, Alfred/Paul Tiyambe (ed) (2008): The Roots of African Conflicts, The Causes & Costs, Oxford, S. 51-70

Herbst, Jeffrey (2000): States and Power in Africa, Princeton

Herre, Roman (2008): Produktive Kleinbauern, in: E+Z, Frankfurt/M., 5/2008, S. 200-201

Hobsbawn, Eric J. (1996): Nationen und Nationalismus – Mythos und Realität seit 1780, München

Hochschild, Adam (2007): Sprengt die Ketten, Stuttgart

Hoering, Uwe (2007): Agrar-Kolonialismus in Afrika. Eine andere Landwirtschaft ist möglich, Hamburg

Hofmann, Werner (1971): Sozialökonomische Studientexte Bd. 3, Theorie der Wirtschaftsentwicklung, Berlin

Hofmeier, Rolf/Mehler, Andreas (2005): Kleines Afrika-Lexikon, Bonn

Hofstede, Geert (2006): Lokales Denken, globales Handeln, München

Hirsch, Alan (2005): Season of Hope – Economic Reform under Mandela and Mbeki, Scottsville

Hyden, Goran (1983): No Shortcuts to Progress, Berkely

Hyden, Goran (2006): African Politics in a Comparative Perspective, Cambridge

IDRC: International Development Research Centre, Brain Drain in Africa, Facts and Figures (web.NFC.ca/cp129/factsandfigures.pdf

Igué, John/Soulé, Bio (1992): L'Etat-entrepot au Bénin – Commerce informel ou solution à la crise? Paris

Iliffe, John (1983): The Emergence of African Capitalism, Minneapolis

Iliffe, John (1997): Geschichte Afrikas, München

Iliffe, John (2005): Honour in African History, Cambridge

Innes, Duncan (2007): History and Structure of the South African Economy, in: Marcus, Gill u.a. (ed) (2007): Visions of Black Economic Empowerment, Auckland Park, S. 49-73

International Monetary Fund/IMF, April 2007a , October 2007b, World Economic Outlook (WEO), Washington DC.

Jack, Vuyo (2007): Unpacking the Different Waves of Black Economic Empowerment, in: Marcus (2007), S. 105-113

Jegzentis, Peter/Wirth, Volker (1991): Zum Stand der entwicklungstheoretischen Diskussion in der DDR in den 80er Jahren – ein Literaturüberblick, in: Peripherie, Nr. 41, Münster, S. 71-88

Kabou, Axelle (1993): Weder arm noch ohnmächtig, Basel

Kalmring, Stefan/Nowak, Andreas (2005): Der Marx'sche Blick auf Afrika, in: Zeitschrift Marxistische Erneuerung, Nr.62, Frankfurt/M., S. 63-75

Kaluwa, Ben (1997): Industrial Development in Sub-Saharan Africa: The Impact of Structural Adjustment, in: Kempe, Ronald Hope Sr (Hg), Structural Adjustment, Reconstruction and Development in Africa, Ashgate

Kapoya, Vincent (1998): The African Experience, New Jersey

Kappel, Robert (1994): Terms of Trade in der entwicklungspolitischen Diskussion, in: Peripherie, Heft 53, Berlin, S. 54-74

Kappel, Robert (2005): Wirtschaftsreformen und Armutsbekämpfung in Afrika, in: Aus Politik und Zeitgeschichte, Beilage zum Parlament, 4/2005

Kappel, Robert/Müller, Marie (2007): Breites Wirtschaftswachstum in Afrika – die große Wende?, in: GIGA Working Paper, Hamburg

Kaufmann, Daniel/Kraay, Aaart/Mastruzzi, Massimo (2007): Governance Matters VI: Governance Indicators for 1996-2006, World Bank Policy Research Working Paper, Washington DC.

Kanyenze, Godfrey/Kondo, Timothy/Martens, Jos (ed.) (2006): ANSA – Alternatives to Neo-Liberalism in Southern Africa, The Search for Sustainable Human Development in Southern Africa, Harare

Kennedy, Paul (1988): African Capitalism – The Struggle for Ascendency, Cambridge

Kirk, Michael (1999): Land Tenure, Technological Change and Resource Use, Frankfurt/M

Ki-Zerbo, Joseph (1981): Die Geschichte Schwarz-Afrikas, Frankfurt/M

Kößler, Reinhart/Schiel, Tilman (Hg) (1994): Nationalstaat und Ethnizität, Frankfurt/M

Launer, Ekkehard (1992): Datenhandbuch Nord-Süd, Göttingen

Legassik, Martin (2007): Towards Socialist Democracy, Cape Town

Leith, Clark (2005): Why Botswana Prospered, Ithaka 2005

Lentz, Carola (2002): Ethnizität, in: Mabe (2004), S. 161-164

Lester, Kevin (2007): The Regulatory Framework of Black Economic Empowerment, in: Marcus (2007), S. 118-131

Link, Christoph (2007): Nichts als Krankheiten, Kriege, Katastrophen? In: Universitas, Wissenswelten Schwerpunkt Afrika, Nr.733, Stuttgart

Lonsdale, John (1996): « Listen while I read »: The Orality of Christian Literacy in the Young Kenyatta's Making of the Kikuyu, in: Gorgendière (1996), S. 17-53

Loth, Heinrich (1990): Afrika – ein Zentrum der alten Welt, Berlin

Luhabe, Wendy (2007): The Moral Bases of a Stakeholder Society, in: Marcus (2007), S. 18-28

Lucas-Bull, Wendy (2007): Black Economic Empowerment and Funding Mechanisms, in: Marcus (2007), S. 132-146

Mabe, Jacob E. (Hg) (2004): Das Afrika Lexikon, Wuppertal

Maddison, Angus (2006): The World Economy, OECD, Paris

Mahbubani, Kishore (2008): Der Mythos westlicher Hilfe, in: E+Z 2/2008, S. 68-71

Mangcu, Xolela (2008): To the Brink – The State of Democracy in South Africa, Scottsville

Maré, Gerhard (1996): Swimming against many Currents: Nation-Building in South Africa, in: Gorgendière/King/Vaughan (1996) S. 307-350

Markakis, John (1996): The Political Challenge of Ethnicity, in: Gorgendière/King/Vaughan (1996), S.299-306

Marx, Karl/Engels, Friedrich (1846/1962): Die deutsche Ideologie, MEW 3, Berlin

Marx, Karl/Engels, Friedrich (1848/1971): Manifest der Kommunistischen Partei, in: MEW 4, Berlin

Marx, Karl (1853/1970): Die britische Herrschaft in Indien, in: MEW 9, S. 127 ff, Berlin

Marx, Karl (1859/1972): Zur Kritik der politischen Ökonomie, in: MEW 13, Berlin

Marx, Karl (1867/1970): Das Kapital, Vorwort zur ersten Auflage, MEW 23, Berlin

Marx, Karl (1877/1970): Brief an die Redaktion der »Otetschestwennyje Sapiski«, MEW 19, S.112

Marx, Karl (1939/1953): Grundrisse der Kritik der politischen Ökonomie, Berlin

Martens, Jens/Schilder, Klaus (2008): Neue Dynamiken und Paradoxien der Entwicklungsfinanzierung, in: Informationsbrief Weltwirtschaft und Entwicklung, Hintergrund, März, Luxemburg

Massarrat, Mohssen (2006): Kapitalismus – Machtungleichgewicht – Nachhaltigkeit. Perspektiven Revolutionärer Reformen, Hamburg

May, J.(1990): The Migrant Labour System: Changing Dynamics in Rural Survival, in: Natrass/Ardington (1990)

Mbeki, Moeletsi (2007): Concepts of Transformation and the Social Structure of South Africa, in: Marcus (2007), S. 216-226

Meadows, Donella/Randers, Joergen/Meadows, Dennis (2007): Grenzen des Wachstums, das 30-Jahre-Update, Stuttgart

Mensa-Bonsu, Henriette (2007): Herausforderung Rechtspluralismus, in: E+Z Nr. 7/8, S. 284

Menzel, Ulrich (1992): Das Ende der Dritten Welt und das Scheitern der großen Theorie, Frankfurt/M.

BCG (2006): Michael, David u.a., Boston Consulting Group, The new Global Challengers: How 100 top Companies from rapidly Developing Economies are Changing the World, Boston, May

Michler, Walter (1991): Weißbuch Afrika, Bonn

Milanovic, Branko (2008): Die neue PPP-Revolution, in: Informationsbrief Weltwirtschaft und Entwicklung, Luxemburg, März-April

Mkandawire, Thandika (2001): Thinking about Developmental States in Africa, in: Cambridge Journal of Economics, Special Issue on African Economic Development in a Comparative Perspective, Vol. 25, Nr. 3, May, Oxford

Mkandawire, Thandika (2008): The Terrible Toll of Postcolonial Rebel Movements, Towards an Explanation of the Violence against the Peasantry, in: Nhema (2008), S. 106-135

Mlambo-Ngcuka, Phumzile (2006): A Catalyst for ASGISA, Background Document, Tshawane (Pretoria)

Molt, Peter (1997): Zwischenbilanz der zentralafrikanischen Krise, in: Afrika Jahrbuch 1996, Opladen

Müllenmeister, Hans Jörg (2004): Strahlende Zukunft für Uran, PT-Metalle und Rohöl, in: Die Goldseiten.de

Natrass, Nicoli/Ardington, Elisabeth (ed) (1990): The Political Economy of South Africa, Cape Town

Ngugi, Michael Wainana (2007): Impact of Christianity among the Kikuyu People, Berlin

Nohlen, Dieter/Nuscheler, Franz (1992): Was heißt Entwicklung? in: Dies. (Hg), Handbuch der Dritten Welt, Bd. 1, Bonn

Nunn, Nathan (2007): The long-term Effects of Africa's Slave Trades, Cambridge/ Massachusetts

Nuscheler, Franz (2006): Entwicklungspolitik, Bonn

Nyberg-Sorensen, Ninna/Van Hear, Nicholas/Engberg-Pedersen, Poul (2002): The Migration-Development Nexus: Evidence and Policy Options, State-of-the-Art Overview, in: IOM (2002), S. 3-48

Nzimande, Blade (2007): The Ethos of Black Economic Empowerment, in: Marcus (2007), S. 180-187

OECD (2007): Agricultural Policies in OECD Countries: Monitoring and Evaluation, Paris

OECD/DAC (2007b): Policy Coherence for Development 2007: Migration and Developing Countries, Paris

OECD (2008): African Economic Outlook, Paris, May

OECD/DAC (2008b): Development Co-operation Report 2007, Paris

OECD/FAO (2008): OECD-FAO Agricultural Outlook 2008-2017, Paris-Rom

Okeke/Godwin S.M. (2008): »The Uprooted Emigrant«: The Impact of Brain Drain, Brain Gain, and Brain Circulation on Africa's Development, in: Falola/Afolabi (2008), S. 119-139

Oliver, Roland (1992): The African Experience, New York

Osmanovic, Armin (2002): Der Rückzug des Kapitalismus in Südafrika, Institut für Afrika-Kunde, Hamburg

Osterhammel, Jürgen (1997): Kolonialismus – Geschichte, Formen, Folgen, München

Oxfam (2007): Africa's Missing Billions – International Arms Flows and the Cost of Conflict, Oxfam briefing paper

Oucho, John (2008): African Brain Drain and Gain, Diaspora and Remittances: more Rhetoric than Action, in: Adepoju (2008), S. 49 - 69

Padayachee, Vishnu (2006): The Development Decade? Economic and Social Change in South Africa, 1994 – 2004, Cape Town

Peires, Jeff (2007): Economic Empowerment in the Eastern Cape, in: Marcus (2007), S. 38-48

Peltzer, Roger (2007): Der schwarze Kontinent ist kein Sozialfall mehr, in: Informationsbrief Weltwirtschaft und Entwicklung, Hintergrund, Januar, Luxemburg

Peltzer, Roger (2007b): Vertragsbauernmodell in Afrika, in: Informationsbrief Weltwirtschaft und Entwicklung, Nov-Dez/2007, Luxemburg

Petermann, Werner (2004): Die Geschichte der Ethnologie, Wuppertal

Polanyi, Karl, (1994/1978): The Great Transformation, Baden-Baden

Ptak, Roderich (2007): Die maritime Seidenstrasse, München

Ranger, Terence (2005): The Invention of Tradition, Cambridge

Rashad, Cassim (2006): Reflections on South Africa's First Wave of Economic Reforms, in: Padayachee (2006)

Ratha, Dilip/Riedberg, Jan (2005): On Reducing Remittances Costs, World Bank, Washington DC.

Rauch, Theo/Haas, Armin/Lohnert, Beate (1996): Ernährungssicherheit in ländlichen Regionen des tropischen Afrika zwischen Weltmarkt, nationaler Agrarpolitik und den Sicherungsstrategien der Landbevölkerung, in: Peripherie, Nr. 63, Berlin, S. 33-72

Rauch, Theo (2007): Von Basic Needs zu MDGs – Vier Jahrzehnte Armutsbekämpfung in Wissenschaft und Praxis und kein bisschen weiter, in: Peripherie Nr. 107, Münster, S. 216-245

Reinhard, Wolfgang (1996): Kleine Geschichte des Kolonialismus, Stuttgart

Richburg, Keith B. (1998): Jenseits von Amerika. Eine Konfrontation mit Afrika, dem Land meiner Vorfahren, Stuttgart

Robinson, Joan (1969): Die Akkumulation des Kapitals, Frankfurt/M-Berlin-Wien

Rosny, Eric de (1994): Heilkunst in Afrika, Wuppertal

Sablowski, Thomas (2008): Das globale, finanzdominierte Akumulationsregime, in: Zeitschrift Marxistische Erneuerung, Nr. 73, Frankfurt/M., S. 23-35

Sachs, Jeffrey D. u.a. (2004): Ending Africa's Poverty Trap, Brookings Papers on Economic Activity, March

SAIIA/The South African Institute of International Affairs (2005): Africa's first Welfare State, 2005

Saul, John S. (2001): Millennial Africa: Capitalism – Socialism - Democracy, Asmara

Scherrer, Christian P. (1997): Ethno-Nationalismus im Zeitalter der Globalisierung, Münster

Schetter, Konrad/Weissert, Markus (2007): Die Macht des Raumes, in: Peripherie, Nr. 108, Münster, S. 376-392

Schliephake, Konrad (2001): Naturraum, Klima und natürliche Ressourcen, Informationen zur Politischen Bildung, Heft 264, Bonn

Seekings, Jeremy/Natrass, Nicoli (2005): Class, Race, and Inequality in South Africa, New Haven-London

Sen, Amartya (1999): Ökonomie für den Menschen, München-Wien

Sender, John/Smith, Sheila (1986): The Development of Capitalism in Africa, London and New York

Simpson, Andrew (2008): Language and National Identity in Africa, Oxford

Southall, Roger (2004): Political Change and the Black Middle Class in Democratic South Africa, in: Canadian Journal of African Studies, No 3, Montreal, S. 521-542

Steward, Frances/Fitzgerald, Valpy (2001): War and Underdevelopment, Volume 1: The Economic and Social Consequences of Conflict, Oxford

Strizek, Helmut (2006): Geschenkte Kolonien: Ruanda und Burundi unter deutscher Herrschaft, Frankfurt/M

Suret-Canale, Jean (1966): Schwarzafrika, Bd. 1, Berlin

Terreblanche, Sampie (2002): A History of Inequality in South Africa 1652-2002, Sandton

Tetzlaff, Rainer/Jakobeit, Cord (2005): Das nachkoloniale Afrika. Politik-Wirtschaft-Geschichte, Lehrbuch, Wiesbaden

Tietze, Sarah (2006): Die AIDS-Pandemie in Sub-Sahara-Afrika, in: Aus Politik und Zeitgeschichte, Beilage zum Parlament, Nr. 32-33

Tökei, Ferenc (1969): Zur Frage der asiatischen Produktionsweise, Neuwied/Berlin

UNAIDS (2006): Fact sheet Sub-Saharan Africa, 12/2006

UNAIDS/WHO (2008): Aids Epidemic Update, Genf, December 2007

UNCTAD (2000): African Development in a Comparative Perspective, Geneva

UNCTAD (2005): Trade and Development Report, Geneva

UNCTAD (2007): Economic Development in Africa – Reclaiming Policy Space, New York-Genf

UNCTAD (2007b): World Investment Report 2007, Transnational Corporations, Extractive Industries and Development, New York-Geneva

UNCTAD (2008): World Investment Directory, Volume X Africa, New York-Geneva

UNECA (2008): United Nations Economic Commission for Africa, Sustainable Development Report on Africa, Addis Ababa

UNDP/HDR (2007): Human Development Report, New York, laufende Ausgaben

Varga, Eugen (1982): Über die asiatische Produktionsweise, in: E.S. Varga, Ausgewählte Schriften 1918-1964, Bd. 3, Berlin, S.341-356

Vaughan, Olufemi (2003): Chiefs, Power and Social Change-Chiefship and Modern Politics in Botswana 1880 – 1990, Asmara

Wagner, Jürgen (2007): Das neue Objekt der Begierde: Afrikanische Ölkriege und die Rolle des Westens, in: Zeitschrift Marxistische Erneuerung Nr. 71, Frankfurt/M. , S. 100-112

Waldmann, Peter/Elwert, Georg (Hg) (1989): Ethnizität im Wandel, Saabrücken-Fort Lauderdale

Wallerstein, Immanuel (1986): Africa and the Modern World, Trenton

Weber, Max (1905/2005): Die protestantische Ethik und der Geist des Kapitalismus, Erftstadt

Weber, Max (1913/1964): Wirtschaft und Gesellschaft, Köln-Berlin

Wimmer, Hannes (1996): Evolution der Politik – Von der Stammesgesellschaft zur modernen Demokratie, Wien

Williams, Susan (2006): Colour Bar – The triumph of Seretse Khama and his Nation, London

World Bank (1989): Sub-Saharan Africa – From Crisis to Sustainable Growth, Washington DC.

World Bank/WDR: World Development Report, Washington DC., laufende Ausgaben

World Bank (2005): Agricultural Growth for the Poor: An Agenda for Development, Washington DC.

World Bank/WDR (2007): World Development Report 2008, Agriculture for Development, Washington D.C.

World Bank (2008): International Comparison Program – Results, 2005 ICP Regional Summary: Sub-Saharan Africa (http://go.worldbank.org/VMC-B80AB40)

World Bank (2008b): The Effects of High Food Prices in Africa, 7.5.2008

Wolpe, Harold (1988): Race, Class & the Apartheid State, Paris-London

World Trade Organization/WTO (2006): International Trade Statistics, Geneva

World Trade Organisation/WTO (2007): World Trade Statistics, Geneva

Zeleza, Paul Tiyambe (2008): The Causes & Costs of War in Africa, in: Nhema (2008), S. 1-35

Zimmerman, Klaus F., u.a. (2001): Fachkräftebedarf bei hoher Arbeitslosigkeit, Gutachten im Auftrag der unabhängigen Kommission Zuwanderung der Bundesregierung, Bonn

Zinn, Karl Georg (2007): Warum sind die Schweden die besseren Sozialdemokraten? Zur Bedeutung interkultureller Unterschiede, in: Diskussionspapier der Keynes-Gesellschaft Nr. 4

Zinn, Karl Georg (2008): Kapitalismus in futurologischer Perspektive, in: Zeitschrift Marxistische Erneuerung, Nr.73, Frankfurt/M, S. 11- 22

Zoomers, Annelies/Adepojou, Aderanti/van Naerssen, Ton (2008): International Migration and National Development: An Introduction to Policies in Sub-Saharan Africa, in: Adepojou (2008), S. 8-20

Bitte beachten Sie auch die folgenden Seiten.